Persuasion in sozialen Medien

Johannes Knoll

Persuasion in sozialen Medien

Der Einfluss nutzergenerierter Inhalte auf die Rezeption und Wirkung von Onlinewerbung

Johannes Knoll
Würzburg, Deutschland

Dissertation Julius-Maximilians-Universität Würzburg, 2015

ISBN 978-3-658-10576-1   ISBN 978-3-658-10577-8 (eBook)
DOI 10.1007/978-3-658-10577-8

Die Deutsche Nationalbibliothek verzeichnet diese Publikation in der Deutschen Nationalbibliografie; detaillierte bibliografische Daten sind im Internet über http://dnb.d-nb.de abrufbar.

Springer VS
© Springer Fachmedien Wiesbaden 2015
Das Werk einschließlich aller seiner Teile ist urheberrechtlich geschützt. Jede Verwertung, die nicht ausdrücklich vom Urheberrechtsgesetz zugelassen ist, bedarf der vorherigen Zustimmung des Verlags. Das gilt insbesondere für Vervielfältigungen, Bearbeitungen, Übersetzungen, Mikroverfilmungen und die Einspeicherung und Verarbeitung in elektronischen Systemen.
Die Wiedergabe von Gebrauchsnamen, Handelsnamen, Warenbezeichnungen usw. in diesem Werk berechtigt auch ohne besondere Kennzeichnung nicht zu der Annahme, dass solche Namen im Sinne der Warenzeichen- und Markenschutz-Gesetzgebung als frei zu betrachten wären und daher von jedermann benutzt werden dürften.
Der Verlag, die Autoren und die Herausgeber gehen davon aus, dass die Angaben und Informationen in diesem Werk zum Zeitpunkt der Veröffentlichung vollständig und korrekt sind. Weder der Verlag noch die Autoren oder die Herausgeber übernehmen, ausdrücklich oder implizit, Gewähr für den Inhalt des Werkes, etwaige Fehler oder Äußerungen.

Springer Fachmedien Wiesbaden ist Teil der Fachverlagsgruppe Springer Science+Business Media
(www.springer.com)

Danksagung

Viele Leute haben mich in den letzten Jahren auf dem Weg meiner Dissertation unterstützt. Ihnen möchte ich an dieser Stelle ganz herzlich danken! An erster Stelle gilt der Dank meinen zwei Betreuern Prof. Dr. Holger Schramm und Prof. Dr. Hans-Jörg Stiehler für ihre Unterstützung und das zeitige Begutachten der Arbeit. Insbesondere möchte ich meinem Erstbetreuer Prof. Dr. Holger Schramm danken, der mir in meiner Zeit als Doktorand einerseits immer mit Rat zur Seite stand und mir andererseits inhaltlich wie zeitlich genügend Freiräume ließ, meine *eigene* Arbeit zu schreiben. Vielen Dank auch für all die Dinge, die du mir neben dem Schreiben der Dissertation vermittelt hast und die gute Vorbereitung auf die Zeit als Post-Doc.

Außerdem möchte ich meiner Kollegin Christiana Schallhorn sowie meinen Kollegen Benedikt Spangardt und Nicolas Ruth danken, die mich immer mit nützlichen Ratschlägen unterstützt haben und außerdem meine Arbeit gegengelesen haben. Vielen Dank für die tolle Zeit, die wir in den letzten Jahren in und abseits der Uni hatten.

Zum Schluss möchte ich meiner WG (insbesondere Daniel), meinen Geschwistern, meinen Eltern und meiner Freundin danken, die mich auf jedem Schritt meiner Dissertation begleitet haben. Ganz herzlichen Dank für all die moralische Unterstützung, Aufmunterung, Entspannung und Ablenkung. Das gilt insbesondere für dich, Bine.

Johannes Knoll
Würzburg, Dezember 2014

Inhaltsverzeichnis

Verzeichnis der Tabellen und Abbildungen 9

1   Einleitung.. 13
   1.1   Das Social Web als Ausgangspunkt 13
   1.2   Onlinewerbung und nutzergenerierte Inhalte 16
   1.3   Aufbau der Arbeit 19

2   Werbung in sozialen Medien... 21
   2.1   Definition zentraler Begriffe 21
      2.1.1   Web 2.0 und Social Media 21
      2.1.2   User-Generated-Content 22
      2.1.3   Onlinewerbung 24
   2.2   Stand der Forschung 25
      2.2.1   Die wichtigsten Erkenntnisse im Überblick 28
      2.2.2   User-Generated-Content und Onlinewerbung 30
      2.2.3   Zusammenfassung 33

3   Die Verarbeitung und Wirkung von nutzergenerierten Inhalten im Kontext von Onlinewerbung 37
   3.1   Das Elaboration-Likelihood-Modell und seine vier Kernelemente ... 38
      3.1.1   Das Elaborationskontinuum 41
      3.1.2   Die zentrale und periphere Route der Persuasion 45
      3.1.3   Konsequenzen zentraler und peripherer Verarbeitung 50
      3.1.4   Multiple Rollen von Variablen im Persuasionsprozess 52
   3.2   Nutzergenerierte Inhalte als multiple Einflussvariablen im Persuasionsprozess 53
      3.2.1   Der Einfluss nutzergenerierter Inhalte auf die Stärke der Elaboration 54
      3.2.2   Der Einfluss nutzergenerierter Inhalte auf die Richtung der Elaboration und/oder als Argument (zentrale Verarbeitung) 56
      3.2.3   Der Einfluss nutzergenerierter Inhalte als Hinweisreiz (periphere Verarbeitung) 60
      3.2.4   Einflüsse auf Verhalten 62
      3.2.5   Zusammenfassung 63

3.3		Nutzergenerierte Inhalte als sozialer Einfluss	66
	3.3.1	Kollektiver Einfluss	68
	3.3.2	Interpersonaler Einfluss	73
	3.3.3	Nutzergenerierte Inhalte als kollektive und interpersonale Einflüsse	75
	3.3.4	Die Rezipientenpersönlichkeit als zusätzlicher Moderator	78
	3.3.5	Zusammenfassung	82

4 Empirische Überprüfung der Annahmen 85
- 4.1 Studie I 85
  - 4.1.1 Methode 85
  - 4.1.2 Ergebnisse 93
  - 4.1.3 Diskussion 105
- 4.2 Studie II 109
  - 4.2.1 Methode 110
  - 4.2.2 Ergebnisse 117
  - 4.2.3 Diskussion 124
- 4.3 Studie III 128
  - 4.3.1 Methode 128
  - 4.3.2 Ergebnisse 133
  - 4.3.3 Diskussion 143

5 Fazit und Ausblick 149
- 5.1 Zusammenfassung der Ergebnisse 149
- 5.2 Evaluation des aufgestellten Modells 155
  - 5.2.1 Strukturierungsfähigkeit 155
  - 5.2.2 Erklärungs- und Prognosefähigkeit 156
  - 5.2.3 Verträglichkeit 157
  - 5.2.4 Übertragbarkeit 158
  - 5.2.5 Fruchtbarkeit 160
- 5.3 Allgemeine methodische Kritik und Limitierungen 160
- 5.4 Implikationen 164
  - 5.4.1 Für Wissenschaftler 164
  - 5.4.2 Für Werbetreibende 166
  - 5.4.3 Für Social-Media-Betreiber 168
  - 5.4.4 Für Nutzer 170
- 5.5 Ausblick 170

Literaturverzeichnis 173
Anhang 197

Verzeichnis der Tabellen und Abbildungen

Tabelle 1: Recherchierte Studien im Forschungsfeld Werbung in sozialen Medien geordnet nach untersuchten Themen 27

Tabelle 2: Ergebnisse der Regressionsanalyse zur Überprüfung des moderierten Einflusses der Anzahl generierender Nutzer auf Relevanzwahrnehmung mit Beeinflussbarkeit als Moderator und Produktinvolvement als Kovariate ($N = 82$) 95

Tabelle 3: Ergebnisse der Regressionsanalyse zur Überprüfung des moderierten Einflusses der Anzahl generierender Nutzer auf Relevanzwahrnehmung mit informationaler Beeinflussbarkeit als Moderator und Produktinvolvement als Kovariate ($N = 82$) ... 96

Tabelle 4: Ergebnisse der Regressionsanalyse zur Überprüfung des moderierten Einflusses der Anzahl generierender Nutzer auf Relevanzwahrnehmung mit normativer Beeinflussbarkeit durch Orientierung an Erwartungen als Moderator und Produktinvolvement als Kovariate ($N = 82$) 96

Tabelle 5: Ergebnisse der Regressionsanalyse zur Überprüfung des moderierten Einflusses der Anzahl generierender Nutzer auf Relevanzwahrnehmung mit normativer Beeinflussbarkeit durch Suche nach Übereinstimmung als Moderator und Produktinvolvement als Kovariate ($N = 82$) 97

Tabelle 6: Abhängiger Effekt der Anzahl generierender Nutzer auf Relevanzwahrnehmung aufgegliedert nach verschiedenen Niveaus des Moderators informationale Beeinflussbarkeit ($N = 82$) 98

Tabelle 7: Ergebnisse der Regressionsanalyse zur Überprüfung des moderierten Einflusses der Anzahl generierender Nutzer auf Relevanzwahrnehmung mit informationaler Beeinflussbarkeit als Moderator ($N = 93$; alle Teilnehmer, die das Treatment nicht wahrgenommen haben) 99

Tabelle 8: Ergebnisse der Regressionsanalyse zur Überprüfung des indirekten Effekts von Relevanzwahrnehmung auf Markeneinstellung vermittelt über Gedankenvalenz mit durch NFC moderiertem direktem Effekt ($N = 82$) 100

Tabelle 9:	Abhängiger Effekt der Relevanzwahrnehmung auf Markeneinstellung aufgegliedert nach verschiedenen Niveaus des Moderators NFC ($N = 82$)	101
Tabelle 10:	Korrelationsmatrix der modellrelevanten Variablen	103
Tabelle 11:	Versuchsanordnung von Studie II	110
Tabelle 12:	Die elf unwichtigsten Eigenschaften von Sonnencreme beim Kauf dieser sortiert nach aufsteigender Wichtigkeit	113
Tabelle 13:	Die elf wichtigsten Eigenschaften von Sonnencreme beim Kauf dieser sortiert nach absteigender Wichtigkeit	113
Tabelle 14:	Ergebnisse der Regressionsanalyse zur Überprüfung des indirekten Effekts von positivem UGC auf Kaufabsicht vermittelt über Einstellungen und moderiert durch Argumentqualität ($N = 180$)	121
Tabelle 15:	Ergebnisse der Regressionsanalyse zur Überprüfung des indirekten Effekts von positivem UGC auf Empfehlungsabsicht vermittelt über Einstellungen und moderiert durch Argumentqualität ($N = 180$)	122
Tabelle 16:	Ergebnisse der Regressionsanalyse zur Überprüfung des indirekten Effekts von negativem UGC auf Kaufabsicht vermittelt über Einstellungen und moderiert durch Argumentqualität ($N = 183$)	122
Tabelle 17:	Ergebnisse der Regressionsanalyse zur Überprüfung des indirekten Effekts von negativem UGC auf Empfehlungsabsicht vermittelt über Einstellungen und moderiert durch Argumentqualität ($N = 183$)	123
Tabelle 18:	Ergebnisse der Regressionsanalyse zur Überprüfung des abhängigen Einflusses von UGC auf Markeneinstellungen mit Beziehungsstärke und Beeinflussbarkeit als Moderatoren ($N = 98$)	135
Tabelle 19:	Ergebnisse der Regressionsanalyse zur Überprüfung des abhängigen Einflusses von UGC auf Markeneinstellungen mit Beziehungsstärke und normativer Beeinflussbarkeit durch Orientierung an Erwartungen als Moderatoren ($N = 98$)	136
Tabelle 20:	Ergebnisse der Regressionsanalyse zur Überprüfung des abhängigen Einflusses von UGC auf Markeneinstellungen mit Beziehungsstärke und normativer Beeinflussbarkeit durch Suche nach Übereinstimmung als Moderatoren ($N = 98$)	136

Verzeichnis der Tabellen und Abbildungen

Tabelle 21: Ergebnisse der Regressionsanalyse zur Überprüfung des abhängigen Einflusses von UGC auf Markeneinstellungen mit Beziehungsstärke und informationaler Beeinflussbarkeit als Moderatoren ($N = 98$)............ 137

Tabelle 22: Abhängiger Effekt von UGC auf Markeneinstellung aufgegliedert nach verschiedenen Niveaus der zwei Moderatoren Beziehungsstärke und normative Beeinflussbarkeit durch Orientierung an Erwartungen ($N = 98$)............ 137

Tabelle 23: Ergebnisse der Regressionsanalysen zur Überprüfung des indirekten Effekts von UGC auf Kauf- und Empfehlungsabsicht vermittelt über Markeneinstellungen ($N = 98$)............ 141

Tabelle 24: Indirekter Effekt von UGC auf Kaufabsicht vermittelt über Markeneinstellungen aufgegliedert nach verschiedenen Niveaus der zwei Moderatoren Beziehungsstärke und normative Beeinflussbarkeit durch Orientierung an Erwartungen ($N = 98$)............ 142

Tabelle 25: Indirekter Effekt von UGC auf Empfehlungsabsicht vermittelt über Markeneinstellungen aufgegliedert nach verschiedenen Niveaus der zwei Moderatoren Beziehungsstärke und normative Beeinflussbarkeit durch Orientierung an Erwartungen ($N = 98$)............ 143

Abbildung 1: Werbeanzeige auf Facebook (eigene Zusammenstellung)............ 17

Abbildung 2: Nutzergenerierte Inhalte als multiple Einflussvariablen im Persuasionsprozess............ 65

Abbildung 3: Nutzergenerierte Inhalte als multiple Einflussvariablen im Persuasionsprozess und ihr sozialer Kontext............ 84

Abbildung 4: Stimulus der ersten Studie – Werbeanzeige mit 12.676 Likes............ 87

Abbildung 5: Einfluss der Anzahl generierender Nutzer (klein vs. groß) auf Relevanzwahrnehmung in Abhängigkeit der Stärke der Beeinflussbarkeit ($N = 82$)............ 98

Abbildung 6: Abhängiger Effekt der Anzahl generierender Nutzer auf Markeneinstellung vermittelt über Relevanzwahrnehmung und Gedankenvalenz ($N = 82$)............ 104

Abbildung 7: Stimulus der zweiten Studie – Werbeanzeige mit starken Argumenten und negativem UGC............ 111

Abbildung 8:	Abhängiger Effekt von UGC auf Markeneinstellung aufgegliedert nach verschiedenen Niveaus des Moderators Argumentqualität ($N = 521$)	118
Abbildung 9:	Abhängiger Effekt von UGC auf Markeneinstellung aufgegliedert nach verschiedenen Niveaus des Moderators Argumentqualität für Niedrigelaborierende ($N = 267$)	120
Abbildung 10:	Stimulus der dritten Studie – Werbeanzeige mit positivem UGC und kollektiver Beziehung zwischen Urheber und Rezipienten des UGC	129
Abbildung 11:	Abhängiger Effekt von UGC auf Markeneinstellungen aufgegliedert nach verschiedenen Niveaus des Moderators Beziehungsstärke ($N = 98$)	134
Abbildung 12:	Abhängiger Effekt von UGC auf Markeneinstellungen aufgegliedert nach verschiedenen Niveaus des Moderators Beziehungsstärke für Rezipienten mit hoher normativer Beeinflussbarkeit durch Orientierung an Erwartungen	138
Abbildung 13:	Abhängiger Effekt von UGC auf Markeneinstellungen aufgegliedert nach verschiedenen Niveaus des Moderators Beziehungsstärke für Rezipienten mit moderater normativer Beeinflussbarkeit durch Orientierung an Erwartungen	139
Abbildung 14:	Abhängiger Effekt von UGC auf Markeneinstellungen aufgegliedert nach verschiedenen Niveaus des Moderators Beziehungsstärke für Rezipienten mit geringer normativer Beeinflussbarkeit durch Orientierung an Erwartungen	140
Abbildung 15:	Nutzergenerierte Inhalte als multiple Einflussvariablen im Persuasionsprozess und ihr sozialer Kontext	154

1 Einleitung

1.1 Das Social Web als Ausgangspunkt

> "The web is more a social creation than a technical one. I designed it for a social effect." (Tim Berners-Lee, Erfinder des World Wide Web, in Berners-Lee & Fischetti, 1999, S. 123)

Heute, 25 Jahre nach Erfindung des World Wide Web (Beuth & Kühl, 2014), ist dieser soziale Effekt zweifellos eingetreten und im Alltag der meisten Internetnutzer[1] spürbar. Diese sprechen nicht mehr vom World Wide Web, sondern reden passenderweise von Social Media, dem Social Web oder sozialen Netzwerkseiten (SNS). Allerdings war die Nutzung des Internets nicht immer so sozial, auch wenn die zugrunde liegende Technik sowie deren Erfinder dies von Beginn an ermöglichen wollten (Beuth & Kühl, 2014). Zum einen bedurfte es erst der massenhaften Verbreitung und Nutzung des Mediums. Dies ist Mitte bis Ende der 90er Jahre des letzten Jahrhunderts eingetreten (Vesper, 1998). Zum anderen war die massenhafte Nutzung des Internets zunächst vornehmlich durch „one-to-many" Kommunikation gekennzeichnet, vergleichbar mit dem Fernsehen oder Zeitunglesen. Das Internet diente primär als Informationsangebot, indem meist professionelle Betreiber von Webseiten Informationen bereitstellten und einer breiten Öffentlichkeit zugänglich machten. Letztere suchte bei Bedarf nach Informationen und nahm diese, verglichen mit der heutigen Nutzung, relativ passiv auf (Schenk & Scheiko, 2011; Schweiger, 2010). Erst Mitte der 2000er Jahre begann sich die Onlinekommunikation in ihrer Form von „one-to-many" zu „many-to-many" zu wandeln. Immer mehr Nutzer wechselten von ihrer passiven Rezipientenrolle in aktivere Mitmach- und Produzentenrollen (Döring, 2010). Der technologische Fortschritt ermöglichte es von da an auch Laiennutzern, relativ leicht eigene Inhalte zu erstellen und einer breiten Öffentlichkeit zugänglich zu machen (O'Reilly, 2005). Im Gegensatz zur ehemals eher einseitigen Kommunikation entstehen Inhalte nun in Zusammenarbeit vieler Nutzer.

---

[1] Aus Gründen der besseren Lesbarkeit wird auf die gleichzeitige Verwendung männlicher und weiblicher Sprachformen verzichtet. Sämtliche Personenbezeichnungen gelten für beide Geschlechter.

Diese wirken je nach Motivation als aktive Produzenten, teilen Inhalte mit anderen Nutzern oder rezipieren diese einfach nur (Schenk & Scheiko, 2011).

Aktuelle Nutzungszahlen belegen, dass das Internet und insbesondere Social Media aus dem Alltag der meisten Menschen nicht mehr wegzudenken sind. So hat die Nutzung des Internets seit dem Aufkommen als Massenmedium stetig zugenommen und erreicht heute unter allen Deutschen eine durchschnittliche Nutzungsdauer von 111 Minuten pro Tag (van Eimeren & Frees, 2014; Bevölkerung ab 14 Jahren). Noch deutlicher wird der Stellenwert der Onlinekommunikation bei den affineren 14- bis 29-Jährigen, deren tägliche Nutzungsdauer knapp vier Stunden beträgt. Für sie stellt das Internet das mit Abstand am meisten genutzte Medium dar. Dem nachfolgenden Radio (142 Minuten) und Fernsehen (128 Minuten) schenken sie deutlich weniger Aufmerksamkeit (ebd.). Insgesamt sind inzwischen 79 Prozent aller Deutschen online (van Eimeren & Frees, 2014; Bevölkerung ab 14 Jahren), wobei ein Großteil davon Social-Media-Angebote nutzt. In der diesjährigen ARD/ZDF-Onlinestudie geben etwa 80 Prozent der jüngeren Internetnutzer (14- bis 29-Jährige) an, zumindest einmal wöchentlich eine SNS zu besuchen. Nimmt man die älteren Nutzer hinzu, sinkt die Zahl auf 41 Prozent (ebd.). Aktuelle Zahlen aus den USA lassen jedoch vermuten, dass der Anteil älterer Nutzer noch deutlich zunehmen wird (istrategylabs, 2014). Auch Videoplattformen wie YouTube finden rege Aufrufe. Darauf greifen 51 Prozent aller Internetnutzer mindestens einmal pro Woche zu (Koch & Liebholz, 2014).

Diese Zahlen zeigen sich auch in anderen Ländern. So weist eine kürzlich erschienene Schätzung aus, dass inzwischen ein Viertel der Weltbevölkerung Mitglied einer SNS ist (eMarkter, 2013). Ähnlich beeindruckend gibt YouTube an, dass sein Angebot weltweit von über einer Milliarde Menschen monatlich genutzt wird (YouTube, 2014). Betrachtet man die konkreten Angebote in Deutschland, ist Facebook die mit Abstand am meisten genutzte SNS. 89 Prozent aller SNS-Nutzer sind Mitglied bei diesem Netzwerk. Manche haben daneben noch andere Mitgliedschaften (Busemann, 2013). Bei den Videoplattformen stellt YouTube die bedeutendste Seite dar (Koch & Liebholz, 2014). Fragt man nach der konkreten Aktivität dieser Nutzer, geben 71 Prozent an, dass sie zumindest gelegentlich Videos oder Beiträge anderer Mitglieder kommentieren. Etwa die Hälfte der Nutzer ist noch aktiver und erstellt selbst Beiträge oder lädt Videos auf Plattformen. Die verbleibenden Nutzer rezipieren entweder nur oder kommunizieren zumindest nicht öffentlich auf diesen Plattformen (Schenk & Scheiko, 2011).

Die Folge dieses regen Informationsaustausches ist, dass Internetnutzern inzwischen eine riesige Menge an nutzererstellten Inhalten zu jeglichen Themen zur Verfügung steht (Walther, Tom Tong, DeAndrea, Carr & van der Heide,

2011). Aktuelle Schätzungen gehen z. B. davon aus, dass alleine auf Facebook täglich mehr als zwei Milliarden Inhalte ausgetauscht werden (Tang, Fang & Wang, 2014). Diese Inhalte werden häufig auch als User-Generated-Content[2] (UGC) bezeichnet. Nutzer greifen gerne auf diesen UGC zurück, um sich zu informieren, zu unterhalten oder mit anderen zu interagieren (Knoll, Proksch & Schramm, 2013). Insbesondere jüngere Nutzer verstehen soziale Medien zunehmend als Instrument mit „dem man nicht nur effizient Kontakte knüpfen und pflegen kann, sondern sich auch die Welt bzw. das relevante Weltwissen im sozialen Kontakt erschließen kann" (Schweiger, 2010, S. 203). Konsequenterweise werden nutzergenerierte Inhalte daher auch zur Einordnung, Evaluation und Absicherung von Informationen professioneller Medienakteure verwendet (Metzger, Flanagin & Medders, 2010). Beispiele sind die Selektion von Onlinenachrichtenartikeln anhand von Klickzahlen oder Userratings (Knobloch-Westerwick, Sharma, Hansen & Alter, 2005; Messing & Westwood, in Druck), die Einschätzung der Vertrauenswürdigkeit einer Webseite anhand von Nutzerfeedbacks (Giudice, 2010) oder die Evaluation von Werbevideos anhand von Kommentaren (Walther, DeAndrea, Kim & Anthony, 2010). Erklären lässt sich dieses Verhalten damit, dass Nutzer dem Urteil ihrer Mitnutzer oft stärker vertrauen als professionellen Akteuren oder Experten (Sundar & Nass, 2001). Die Kommunikation von Mitnutzern wird eher als Empfehlung anstatt als Persuasionsversuch interpretiert (Borchers, 2014). Daneben mögen Nutzer einfach nur nach effizienten Wegen suchen, der zunehmenden Informationsflut im Internet Herr zu werden, und greifen deswegen auf UGC zurück (Giudice, 2010). Insgesamt hat diese Entwicklung zur Folge, dass professionell erstellte und nutzergenerierte Inhalte häufig nebeneinander existieren. UGC bezieht sich dabei meist auf die professionellen Inhalte und wird von Internetnutzern als zusätzliche und ebenbürtige Informationsquelle herangezogen (Walther & Jang, 2012). Walther und Jang (2012) verstehen dieses Nebeneinander an multiplen Informationsquellen als das zentrale Charakteristikum von Social Media, insbesondere im Vergleich zu klassischen Medien. Sie sehen darin auch die zentrale Herausforderung für Forscher: „The manner in which user-generated content and the page owner or proprietor's messages complement each other, or compete with each other for influence, raises numerous questions about how these platforms function as communication systems" (Walther & Jang, 2012, S. 3).

---

2   Die Begriffe nutzergenerierte Inhalte und User-Generated-Content werden in dieser Arbeit synonym verwendet.

1.2 Onlinewerbung und nutzergenerierte Inhalte

Werbetreibende sind von dieser Entwicklung mindestens auf zweierlei Art und Weise betroffen. Erstens werden sie künftig insbesondere jüngere Zielgruppen verstärkt über das Internet und soziale Medien erreichen müssen (Busemann, 2013). Eine Verlagerung der Werbebudgets lässt sich bereits seit mehreren Jahren feststellen. Insbesondere ehemalige Printinvestitionen fließen nun in Onlinewerbung (Heffler & Möbus, 2014). Betrachtet man die Bruttowerbeaufwendungen deutscher Werbetreibender verzeichnet das Internet als Werbeträger stetiges Wachstum. In den vergangenen Jahren konnte man jährliche Zuwachsraten von bis zu 17 Prozent feststellen (Möbus & Heffler, 2013; Heffler & Möbus, 2014). Das Resultat ist, dass sich die Bruttowerbeaufwendungen für Onlinewerbung inzwischen auf über drei Milliarden Euro[3] im Jahr belaufen, wobei weiteres Wachstum angenommen wird (ebd.). Dieser Zuwachs gilt auch für soziale Medien als Subkategorie der Onlinewerbeträger. Eine aktuelle Schätzung aus den USA nimmt an, dass die Werbeausgaben in sozialen Medien von 4.7 Milliarden US$ im Jahre 2012 auf bis zu 11 Milliarden US$ im Jahr 2017 ansteigen werden (Stambor, 2013).

Neben der Verlagerung von Zielgruppen sind Werbetreibende auch deshalb von den Veränderungen durch Social Media betroffen, da sich Nutzer dort über Marken oder Werbung zu Marken unterhalten (Dickey & Lewis, 2011). Das oben beschriebene Nebeneinander von professionell erstellten Inhalten und UGC trifft auch auf Werbung zu. Vielfach entspricht es sogar der Absicht der Werbetreibenden, dass sich Nutzer über Werbung unterhalten, diese weiterleiten oder mit ihrem Freundeskreis teilen (Campbell, Cohen & Ma, 2014). Ein prominentes Beispiel sind Werbeanzeigen auf Facebook, die es den Nutzern ermöglichen, diese zu kommentieren, mit anderen Nutzern zu teilen oder einfach nur den Gefällt-mir-Knopf zu drücken (vgl. Abb. 1).

---

[3] Die Werbung auf Facebook oder Google ist hier nicht einbezogen, da sich die jeweiligen Anbieter gegenüber der Erfassung der Werbeaufwendungen durch Nielsen wenig transparent zeigen. Der Zentralverband der deutschen Werbewirtschaft schätzt aber alleine die Nettoaufwendungen für Google auf weitere 2.56 Milliarden Euro (Heffler & Möbus, 2014).

Onlinewerbung und nutzergenerierte Inhalte 17

Abbildung 1: Werbeanzeige auf Facebook (eigene Zusammenstellung)

Busemann (2013) fand heraus, dass 10 Prozent aller SNS-Nutzer mindestens einmal wöchentlich derartige Beiträge im Kontext von Werbeanzeigen und/oder auf Unternehmensseiten hinterlassen. Auf einen Monat gesehen sind es 17 Prozent. Wichtig ist, dass diese Beiträge wiederum von einer großen Anzahl von Mitnutzern rezipiert werden, indem sich diese darüber informieren, was im Freundes- oder Bekanntenkreis passiert (Busemann, 2013). SNS-Nutzer bekommen markenbezogene Aktivitäten anderer Nutzer außerdem mit, indem sie eine sogenannte Fanseite einer Marke oder eines Unternehmens abonniert haben. Inzwischen verwenden 62 Prozent der Social-Media-Nutzer diese Funktion und werden laufend über Aktivitäten einer Marke oder eines Unternehmens informiert (Busemann, 2013). Insgesamt erwächst hieraus das Potential, dass UGC im Kontext von Onlinewerbung Markenwahrnehmungen Dritter, oder allgemeiner formuliert, Werbewirkung beeinflusst (Smith, Fischer & Yongjian, 2012). Campbell und Kollegen (2011a) stellen treffend fest: „In straightforward terms, firms are likely losing their ability to precisely control messages about their brands" in social media (Campbell, Pitt, Parent & Berthon, 2011a, S. 88). Für Werbetreibende stellt sich die Frage, ob dieser Kontrollverlust bzw. das Nebeneinander von Werbung und UGC negative oder positive Auswirkungen hat oder möglicherweise gar keine relevanten Konsequenzen nach sich zieht.

Auch aus wissenschaftlicher Sicht birgt diese Frage Brisanz. So resümiert Gangadharbatla (2012) kürzlich in einem Artikel zu Werbung in sozialen Medien:

> „An area that is somewhat lacking in research is an understanding of the outcomes or consequences of user-generated content creation and consumption. More precisely, what effect does user-generated content have on attitudes, intentions, and purchase behavior of consumers? Other related issues include investigating the impact of user-generated content on branding, the shift in power from advertisers to consumers, and the co-creation of brands with consumers and its impact on persuasion." (Gangadharbatla, 2012, S. 410)

Erklären lässt sich dieser Forschungsmangel damit, dass sich die Wissenschaft überhaupt erst seit wenigen Jahren mit dem Thema Werbung in sozialen Medien beschäftigt und sich zu Beginn auf die Erforschung der Werbung selbst konzentriert hat (Okazaki & Taylor, 2013; vgl. auch Uzunoğlu, 2011). Der umgebende Kontext wurde bisher kaum thematisiert (Steyn, Ewing, van Heerden & Pitt, 2011). Das geringe Alter der Forschung liegt darin begründet, dass soziale Medien erst in den letzten fünf bis sieben Jahren für Werbetreibende attraktiv wurden, seitdem ihre massenhafte Nutzung einsetzte (Busemann, 2013; Li, 2011). Einher mit dem geringen Alter der Forschung geht außerdem ihre häufig defizitäre theoretische Fundierung, wie von verschiedenen Autoren attestiert wird (vgl. Chong & Xie, 2011; Walther & Jang, 2012). Auch hier bieten sich aus wissenschaftlicher Perspektive relevante Anknüpfungspunkte.

Neben Werbetreibenden und Wissenschaftlern sind auch die Betreiber der Medien selbst an Erkenntnissen zu UGC und Onlinewerbung interessiert. Diese finanzieren ihre Angebote fast ausschließlich durch Werbeeinnahmen und wollen ihren Kunden entsprechend attraktive und effektive Werbeumfelder bieten. Zum Beispiel weist Facebook für das zweite Quartal 2014 einen Umsatz von 2.91 Milliarden US$ aus, wobei davon 92 Prozent Werbeeinahmen sind (Rushe, 2014). Für YouTube verhält es sich ähnlich, auch wenn hier keine offiziellen Zahlen vorliegen (eMarketer, 2014). Angesichts dieser Zahlen verwundert es kaum, wie viel Aufwand die Seitenbetreiber in die Weiterentwicklung ihrer Werbemöglichkeiten stecken. Als eine Weiterentwicklung hat Facebook zu Beginn dieses Jahres interessanterweise angekündigt, dass überall dort, wo es möglich ist, UGC neben Anzeigen erscheinen soll. Facebook bezeichnet dies als social context (Nieva, 2014). Offensichtlich erwarten sich die Betreiber dadurch eine Verbesserung der Werbewirkung. Neben der Zufriedenstellung der Werbekunden geht es für Seitenbetreiber gleichermaßen darum, den Nutzern attraktive und funktionale Kommunikationsmöglichkeiten zu bieten. Nur bei entsprechender Nutzung der Angebote lässt sich Geld mit Werbeplätzen verdienen (Eastman & Ferguson, 2013). Auch von dieser Seite dürften Social-Media-Betreiber daran interessiert sein, welche Wirkungen UGC im Kontext von Onlinewerbung entfaltet, ob Nutzer ihn überhaupt wahrnehmen und welche Konsequenzen sich daraus für das Design der Medienangebote ergeben.

Als letzte aber nicht weniger relevante Gruppe dürften die Nutzer selbst ein Interesse daran haben, zu erfahren, welche Wirkungen ihre produzierten Inhalte entfalten. Verschiedene Studien zeigen, dass sich einige Nutzer ganz bewusst zu Marken und Produkten äußern. Ihr Ziel ist es, die Marken- und Produktwahrnehmung anderer Nutzer zu beeinflussen. „Consumers are very much aware of their influence over other people and the collective power that they […] may exert over product owners" (Muntinga, Moorman & Smit, 2011, S. 37). Das zeigt sich auch daran, dass über 50 Prozent der Social-Media-Nutzer in irgendeiner Form mit dort existierenden Marken verbunden sind und einige davon Lust haben, an deren Entwicklung teilzuhaben (van Belleghem, Eenhuizen & Veris, 2011).

Zusammenfassend stellt der geschilderte Gegenstand, das Nebeneinander von Onlinewerbung und UGC, also für Wissenschaftler, Werbetreibende sowie Nutzer und Betreiber der jeweiligen Social-Media-Angebote ein hochrelevantes Thema dar. Da dazu noch vergleichsweise wenig fundiertes Wissen existiert (Gangadharbatla, 2012), knüpft die vorliegende Arbeit an dieses Interesse an und stellt folgende Forschungsfrage auf:

Welchen Einfluss haben nutzergenerierte Inhalte im Kontext von Onlinewerbung auf deren Rezeption und Wirkung?

1.3 Aufbau der Arbeit

Ziel der Arbeit ist es, diese Forschungsfrage sowohl theoretisch zu modellieren als auch empirisch zu überprüfen. Dazu werden im Kapitel 2.1 grundlegende Begriffe wie Web 2.0 und Social Media, UGC und Onlinewerbung definiert. Das nachfolgende Kapitel 2.2 widmet sich eingehender dem Forschungsfeld Werbung in sozialen Medien. Dazu wird erst allgemein der Forschungsstand zu Werbung in sozialen Medien aufgearbeitet, bevor eingehender untersucht wird, welche Forschung zu Werbung und UGC im Speziellen existiert. Darauf aufbauend folgt in Kapitel 3 die theoretische Fundierung der Forschungsfrage. Als zentrales Verarbeitungs- und Wirkungsmodell wird das Elaboration-Likelihood-Modell (ELM; Petty & Cacioppo, 1986) herangezogen. Anhand des Modells und verschiedener Hypothesen wird dargestellt, dass UGC den Persuasionsprozess auf dreierlei Art und Weise beeinflussen kann. Anschließend wird die in Kapitel 3.1 und 3.2 modellierte Verarbeitung und Wirkung von Onlinewerbung in Kapitel 3.3 in einen sozialen Kontext eingebettet. Diese theoretische Erweiterung erfolgt mit Hilfe verschiedener Theorien zu sozialem Einfluss. Darunter sind der Social-Identity-Ansatz (Tajfel & Turner, 1979; Turner, Hogg, Oakes, Reicher, & Wetherell, 1987), das SIDE-Modell (Spears & Lea, 1992) und der Ansatz Kelmans (1961). Außerdem wird die Persönlichkeit der Rezipienten als zusätzlicher Moderator in das Modell mit aufgenommen. Auch hier werden Hypothesen formuliert, wobei am Ende das finale und zu prüfende Modell präsentiert wird. Im vierten Kapitel erfolgt die empirische Prüfung der elf aufgestellten Hypothesen. Diese werden anhand dreier aufeinander aufbauender Experimente geprüft. Die Studien werden nacheinander berichtet, wobei immer die zugrundeliegende Methode, die Ergebnisse und eine Diskussion angeführt werden. Im letzten Kapitel werden die gewonnenen Erkenntnisse noch einmal anhand des aufgestellten Modells zusammengefasst und in Beziehung zur eingangs formulierten Forschungsfrage gesetzt (5.1). Nach einer Evaluation des theoretischen Modells (5.2) und allgemeiner methodischer Kritik (5.3) werden Implikationen für Wissenschaftler, Werbetreibende, Social-Media-Betreiber sowie Nutzer formuliert (5.4). Die Arbeit endet im Kapitel 5.5 mit einem Ausblick.

2 Werbung in sozialen Medien

2.1 Definition zentraler Begriffe

2.1.1 Web 2.0 und Social Media

Die Begriffe Web 2.0 und Social Media werden sowohl in der Umgangs- als auch in der Wissenschaftssprache häufig austauschbar verwendet (Berthon, Pitt, Plangger & Shapiro, 2012; Ebersbach, Glaser & Heigl, 2011). Zeitlich gesehen geht die Entstehung des Begriffs Web 2.0 dem Begriff der sozialen Medien voraus. So fand der Begriff Web 2.0 erstmalig öffentliche Beachtung als ihn Tim O'Reilly 2004 auf einer Konferenz seines Verlags verwendete. Er umschrieb damit, wie sowohl Hard- und Softwareentwickler als auch Endnutzer das Internet neuerdings nutzten: „as a platform whereby content and applications are no longer created and published by [professional] individuals, but instead are continuously modified by all users in a participatory and collaborative fashion" (Kaplan & Haenlein, 2010, S. 60f; vgl. auch Berthon et al., 2012). Der Begriff bezeichnet demnach eine Reihe (noch andauernder) technologischer Entwicklungen – sowohl die Hardware als auch die Software des Internets betreffend – welche es jedem Internetnutzer ermöglichen, einfach und kostengünstig Inhalte zu erstellen, diese zu vernetzen und mit anderen Nutzern auszutauschen (Berthon et al., 2012; Walther, Carr, Choi, DeAndrea, Kim, Tom Tong & van der Heide, 2011). Auf diese Technologien aufbauend werden unter Social Media alle webbasierten Anwendungen (World Wide Web) verstanden, „that build on the ideological and technological foundations of Web 2.0, and that allow the creation and exchange of User Generated Content" (Kaplan & Haenlein, 2010, S. 61). Obgleich dies nicht die einzige Definition von Social Media ist, handelt es sich dabei um die am weitesten verbreitete (Gangadharbatla, 2012).

Die Anwendungen, die Social Media umfassen, sind äußerst vielfältig. Gemein ist ihnen das Ziel, Informationsaustausch, Beziehungsaufbau und -pflege sowie kollaborative Zusammenarbeit der Nutzer zu ermöglichen (Ebersbach et al., 2011; vgl. auch Chong & Xie, 2011; Schenk & Scheiko, 2011; Taddicken, 2011). Charakteristisch ist für Social Media außerdem, dass Nutzer ihre erstellten Inhalte der eigenen Person bzw. einem Nutzerprofil zuordnen. Einzelne Nutzer sowie deren Handlungen werden dadurch für Dritte erkennbar, was weitere

Anschlusshandlungen und -kommunikation gestattet. Erstellte Inhalte – seien es Inhalte professioneller Akteure oder einfacher Endnutzer – erfahren so häufig soziale Rückkopplung von Mitnutzern (Ebersbach et al., 2011). Der Informationswert der Inhalte liegt folglich „weniger auf einzelnen Informationen, sondern vielmehr auf der Struktur, die aus der Verknüpfung derselben erwächst", z. B. aus der Verknüpfung von Werbung und UGC (Ebersbach et al., 2011, S. 36). Entsprechend bewegen sich Teilnehmer sozialer Medien weniger alleine, sondern sind vielmehr in verschiedenste soziale Gruppen integriert. Innerhalb dieser Communities interagieren sie und streben deren Aufbau und Aufrechterhaltung mit großer Energie an (ebd.). Der soziale Charakter wird häufig weiter dadurch verstärkt, dass die jeweiligen Medien Beziehungen unter den Nutzern sichtbar und nachvollziehbar machen. Dabei kann es sich um interpersonale Beziehungen wie eine Freundschaft oder Ehe handeln. Häufig werden aber auch Gruppenbeziehungen wie die Angehörigkeit zu einer bestimmten Universität oder zu einem Sportverein angezeigt (Sassenberg & Scholl, 2011). Zu den bekanntesten Social-Media-Vertretern zählen soziale Netzwerkseiten (z. B. Facebook, google$^+$, XING), Wikis (z. B. Wikipedia), Blogs (z. B. tumblr) oder Videoportale (z. B. YouTube, vimeo; Ebersbach et al., 2011).

2.1.2 User-Generated-Content[4]

Wie bereits in der Definition von Social Media angeklungen, stellen nutzergenerierte Inhalte den wesentlichen Bestandteil dieser Medien dar. Obwohl das Verständnis nutzergenerierte Inhalte keineswegs einheitlich ist, zeigen sich relativ konsistent drei Gemeinsamkeiten über die unterschiedlichen Definitionen hinweg (Knoll, 2014). Zentrales Merkmal ist zum einen, dass sich nutzergenerierte Inhalte auf „media content created or produced by the general public rather than by paid professionals" (Daugherty, Eastin & Bright, 2008, S. 16) beziehen. Die jeweiligen Inhalte lassen sich auf normale Web- bzw. Endnutzer außerhalb professioneller Arbeitsroutinen zurückführen (OECD, 2007; Shao, 2009; Stoeckl, Rohrmeier & Hess, 2007). Sie werden ohne unmittelbare Gewinnorientierung erstellt (Stoeckl et al., 2007). Des Weiteren sind sich die Autoren darüber einig, dass es sich bei UGC um Onlineinhalte handelt, welche mittels des World Wide Web verteilt und aufgerufen werden können (Daugherty et al., 2008; Krishnamurthy & Dou, 2008). Außerdem lässt sich feststellen, dass nutzergene-

---

4   Der folgende Gliederungspunkt beinhaltet Passagen des Kapitels „Social Media und Onlinewerbung" von Johannes Knoll aus dem Buch „Innovation der Persuasion" (2014, hrsg. von Holger Schramm und Johannes Knoll), Herbert von Halem Verlag. Ich danke dem Verlag für die Freigabe und freundliche Kooperation.

rierte Inhalte öffentlich oder zumindest teil-öffentlich und dauerhaft einem bestimmten Publikum zugänglich sein müssen (Kaplan & Haenlein, 2010; Krishnamurthy & Dou, 2008; OECD, 2007). Dies schließt z. B. Informationen in geschlossenen SNS wie Facebook ein, während private Eins-zu-Eins-Kommunikation, wie E-Mail oder Instant Messaging, ausgeschlossen wird.

Fokussiert man die Verarbeitung und Wirkung von UGC, ist es weniger bedeutsam, dass die Inhalte tatsächlich von normalen Nutzern generiert wurden, als vielmehr, dass die Inhalte als solche wahrgenommen werden. Gemäß dem Thomas-Theorem (Thomas & Thomas, 1928) werden Situationen ihren Konsequenzen nach real, wenn Menschen diese als real definieren. Anders ausgedrückt ruft vor allem die individuelle Wahrnehmung und Interpretation einer Situation nachfolgendes Verhalten hervor und weniger deren objektive Gegebenheiten. Entsprechend werden Rezipienten vor allem dann auf nutzergenerierte Inhalte anders als auf professionell erstellte Onlineinhalte reagieren, wenn sie den Unterschied im Informationsursprung wahrnehmen. Greift man diesen Aspekt auf, lassen sich auch computeraggregierte Onlineinformationen als nutzergenerierte Inhalte auffassen, solange diese ursprünglich von Nutzern initiiert wurden und entsprechend wahrgenommen werden (z. B. Likes auf Facebook, Ratings oder Klickzahlen eines Onlinevideos). Obwohl Nutzer die jeweilige Information in diesen Fällen nicht selbst kreiert und veröffentlicht haben, lässt sich deren Ursprung und damit deren Bedeutung auf normale Nutzer zurückführen (Walther & Jang, 2012). Hierzu passt auch die Tatsache, dass allgemeinhin eher von nutzergenerierten Inhalten und weniger von nutzerkreierten Inhalten gesprochen wird. Der Fokus liegt also bereits dem Begriff nach eher auf der Verursachung durch normale Nutzer und weniger auf dem Vorgang der eigentlichen Kreation. Walther und Jang (2012) unterscheiden infolgedessen drei Arten von UGC: Inhalte, welche vollständig von Endnutzern kreiert und veröffentlicht wurden (z. B. Beiträge in Foren oder SNS), absichtlich aggregierte Nutzerinformationen und zufällig aggregierte Nutzerinformationen. Aggregiert bedeutet, dass das Surfverhalten (z. B. Klicks oder Bewertungen) mehrerer Nutzer mittels automatischer Systeme erfasst wird und laufend aktualisiert sowie in komprimierter Form zusammengefasst präsentiert wird (ebd.). Absichtlich und zufällig aggregierte Nutzerinformationen unterscheiden sich dahingehend, dass die verursachenden Nutzer im ersten Fall bewusst eine kollektive Bewertung eines Einstellungsobjekts ausdrücken wollen (z. B. Ratings, Abstimmungen). Demgegenüber beruhen zufällig aggregierte Informationen zwar auf absichtsvollem Verhalten von Nutzern, das Verhalten galt zum jeweiligen Zeitpunkt aber nicht primär dem Ausdruck einer Bewertung. Dies ist z. B. der Fall, wenn Nutzer einen Inhalt aufrufen und die Zahl der Aufrufe gemessen und veröffentlicht wird. Entsprechend drücken zufällig aggregierte Nutzerinformationen häufig die Popularität von Inhalten aus.

Paradoxerweise erscheinen derartige Informationen in den Augen Dritter besonders überzeugend, weil sie gerade nicht mit der Absicht, zu überzeugen, verursacht wurden (Wang & Jang, 2012; vgl. Schweiger & Quiring (2006) für ein ähnlich breites Verständnis von UGC).

Zusammenfassend werden nutzergenerierte Inhalte als alle (teil-) öffentlich und dauerhaft verfügbaren Onlineinformationen verstanden, die von Endnutzern im Gegensatz zu professionellen Akteuren entweder nur initiiert und nachfolgend computeraggregiert veröffentlicht wurden oder aber von Endnutzern eigenständig kreiert und veröffentlich wurden. Wichtig ist, dass Dritte die Informationen in beiden Fällen als von Endnutzern verursacht auffassen.

Betrachtet man UGC im Zusammenhang von Onlinewerbung, stellen Electronic-Word-of-Mouth und Consumer-Generated-Advertising verwandte, aber nicht deckungsgleiche Phänomene dar. Während nutzergenerierte Inhalte zumindest teil-öffentlich und dauerhaft im World Wide Web verfügbar sein müssen, bezieht sich Electronic-Word-of-Mouth auf „any degree or combination of positive, negative, or neutral comments, recommendations, or any statements about companies, brands, products, or services discussed or shared among consumers in digital or electronic formats" (Wang & Rogers, 2011, S. 214) und schließt damit z. B. auch E-Mail oder Instant Messaging mit ein. Im Gegensatz zu nutzergenerierten Inhalten bezieht sich Electronic-Word-of-Mouth außerdem explizit nur auf marken- oder produktbezogene Kommunikation (Goldsmith & Horowitz, 2006; Campbell et al., 2011a). Aus Forscherperspektive betonen Arbeiten zu Electronic-Word-of-Mouth zudem eher den Aspekt der Weiterleitung von Inhalten, während unter dem Begriff UGC eher die Verursachung durch normale Nutzer hervorgehoben und untersucht wird (Cheong & Morrison, 2008). Im Gegensatz zu Electronic-Word-of-Mouth lässt sich Consumer-Generated-Advertising als eine Unterform von UGC verstehen, die beabsichtigt, andere Nutzer hinsichtlich Marken oder Produkten zu informieren und zu überzeugen. Das Besondere ist dabei, dass sich die jeweiligen Nutzer vertrauter Onlinewerbemittel wie Videos oder Banneranzeigen bedienen und diese häufig nach dem Vorbild geliebter oder missliebiger Markenwerbung gestalten (Campbell et al., 2011a; Steyn et al., 2011).

2.1.3 Onlinewerbung

Im Gegensatz zu Consumer-Generated-Advertising und UGC werden unter Onlinewerbung diejenigen werbenden Webinhalte verstanden, welche von professionellen Akteuren, also Werbetreibenden, erstellt oder in Auftrag gegeben wurden (Ha, 2008). Unter Werbung wird dabei ein geplanter Kommunikationsprozess verstanden, der „gezielt Wissen, Meinungen, Einstellungen und/oder Verhalten über und zu Produkten, Dienstleistungen, Unternehmen, Marken oder Ideen beeinflussen" will (Siegert & Brecheis, 2010, S. 28; vgl. auch Thorson & Rodgers, 2012). Die Werbung bedient sich dabei dem World Wide Web als Werbeträger und kann sich ausdrücklich auch auf nicht-kommerzielle Gegenstände, wie z. B. gesundheitsförderndes Verhalten, beziehen (Siegert, 2010). Das drückt sich auch in dem der Arbeit zugrunde liegenden breiten Verständnis von Marken aus. Nach Keller (2003) handelt es sich dabei um „a name, term, sign, symbol or design, or some combinations of these elements, intended to identify the goods and services of one seller or a group of sellers and to differentiate them from those of competitors" (S. 50). Wichtig ist, dass Güter und Dienstleistungen dabei physische Produkte und Serviceleistungen, aber auch Personen, Organisationen oder Ideen sein können (ebd.). Betrachtet man die Mittel, mit denen geworben wird, zählen zu den gängigsten sogenannte Banner, meist rechteckige Anzeigen, die neben anderen Inhalten auf Webseiten erscheinen. Außerdem werden häufig Videos verwendet, die entweder ebenfalls eigenständig auf Webseiten erscheinen oder in anderen Videoinhalten als Vorspann oder Einschub integriert sind (Dickey & Lewis, 2011). In der Regel platzieren Mediaplaner diese Werbemittel auf Webseiten Dritter und nicht als Teil des eigenen Internetauftritts (Ha, 2008). Dies geschieht häufig gegen Bezahlung (Thorson & Rodgers, 2012).

2.2 Stand der Forschung[5]

Arbeiten, die explizit die Forschung zu Werbung in sozialen Medien im Sinne eines Reviews aufarbeiten, gibt es bisher keine. Zwar gibt es verschiedene Reviews im Bereich von Onlinewerbung im Allgemeinen (Ha, 2008; Li, 2011; Kim & McMillan, 2008), diese nennen aber weder soziale Medien noch UGC als einen der beforschten Gegenstände. Lediglich Li (2011) führt im aktuellsten der Reviews Electronic-Word-of-Mouth als verwandtes Thema an. Er stellt fest, dass die bisherigen Studien untersucht haben, in welchem Umfang elektronische Konversationen über Marken betrieben werden, über welche Themen sich die Nutzer unterhalten und was Nutzer zur Unterhaltung und Weiterleitung von Inhalten motiviert. Welchen Einfluss derartige Konversationen im unmittelbaren Umfeld von Onlinewerbung auf die Wirkung dieser haben, wurde nicht untersucht. Erklären lässt sich die mangelnde Aufarbeitung des Forschungsstands

---

5   Der folgende Gliederungspunkt basiert teilweise auf einem im Druck befindlichen Forschungsüberblick des Autors (Knoll, in Druck). Teile basieren zudem auf der Publikation Knoll (2014; vgl. Fußnote 4). Ich danke dem Verlag für die Freigabe und freundliche Kooperation.

damit, dass die Forschung zu Werbung in sozialen Medien insgesamt noch relativ neu ist und in den zurückliegenden Reviews noch nicht berücksichtigt werden konnte. "Indeed, it really is only in the last five years that a substantial number of studies on social media as an advertising/ promotional vehicle have begun to appear" (Okazaki & Taylor, 2013, S. 58).

Verschafft man sich einen aktuellen Überblick von diesen kürzlich erschienen Studien (vgl. Tab. 1), lassen sich diese zu sieben Themenfeldern systematisieren. Darunter fallen das Vorkommen von Werbung, Einstellung und Zuwendung zu Werbung, Targeting, Electronic-Word-of-Mouth und Werbung, Consumer-Generated-Advertising, weitere Werbewirkungen und schließlich UGC und Werbung. Mit Blick auf den Fokus der vorliegenden Arbeit – UGC und Werbung – werden zunächst die Erkenntnisse der ersten sechs Themenfelder zusammenfassend dargestellt. Dieser Abschnitt soll dem Leser einen einführenden Überblick zur Werbeforschung in sozialen Medien geben (vgl. Knoll (in Druck) für eine ausführliche Beschreibung und Diskussion dieser ersten sechs Themenfelder). Anschließend erfolgt ausführlicher die Besprechung des siebten Themenfeldes. Hier werden alle Studien besprochen, die sich konkret mit Onlinewerbung und UGC beschäftigen und damit für den vorliegenden Gegenstand besonders relevant sind.

Stand der Forschung

Tabelle 1: Recherchierte Studien im Forschungsfeld Werbung in sozialen Medien geordnet nach untersuchten Themen

Vorkommen von Werbung	Einstellung und Zuwendung zu Werbung	Targeting	Electronic-Word-of-Mouth und Werbung	Consumer-Generated-Advertising	Weitere Werbewirkungen	UGC und Werbung
Park et. al. (2011)	Chi (2011)	Hoy & Milne (2010)	Chatterjee (2011)	Berthon et al. (2011)	Mabry & Porter (2010)	Alarcón-del-Amo et al. (2011)
Parsons (2013)	Chu (2011)	Schumann et al. (2014)	Chu (2011)	Campbell et al. (2011b)	Nelson-Field et al. (2013)	Campbell et al. (2011a)
Waters & Jones (2011)	Dao et al. (2014)	Trusov et al. (2010)	Liu-Thompkins (2012)	Ertimur & Gilly (2012)	Pashkevich et al. (2013)	Chang et al. (2012)
	Gironda & Korgaonkar (2014)	Villiard & Moreno (2012)	Porter & Golan (2006)	Lawrence et al. (2013)		Li et al. (2012)
	Kelly et al. (2010)		Okazaki et al. (2013)	Pack et al. (2011)		Muntinga et al. (2011)
	Lipsman et al. (2012)		Okazaki et al. (2014)	Pehlivan et al. (2011)		Pack et al. (2013)
	Muk (2013)		Strutton et al. (2011)	Sabri & Michel (2014)		Walther et al. (2010)
	Nelson-Field et al. (2012)		van Noort et al. (2014)	Steyn et al. (2010)		
	Nobre & Silva (2014)			Steyn et al. (2011)		
	Pingjun (2013)			Thompson & Malaviya (2013)		
	Sashittal et al. (2013)			Vanden Bergh et al. (2011)		
	Saxena & Khanna (2013)					
	Tan et al. (2013)					
	Taylor et al. (2011)					
	Wallace et al. (2014)					
	Yang & Liu (2014)					
	Zeng et al. (2009)					

2.2.1 Die wichtigsten Erkenntnisse im Überblick

Allgemein existiert noch relativ wenig systematische Forschung zum Vorkommen von Werbung in Social Media. Lediglich drei der 52 recherchierten Artikel widmeten sich dieser Fragestellung. Untersucht wurden jeweils spezifische Medien (z. B. YouTube: Waters & Jones, 2011) und spezifische Werbetreibende (z. B. Gesundheitsorganisationen, Park, Rodgers & Stemmle, 2011; globale Marken, Parsons, 2013). Betrachtet man die Art und Weise der Werbung, scheinen Unternehmen stärker an Nutzerinteraktion interessiert zu sein (Parsons, 2013) als gemeinnützige Organisationen. Der kommunikative Fokus gemeinnütziger Organisationen liegt eher auf Information und Erziehung. Sie schöpfen außerdem weniger das interaktive Potential sozialer Medien aus (Park, et al., 2011; Waters & Jones, 2011). Insgesamt mangelt es Wissenschaftlern wie Praktikern an einem allgemeineren Überblick, der sich weder auf spezifische Werbetreibende noch auf ein einzelnes Medienangebot konzentriert.

Befragt man Nutzer nach ihrer Einstellung zu Werbung, zeigt sich, dass diese durchaus akzeptiert wird, solange das jeweilige Angebot kostenfrei ist (Kelly, Kerr & Drennan, 2010). Je stärker das jeweilige Angebot geschätzt wird und je stärker man sich als Mitglied dessen ansieht, desto größer ist die Akzeptanz (Chi, 2011; Zeng, Huang & Dou, 2009). Wirkt Werbung unterhaltend oder informativ, steigert das darüber hinaus die Akzeptanz (Dao, Le, Cheng & Chen, 2014; Saxena & Khanna, 2013; Tan, Kwek & Li, 2013; Taylor, Lewin & Strutton, 2011). Letzteres kann nicht als der Regelfall gelten. Verschiedene Umfragen belegen, dass Social-Media-Werbung häufig als irrelevant angesehen wird (Kelly et al., 2010; Sashittal, Sriramachandramurthy & Hodis, 2013; Villiard & Moreno, 2012). Neben geringer Glaubwürdigkeit ist dies der Hauptgrund, warum Werbung in sozialen Medien vermieden wird. Nutzer beklagen weniger ein „Zuviel" an Werbung (Stichwort: advertising clutter; Kelly et al., 2010).

Negativ wirkt sich auch die Sorge um die eigene Privatsphäre aus, dies aber in geringerem Ausmaß (Taylor et al., 2011; Yang & Liu, 2014). Insbesondere das zielgruppenorientierte Werben (Targeting) ist davon in Form von Abwehrreaktionen betroffen (Schumann, Wangenheim & Groene, 2014). Frauen äußern hier größere Sorge als Männer und werden eher aktiv, um ihre Privatsphäre zu schützen (Hoy & Milne, 2010). Reduzieren lassen sich diese Abwehrreaktionen, indem Nutzern nicht nur deutlich gemacht wird, dass Werbung aufgrund von Targeting entsprechend relevanter sein kann, sondern auch, indem an ein wechselseitiges Geben und Nehmen appelliert wird (kostenlose Angebote im Gegenzug für die Unterstützung der Nutzer bezüglich Onlinewerbung: Schumann et al., 2014).

Neben einer Reihe werbeskeptischer Nutzer, gibt es auch solche, die sich Werbung ganz bewusst aussetzen und sich als Fan von Markenseiten sehen. „Brand pages are a form of brand community sponsored by advertisers. Companies post branded content (brand posts) on their pages that can be shared and [...] consumers can add themselves as fans to the brand pages by clicking the 'like' button on the ads" (Muk, 2013, S. 128; vgl. auch Nobre & Silva, 2014). Je positiver Nutzer gegenüber Werbung in SNS eingestellt sind und je positiver ihre Nutzungserfahrungen mit SNS sind, desto eher werden sie Fan einer solchen Seite. Feedback von Bekannten oder Freunden trägt ebenfalls zum Beitritt zu einer Markenseite bei. Außerdem spielen eher rationale Überlegungen, ob der Beitritt einen konkreten Mehrwert verschafft oder nicht, eine Rolle (Gironda & Korgaonkar, 2014, Muk, 2013). Betrachtet man die Zusammensetzung der Nutzerschaft von Markenseiten, befinden sich darunter vor allem die treuesten Kunden und Käufer (Nelson-Field, Riebe & Sharp, 2012). Diese machen nach Ehrenberg (1988) zwar nur einen geringen Prozentsatz der gesamten Käuferschaft aus, bieten aber den Vorteil, wertvolle Hinweise bezüglich Produktentwicklungen liefern zu können. Markentreue und engagierte Nutzer übermitteln überdies Werbebotschaften wahrscheinlicher an Freunde und lassen sich so als Markenbotschafter einsetzen. Hierfür spricht auch, dass sie häufig über ein großes Netzwerk an Kontakten verfügen (Liu-Thompkins, 2012; Nelson-Field et al., 2012; Wallace, Buil, Chernatony & Hogan, 2014).

Studien aus dem Bereich Electronic-Word-of-Mouth zeigen, dass sich hierzu auch solche Nutzer eignen, die sich generell häufig ihrem Umfeld mitteilen. Neben selbstbezüglichen Informationen leiten diese auch Werbebotschaften wahrscheinlicher weiter (Chu, 2011; Okazaki, Rubio & Campo, 2013; 2014; van Noort, Antheunis, & Verlegh, 2014). Besonders wahrscheinlich werden provokative und humorvolle Werbebotschaften weitergeleitet (Porter & Golan, 2006; Sabri & Michel, 2014). Interessanterweise beschränkt sich die Weitergabe nicht auf das Internet, sondern findet sich auch in offline Mund-zu-Mund-Propaganda wieder (Strutton, Taylor & Thompson, 2011).

Eine Vielzahl der Studien beschäftigt sich mit Consumer-Generated-Advertising. Hier interessiert die Forscher vor allem, ob Werbung anders wirkt, wenn sie von normalen Nutzern im Vergleich zu professionellen Werbetreibenden erstellt wurde (Cambell, Pitt, Parent & Berthon, 2011b; Lawrence, Fournier & Brunel, 2011; Pehlivan, Sarican & Berthon, 2011; Thompson & Malaviya, 2013). Rezipienten empfinden Consumer-Generated-Advertising im Allgemeinen als authentischer und glaubwürdiger, sofern sie sich mit dem jeweiligen Urheber identifizieren oder mit der beworbenen Marke bereits vertraut sind. Im Gegensatz dazu werden Marken schlechter bewertet, wenn die Kreationskompetenz des jeweiligen Urhebers angezweifelt wird und zu stark propagiert wird, dass es sich bei der Werbung um Consumer-Generated-Advertising handelt (Etimur & Gilly, 2012; Paek, Hove, Jeong, & Kim, 2011; Thompson & Malavia, 2013).

2.2.2 User-Generated-Content und Onlinewerbung

Dem Thema Werbung und UGC widmen sich schließlich sechs Studien. Campbell, Pitt, Parent und Berthon (2011a) werteten Kommentare verschiedener Werbevideos auf YouTube inhaltsanalytisch aus und entwickelten eine Systematik, nach welcher sich diese Unterhaltungen rund um Werbung einordnen lassen. Konkret systematisieren sie nutzergenerierte Inhalte rund um Onlinewerbung danach, ob sie eher kognitiver oder emotionaler Natur sind und ob sie eher auf ein Zusammen oder Gegeneinander der Nutzer ausgelegt sind. Entsprechend lassen sich Inhalte dann eher als Nachfragen, Debatten, Lob oder Kritik klassifizieren. Ihre Ergebnisse zeigen auch, dass sich die Kommentare nicht notwendigerweise auf die beworbenen Marken beziehen müssen. Sie können auch vom jeweiligen Werbemittel selbst (z. B. dessen Musik) oder ganz anderen Themen handeln. Der Ursprung der jeweiligen Unterhaltung und deren ursprüngliche Richtung sind hier entscheidend. Aus Perspektive der Werbetreibenden liegt es daher nahe, an entsprechenden Unterhaltungen frühzeitig teilzunehmen. Andererseits könnten Nutzer gerade dies als unerwünschtes Eindringen in ihre Privatsphäre empfinden. Werbetreibende verlieren dann zudem die Möglichkeit, unverfälschtes Feedback zu ihren Marken und Produkten einzuholen (Campbell et al., 2011). Mit Blick auf die sich unterhaltenden Nutzer zeigen zwei Studien unabhängig voneinander, dass sich nur die aktivsten Nutzer an der Erstellung von UGC rund um Onlinewerbung und Marken beteiligen (Alarcón-del-Amo, Lorenzo-Romero & Gómez-Borja, 2011; Muntinga, Moorman & Smit 2011). Alarcón-del-Amo und Kollegen (2011) nennen diese Nutzer Expert Communicators und schätzen deren Anteil auf ca. 20 Prozent der gesamten Social-Media-Nutzerschaft. Expert Communicators zeichnen sich durch weitreichende Erfahrungen mit sozialen Medien aus, sind innerhalb dieser äußerst aktiv und pflegen eine große Anzahl an Kontakten. Bei der Mehrheit handelt es sich um Frauen im jungen Erwachsenenalter. Fragt man nach der Motivation zur Erstellung von UGC, zeigen sich laut Muntinga et al. (2011) vier unterschiedliche Bedürfnisse: soziale Interaktion, persönliche Identitätsarbeit, Unterhaltung und Mitwirkungsmöglichkeit. Insbesondere das Bedürfnis an Marken sowie an deren Kommunikation mitzuwirken, ist für Werbetreibende relevant. Es zeigt, dass normale Nutzer soziale Medien gezielt einsetzen, um die Marken- und Produktwahrnehmungen anderer Nutzer zu beeinflussen. Dass in derartiger Kommunikation Wirkungspotential steckt, belegt die Tatsache, dass Expert Communicators über eine überdurchschnittliche Anzahl an Kontakten verfügen. An diese kann die kommentierte Werbung direkt weitergeleitet werden. So werden laut Angaben von Facebook 81 weitere Nutzer über jeden Fan einer Markenseite erreicht, der sich entscheidet dieser beizutreten und mit ihr zu interagieren (Lipsman, Mudd, Rich, & Bruich 2012). Angesichts dieser Netzwerkeffekte stellt sich die Frage, welchen Einfluss UGC auf die Wirkung der eigentlichen Onlinewerbung hat.

Mittels eines dreifaktoriellen experimentellen Designs untersuchten Chang, Chen und Tan (2012) die Wirkung von Werbebannern auf Facebook, die als von Mitnutzern unterstützt gekennzeichnet waren. Die Autoren interessierte dabei die Expertise der unterstützenden Person in Bezug auf das beworbene Produkt (niedrig vs. hoch), die Stärke der sozialen Beziehung zwischen dem Unterstützer und dem Werberezipienten (schwach vs. stark) und der Produkttypus (funktional vs. hedonistisch) als Einflussfaktoren. Gemäß den Annahmen zu normativem und informationalem Einfluss (Deutsch & Gerard, 1955) vermuteten die Autoren eine höhere Kaufabsicht, wenn die Werbung von einer stark verbundenen Person unterstützt wurde (normativer Einfluss) und wenn die Werbung von einem Experten unterstützt wurde (informationaler Einfluss). Die Ergebnisse zeigten nur dann den angenommenen positiven Effekt der Beziehungsstärke, wenn es sich um ein hedonistisches Produkt (z. B. Musik-CD) handelte. Demgegenüber trat der positive Effekt der Expertise nur dann auf, wenn das Produkt funktionaler Natur war (z. B. Staubsauger). Die Autoren schlussfolgern, dass Konsumenten eher nach fachlicher Expertise suchen, wenn sie die Kaufentscheidung eines funktionalen Produkts abwägen. Nutzergenerierte Inhalte ausgewiesener Experten haben dann einen Einfluss. Andersherum orientieren sich Konsumenten eher an ihresgleichen, wenn sie Kaufentscheidungen zu hedonistischen Produkten abwägen. Da der Kauf dieses Produkttypus stark durch Affekte der kaufenden Person motiviert ist, scheinen eng verbundene Personen mit ähnlichen Werthaltungen besonders einflussreich. Hinsichtlich der Wirkung von UGC ist dann entscheidend, ob sie sich mit dem jeweiligen Urheber stark verbunden fühlen (Chang et al., 2012). Obwohl Chang und Kollegen (2012) den Einfluss nutzergenerierter Inhalte auf die Wirkung von Onlinewerbung erfolgreich belegen können, schränkt ein methodischer Mangel die Eindeutigkeit der Ergebnisse ein. Um die Manipulation des Faktors Beziehungsstärke so realistisch wie möglich zu gestalten, erschien der werbende Post des stark verbundenen Unterstützers im Newsfeed der jeweiligen Rezipienten. Der Beitrag wurde mittig unter den zentralen Neuigkeiten präsentiert, wie es auf Facebook üblich ist. Der werbende Post des unbekannten bzw. schwach verbundenen Unterstützers war hingegen am rechten Seitenrand in einer separaten Box zu sehen. Internetnutzer sind inzwischen daran gewöhnt, wichtige Inhalte im Zentrum einer Website vorzufinden, während Unwichtiges und oft auch Werbung am Rande auftaucht (Tullis, 2005). Insofern besteht die Möglichkeit, dass der werbende Post des stark verbundenen Unterstützers allein aufgrund seiner zentralen Position als bedeutender und damit kaufwürdiger empfunden wurde. Hinzu kommt, dass der Beitrag aufgrund seiner mittigen Position womöglich gar nicht als Werbung eingeschätzt wurde und damit das Produkt kaufwürdiger erschien. Folglich lässt sich weder eindeutig schlussfolgern, ob die Stärke der sozialen Beziehung den positiven Effekt des Unterstützers verursacht hat, noch ob der Unterstützer überhaupt als ursächlich anzusehen ist. Die Ergebnisse wären eindeutiger, wenn neben der Beziehungsstärke nicht gleichzeitig die Position des werbenden Posts verändert worden wäre.

Blickt man auf eine ähnliche Studie von Walther et al. (2010) erscheinen soziale Einflüsse von UGC dennoch sehr wahrscheinlich. Die Autoren untersuchten experimentell die Wirkung von positiven versus negativen Kommentaren zu einem Anti-Marihuana-Werbevideo auf YouTube. Rezipienten zeigten vor allem dann Einstellungsänderungen in Richtung der Kommentare, wenn sie sich stark mit der Gruppe der kommentierenden YouTube-Nutzer identifizieren konnten. Folgt man den Annahmen des Social-Identity-Ansatzes (Tajfel & Turner, 1979; Turner et al., 1987) bzw. dem SIDE-Modell (Spears & Lea, 1992), führt die Identifikation mit der jeweiligen Gruppe, d. h. das Bestehen einer gemeinsamen Gruppenbeziehung, zur Anpassung der Rezipienteneinstellungen an die Kommentare. Im Zuge der Identifikation wird die Mitgliedschaft in der jeweiligen Gruppe als positiver Selbstaspekt aufgefasst, dessen Aufrechterhaltung durch gruppenkonforme Reaktionen auf die nutzergenerierten Inhalte angestrebt wird. Je stärker man sich mit der jeweiligen Gruppe identifiziert, desto eher passt man eigene Einstellungen an. Da die Stärke der Identifikation nicht manipuliert, sondern lediglich gemessen wurde, kann auch hier nicht mit 100-prozentiger Sicherheit gefolgert werden, dass der soziale Einfluss der Identifikation bzw. Gruppenbeziehung ursächlich für eine Einstellungsänderung in Richtung der Kommentare war. Genauso ist es möglich, dass Rezipienten bereits gewisse positive oder negative Voreinstellungen zu Marihuana hatten und diese unverändert nach dem Betrachten des Stimulus geäußert haben. Wenn ihre Voreinstellungen den Kommentaren entsprochen haben, konnten sie sich womöglich besonders stark mit den Kommentierenden identifizieren und äußerten dies entsprechend bei der Messung der Identifikation. Dies würde genauso den Interaktionseffekt erklären.

Blickt man auf die Ergebnisse eines Feldexperiments von Li, Lee und Lien (2012) unterstützen deren Ergebnisse eher die von Walther und Kollegen (2010) eigentlich vermutete Variante, dass die Beziehungsstärke ursächlich für die variierende Wirkung von UGC ist. Sie konnten zeigen, dass Facebook-Nutzer Anzeigen dann häufiger anklicken und als relevanter empfinden, wenn sie zuvor von einer eng verbundenen Person selektiert wurden und diese jeweils ihre Unterstützung der Anzeige ausdrückte. „Friends may know what each other likes, or have similar interests, hence information shared by friends is less likely to be treated as spam" (Li et al., 2012, S. 146).

Neben der Valenz des UGC und den Beziehungen zu den Verursachern scheint auch die Anzahl der generierenden Nutzer eine Rolle zu spielen. Eine Inhaltsanalyse von 87 Anti-Raucher-Videos auf YouTube zeigt, dass über alle analysierten Videos hinweg die Menge der nutzergenerierten Klicks die Anzahl wohlwollender Kommentare positiv vorhersagt (Paek, Hove & Jeon, 2013). Letzteres nehmen die Autoren als Indikator gedanklicher Reaktionen. Nutzer zeigen demzufolge dann vermehrt positive Reaktionen gegenüber einem Werbevideo, wenn der jeweils nutzergenerierte Kontext eine intensive Nutzung durch andere Rezipienten anzeigt. Je größer die Nutzergruppe erscheint, desto stärker wird deren Einfluss angenommen. Auch wenn ihre Vorgehensweise streng genommen keine kausalen Schlüsse zulässt, schließen die Autoren vorsichtig, dass „viewers' cognitive response to the videos is indeed affected by social contexts on UGC websites like YouTube" (Paek et al., 2013, S. 234).

2.2.3 Zusammenfassung

Die Veröffentlichungsdaten zeigen, dass alle gefundenen Studien aus den Jahren 2006 bis 2014 stammen, wobei der Großteil (44 Studien) ab 2011 veröffentlicht wurde. Die Zahlen stimmen mit Okazaki und Taylor (2013) überein, die vermuteten, dass eine substanzielle Anzahl an Studien erst in jüngster Vergangenheit veröffentlicht wurde (vgl. auch Chong & Xie, 2011). Die mangelnde Thematisierung von Social Media in vergangenen Forschungsüberblicken liegt demnach tatsächlich an der Aktualität des Themas bzw. an dem „Alter" vergangener Reviews. Dass trotz des geringen Alters der Forschung durchschnittlich zehn empirische Studien in jedem der vier vergangenen Jahre erschienen sind, unterstreicht die wissenschaftliche Relevanz. Da es sich bei sozialen Medien insgesamt noch um ein vergleichsweise junges Phänomen handelt und diese sich aktuell immer noch weiterentwickeln (vgl. z. B. Facebooks jüngste Käufe von Instragram oder WhatsApp), ist ein weiteres Anwachsen der Forschung hochwahrscheinlich (Khang et al., 2012). Interessanterweise zeigt bisher das Jahr 2011 mit 16 Studien die meisten Publikationen. Das dürfte vor allem daran liegen, dass im selben Jahr ein Sonderheft zu Social-Media-Werbung im *International Journal of Advertising* erschienen ist. Auch dies unterstreicht die Aktualität des Themas.

Der Großteil der Forschung hat sich bis jetzt mit Akzeptanz und Zuwendung zu Werbung beschäftigt oder sich dem Phänomen Consumer-Generated-Advertising gewidmet. Zusammen machen diese Teilgebiete annähernd die Hälfte aller analysierten Studien aus. Defizitär erscheint hingegen die Forschung zur Rezeption und Wirkung von Social-Media-Werbung. Obwohl es sich dabei um ein Gebiet höchster Relevanz handelt, haben sich bis jetzt nur wenige Studien damit beschäftigt (Muk, 2013). Sieht man von den Studien ab, welche die Wirkung von Consumer-Generated-Advertising untersuchen, beschäftigen sich nur acht der verbleibenden 41 Studien mit der Verarbeitung und Wirkung der Werbung (Chang et al., 2012; Chatterjee, 2011; Li et al., 2012; Nelson-Field et. al., 2013; Mabry & Porter, 2010; Okazaki et al., 2013; van Noort et al. 2014; Walther et al., 2010). Um diesem Teilgebiet künftig gerechter zu werden, bedarf es nicht nur mehr Studien, sondern vor allem auch der Integration charakteristischer Social-Media-Eigenschaften. Dabei handelt es sich erstens um die sozialen Beziehungen unter den Nutzern, zweitens um die Hauptnutzungsmotivation, sich mit anderen auszutauschen sowie Beziehungen zu pflegen, und drittens um das Generieren sowie Austauschen von UGC (Kaplan & Haenlein, 2010; Ren, Kraut & Kiesler, 2007).

Bei genauerer Lektüre der Studien fällt außerdem auf, dass nur knapp die Hälfte der Studien explizit eine Theorie oder ein Modell zur Fundierung ihrer Forschungsfragen anführen und daraus Hypothesen ableiten (vgl. dazu ausführlicher Knoll, in Druck). Dieses Ergebnis spiegelt die Erkenntnisse von Chong und Xie (2011) wieder, die in ihrem Überblick zur Social-Media-Forschung ebenfalls einen eklatanten Mangel an theoretischer Fundierung feststellten:

> „Our findings show that only a quarter of the Web 2.0 social research articles (34 out of 141 articles) we examined mentioned theory. This low rate of theory use in Web 2.0 research among peer reviewed journal articles suggests the need for conducting more theorydriven social research of Web 2.0. At present, reports of human interaction with Web 2.0 still remain heavily anecdotal." (Chong & Xie, 2011, S. 9)

Ebenso ist bemerkenswert, dass die meisten Studien ihre Erkenntnisse durch einmalige Umfragen ermitteln. Das kann prinzipiell passend sein, führt aber dann zu Problemen, wenn die Autoren kausale Aussagen treffen (Shaughnessy & Zechmeister, 1997). Dies ist häufig der Fall.

In Bezug auf UGC und Onlinewerbung lässt sich resümieren, dass nutzergenerierte Inhalte die Wirkung dieser beeinflussen können. Die Ergebnisse der drei berichteten Studien stehen damit im Einklang mit Arbeiten aus anderen Themenfeldern, die gleichermaßen Einflüsse nutzergenerierter Inhalte auf die Rezeption und Wirkung professionell erstellter Onlineinhalte nachweisen konnten (z. B. Nachrichten: Lee & Jang, 2010; Musik: Salganik, Dodds & Watts, 2006; Websites: Giudice, 2010). Als Wirkungsfaktoren scheinen die Valenz der nutzergenerierten Inhalte, die Menge der verursachenden Nutzer und, ob soziale Beziehungen zu den Urhebern der Inhalte bestehen, wichtige Rollen zu spielen. Als theoretische Fundierung erweisen sich etablierte Theorien zu sozialem Einfluss als ein fruchtbarer Ansatz (Walther, Carr et al., 2011). Deren Anwendung und Fortentwicklung sollte weiterverfolgt werden. Das gilt insbesondere, wenn man die eben angesprochene mangelnde Fundierung bisheriger Arbeiten bedenkt. Daneben spricht der rasche technologische Fortschritt für eine stärkere theoretische Fundierung. Eine zu starke Orientierung an der jeweiligen Technologie erschwert es, künftige Nutzung und Wirkungen zu antizipieren, da vergangene Forschung schlichtweg zu schnell überholt ist (Spears, Lea, Postmes & Wolbert, 2011). Trotz dieser vielversprechenden Anfänge ist der bisherige Forschungsstand zu UGC und Onlinewerbung mit deutlichen Einschränkungen behaftet, was sich auch durch die geringe Zahl an Studien erklärt. Methodische wie theoretische Mängel bieten Ansätze zur Weiterentwicklung.

Sowohl Chang et al. (2012) als auch Walther et al. (2010) nehmen z. B. an, dass sich der Einfluss von UGC zum großen Teil auf soziale Beziehungen zwischen Urhebern und Rezipienten dieser Inhalte zurückführend lässt. Die herangezogenen Theorien zum sozialen Einfluss legen dies nahe (z. B. Spears & Lea, 1992; Turner et al., 1987). Allerdings erlauben die Ergebnisse ihrer Experimente keine eindeutigen kausalen Schlüsse. Der Einfluss sozialer Beziehungen wurde entweder unsauber manipuliert (Chang et al., 2012) oder als bloße Messung nachträglich in die Analyse mitaufgenommen (Walther et al, 2010). Die vorliegende Arbeit strebt daher an, den Einfluss sozialer Beziehungen eindeutiger nachzuweisen.

Ferner zeigen die bisherigen Studien zwar variierende Wirkung von UGC in Abhängigkeit verschiedener Einflussfaktoren (z. B. Valenz oder Stärke sozialer Beziehungen). Sie geben aber nicht darüber Auskunft, welchen Unterschied das Vorhandensein bzw. Nicht-Vorhandensein von UGC im Kontext von Onlinewerbung überhaupt ausmacht. Keine der berichteten Untersuchungen enthält eine Kontrollgruppe, der jeweils nur Werbung präsentiert wurde und die eine derartige Aussage ermöglichen würde. Obgleich man UGC inzwischen häufig im Umfeld von Onlinewerbung finden kann, ist dies auch häufig nicht der Fall. Werbetreibende haben demnach immer die Möglichkeit, darüber zu entscheiden, ob sie UGC im direkten Zusammenhang ihrer Werbemittel wünschen oder nicht. Befürchten sie Kontrollverluste über ihre Kommunikation, entscheiden sie sich unter Umständen ganz gegen Social-Media-Kommunikation (Campbell et al., 2011a). Werbetreibende benötigen daher Wissen über das grundsätzliche Wirkungspotential von UGC, um solche Entscheidungen fundiert treffen zu können.

Letzteres ist auch für Urheber dieser Inhalte interessant, bedenkt man, dass diese häufig UGC erstellen, um andere in ihren Markenwahrnehmungen zu beeinflussen (Muntinga et al., 2011). Die Arbeit hat demnach auch zum Ziel, festzustellen, welchen Unterschied UGC in der Wirkung von Onlinewerbung ausmacht.

Blickt man auf die bisherigen Studien, fällt weiterhin die starke Konzentration auf den UGC selbst auf. Das Zusammenspiel von Werbebotschaft *und* UGC wurde in der Entstehung der Werbewirkung kaum beachtet. Forscher vernachlässigten vor allem den Inhalt der eigentlichen Werbebotschaft. Gerade diesem misst die Persuasionsforschung traditionellerweise großen Einfluss bei (Hovland, Lumsdaine & Sheffield, 1949; Hovland, Janis & Kelley, 1953). Die Arbeit versucht, das Zusammenspiel von Merkmalen der Werbebotschaft und parallel verarbeitetem UGC stärker zu integrieren. Es ist anzunehmen, dass sich die finale Wirkung letztendlich aus einer Wechselwirkung beider Komponenten (und Rezipientenfaktoren) ergibt (Früh & Schönbach, 1982).

Um dies sicherzustellen, sollte die Wechselwirkung bereits in der theoretischen Fundierung verankert sein. Die bisherige Konzentration auf Theorien zu sozialem Einfluss führt fast zwangsläufig dazu, dass Inhalt und Verarbeitung der eigentlichen Werbebotschaft vernachlässigt werden. Interessanterweise findet sich dieses Muster generell wieder, wenn es um die Erforschung von Einstellungsänderungen geht. Traditionellerweise haben sich Forscher entweder der sogenannten „messaged-based" Persuasion (Botschafts- und Kommunikatormerkmale) zugewandt oder soziale Einflüsse des Kontextes untersucht (Wood, 2000). Diese Arbeit verfolgt das Ziel, Theorien zur Verarbeitung und Wirkung persuasiver Botschaften und Theorien zu sozialem Einfluss gleichermaßen einzubinden. Das Ergebnis soll ein vollständigeres Verständnis davon sein, wie die schlussendliche Wirkung von UGC und Onlinewerbung entsteht.

Abschließend lässt sich mit den Worten Steyns und Kollegen (2011) resümieren:

> „The question remains as to what effect consumer-generated content has on the effectiveness of online advertisements. How does consumer content, created around an online advertisement, impact the effectiveness of the ad and how does it influence consumer attitudes towards the advertised brand?" (Steyn et al., 2011, S. 139)

3 Die Verarbeitung und Wirkung von nutzergenerierten Inhalten im Kontext von Onlinewerbung

Wie eben beschrieben, mangelt es der Forschung zu Social Media im Allgemeinen (Chong & Xie, 2011), aber auch der Forschung zu Werbung in Social Media im Besonderen (Choi, 2011) an geeigneter theoretischer Fundierung. Die Schwierigkeit besteht darin, die Merkmale von Social-Media-Kommunikation möglichst adäquat zu erfassen und dabei Konzepte dennoch nicht zu phänomenorientiert zu spezifizieren. In Anbetracht des raschen technologischen Fortschritts verhindert letzteres, dass theoretische Konzepte nicht allzu schnell obsolet werden. Gleichzeitig ist es notwendig, theoretische Modellierungen an etablierte Theorien anzuschließen bzw. selbige aus diesen heraus zu entwickeln. „New media do not require that we abandon older theoretical notions" (Walther, 2009, S. 751). Im Gegenteil, deren Anwendung erleichtert das Verständnis neuer Phänomene auf Basis bekannter Zusammenhänge und ermöglicht das Erkennen von Kontinuität. Damit ist das Gleichbleiben zentraler Prozesse in der sich augenscheinlich rasch verändernden Onlinewelt gemeint. Aus Perspektive der Rezeptions- und Wirkungsforschung ist die Annahme von Kontinuität höchst plausibel. Das Interesse gilt weniger den sich verändernden Technologien, sondern ist mehr darauf ausgerichtet, was die jeweiligen Nutzer damit machen. Sofern sich Nutzer in ihren physischen wie psychischen Gegebenheiten nicht entscheidend verändern, ist davon auszugehen, dass grundlegende Rezeptions- und Wirkungsprozesse gleichbleiben. Folglich kann man Prozesse, die aus der Erforschung „alter Medien" und der computervermittelnden Kommunikation (CVK) bekannt sind, auf die Verarbeitung und Wirkung von Social Media übertragen (Klimmt, 2011). Da sich die Verarbeitung und Wirkung von Medieninhalten letztendlich aus dem Zusammenspiel medialer wie personaler Faktoren ergeben (Früh & Schönbach, 1982) und Social Media durchaus Besonderheiten im Vergleich zu anderen Medien aufweist, sollten Theorien dennoch nicht unüberlegt übertragen werden.

Im Folgenden wird zuerst anhand des ELM erklärt, welche Einflussmöglichkeiten UGC auf den Persuasionsprozess von Onlinewerbung besitzt. In einem zweiten Schritt wird dann stärker der soziale Charakter von UGC fokussiert.

Durch Verbindung des ELM mit Theorien zu sozialem Einfluss wird der eigentliche Persuasionsprozess in einen sozialen Kontext eingebettet. Dies trägt der Tatsache Rechnung, dass Rezipienten häufig soziale Beziehungen zu den Urhebern von UGC aufweisen (Ren et al., 2007), die den Persuasionsprozess möglicherweise moderieren.

3.1 Das Elaboration-Likelihood-Modell und seine vier Kernelemente

Für die Modellierung des eigentlichen Persuasionsprozesses durch das ELM sprechen zweierlei Gründe. Erstens zeigt die Forschung zur Rezeption von Onlinemedien, dass ein Großteil der Inhalte häufig oberflächlich verarbeitet wird (Flanagin & Metzger, 2000; Lee & Sundar, 2010; Metzger et al., 2010). Dies gilt insbesondere für die Rezeption von Onlinewerbung (Sundar, Xu & Dou, 2012). Erklären lässt sich diese oberflächliche Verarbeitung mittels der begrenzten kognitiven Kapazität der Rezipienten, die einer nahezu unbegrenzten Menge an Onlineinformationen gegenübersteht (Lang, 2009). Rezipienten bewältigen diese Informationsmenge, indem sie Inhalte in der Selektionsphase lediglich oberflächlich überfliegen (Text-Scannen). Wenn überhaupt, beginnen sich Nutzer erst in der eigentlichen Rezeptionsphase mit Inhalten genauer auseinanderzusetzen (Schweiger, 2010). Selbst dann neigen Onlinenutzer häufig dazu, die gründliche Rezeption eines Textes abzubrechen (Schweiger, 2001). Das ELM ermöglicht, neben anderen Zwei-Prozess-Modellen (z. B. Heuristic-Systematic-Model; Chaiken, 1987), diese oberflächliche Verarbeitung zu modellieren und persuasive Wirkungen abschätzen zu können. Daneben ist es möglich, Konsequenzen tieferer Verarbeitung aufzuzeigen. Sie kann im Zusammenhang mit Onlinewerbung z. B. dann auftreten, wenn Rezipienten den beworbenen Gegenstand als besonders relevant für sich selbst empfinden (Petty & Cacioppo, 1986).

Neben der Möglichkeit, grundlegende Onlinerezeptionsmodi abbilden zu können, bietet das ELM außerdem den Vorteil, eines der zentralen Modelle der modernen Persuasionsforschung zu sein. Es stellt „seit Mitte der 1980er Jahre gewissermaßen den "Gold-Standard" sowohl in der Grundlagen- als auch in der Anwendungswissenschaft dar" (Klimmt, 2011, S. 13). Dies lässt sich unter anderem daran ablesen, dass nahezu alle aktuellen Handbücher zur Persuasions- oder Werbeforschung das ELM in Form eigener Kapitel enthalten (vgl. z. B. Brock & Green, 2005; Dillard & Shen, 2013; Rodgers & Thorson, 2012; Tellis & Ambler, 2008). Insofern wird die Arbeit ihrem Anspruch gerecht, etablierte Theorien auf das neue Phänomen der Social-Media-Werbung anzuwenden. Gleichzeitig kann auf eine Fülle an theoretischen wie empirischen Erkenntnissen zurückgegriffen werden, welche die Forschung zum ELM in den letzten 30 Jahren zusammengetragen hat (Schuhmann, Kotowski, Ahn, & Haugtvedt, 2012). Verschiedene Studien haben in diesem Zusammenhang bereits gezeigt, dass sich das ELM trotz seiner Entstehung vor 30 Jahren auch auf Persuasionsprozesse im Rahmen neuer Medien anwenden lässt (vgl. z. B. Cho, 1999; Yang, Hung, Sung & Farn, 2006).

Das ELM wurde Ende der 70er Jahre des letzten Jahrhunderts entwickelt, um die bis dahin teils widersprüchlichen Erkenntnisse der Persuasionsforschung zu integrieren. Petty und Cacioppo fragten sich beispielsweise, warum Einstellungsänderungen aufgrund persuasiver Botschaften manchmal verhaltenswirksam sind und manchmal nicht, oder warum Experten als Kommunikatoren manchmal die persuasive Wirkung einer Botschaft verstärken und manchmal nicht (Petty & Briñol, 2012). Als Ziel ihres Modells formulierten sie demnach, Einstellungsbildung oder -veränderung aufgrund persuasiver Botschaften zu erklären. Außerdem wollten sie Vorhersagen über die Konsequenzen dieser Einstellungsprozesse treffen.

Nach Eagly & Chaiken (1993) kann eine Einstellung als „psychological tendency that is expressed by evaluating a particular entity with some degree of favor or disfavor" (S. 1) verstanden werden.[6] Einstellungsforscher sind sich weitgehend einig, dass die zentrale Funktion von Einstellungen darin besteht, Objekte zu bewerten (Maio & Haddock, 2010). Ähnlich wie Schemata steuern Einstellungen als mentale Repräsentationen Denk- und Verhaltensprozesse gegenüber Objekten: Sie sammeln und organisieren vergangene (Bewertungs-) Erfahrungen mit Objekten. Diese stehen bei erneutem Kontakt als Handlungsanleitung oder Entscheidungsgrundlage zur Verfügung (Eagly & Chaiken, 1993). Die Basis dieser Bewertungen bilden objektbezogene Gedanken (kognitive Komponente), mit dem Objekt verbundene Emotionen (affektive Komponente) und Verhalten oder Verhaltensabsichten gegenüber dem Einstellungsobjekt (konative Komponente; Olson & Kendrick, 2008). Insgesamt geben Einstellungen damit Aufschluss darüber, wie und warum Menschen gegenüber ihrer Umwelt denken, fühlen oder handeln (Eagly & Chaiken, 2005). Eagly und Chaiken (1993) beschreiben in ihrer Definition Einstellungen bewusst als eine psychologische Tendenz und nicht als Zustand (kurzfristig) oder Disposition (langfristig). Die Bedeutung des Begriffs ist ausdrücklich nicht zeitlich begrenzt:

> „Some attitudes are relatively enduring, in some cases formed in early childhood and carried through one's lifetime. Other attitudes are formed but then changed. Still

---

6   Im Bewusstsein, dass mehr als hundert verschiedene Definitionen von Einstellungen existieren, stützt sich der Autor auf das Verständnis von Eagly & Chaiken (1993). Deren Definition gilt aktuell als die am breitesten akzeptierte (Albarracin, Johnson, Zanna & Kumkale, 2005).

other attitudes are formed but not subsequently elicited and thus they recede or, in effect, disappear from the psyche." (Eagly & Chaiken, 2005, S. 746)

Einstellungen sind als Wissensstrukturen im Gedächtnis gespeichert und bestehen in ihrer einfachsten Form aus einer Objekt-Bewertung-Assoziation sowie anderen damit verbundenen Wissensstrukturen (Fabrigar, MacDonald & Wegener, 2005). Wissensstrukturen werden in der vorliegenden Arbeit als Schemata oder Teile von Schemata verstanden. Dabei handelt es sich um kognitive Strukturen „that consists in part of the representation of some defined stimulus domain. The schema contains general knowledge about that domain, including a specification of the relationship among its attributes, as well as specific examples or instances of the stimulus domain" (Taylor & Crocker 1981, S. 91). Wichtig ist, dass ein Schema nicht nur die begriffliche oder bildliche Repräsentation eines bestimmten Realitätsbereichs darstellt, sondern darüber hinaus auch dessen Eigenschaften und Bewertung umfasst, folglich auch Einstellungen (ebd.). Im Zusammenhang von Werbekommunikation spricht man z. B. von Produkt- oder Markenschemata als kognitive Repräsentationen von Produkt- oder Markenerfahrungen (Keller, 2003). Schemata sind untereinander durch ein dichtes Netz an Assoziationen verknüpft (Collins & Loftus, 1975). Sowohl ein bestimmter Teil als auch ein ganzes Schema kann Teil eines anderen, übergeordneten Schemas sein. So ergibt sich ein reichhaltiges Netz aus Schemata und Subschemata, welche untereinander verknüpft sind. „Dabei handelt es sich um keine Hierarchie von logischen Klassen oder von Definitionen, sondern um eine erfahrungsmäßige Verschachtelung von Wissensbeständen" (Ballstaedt, Mandl, Schnotz & Tergan 1981, S. 28). Menschen, die sich häufig mit Social Media beschäftigen, könnten unter dem dazugehörigen Schema beispielsweise Subschemata für SNS oder Videoportale haben. Diese können aber auch getrennten Schemata zugeordnet sein.

Im Zusammenhang der vorliegenden Arbeit ist außerdem wichtig, dass Einstellungen nicht angeboren sind, sondern als Resultat von Bewertungsprozessen in Interaktion mit der Umwelt entstehen. Die jeweilige Interaktion kann dabei direkter physischer Natur sein oder über Kommunikation zu einem Einstellungsobjekt symbolisch vermittelt sein (Chaiken, Wood & Eagly, 1996). In Bezug auf den letzten Fall spielen, neben interpersonaler Kommunikation, auch Massenmedien und Werbung eine entscheidende Rolle. Dies gilt insbesondere dann, wenn es an direkter physischer Erfahrung mangelt (Petty, Briñol & Priester, 2009).

3.1.1 Das Elaborationskontinuum

Die nachfolgende Erläuterung beschreibt das ELM nicht anhand der sieben ursprünglich formulierten Postulate (vgl. Klimmt, 2011; Petty & Cacioppo, 1986), auch wenn diese alle im Verlauf des Textes aufgegriffen werden. Stattdessen gliedert sich der Text nach der aktuellsten Modellbeschreibung in Form der vier Kernelemente des ELM (Petty & Briñol, 2012): das Elaborationskontinuum, die zentrale und periphere Route der Persuasion, Konsequenzen zentraler und peripherer Verarbeitung und multiple Rollen von Variablen im Persuasionsprozess. Diese neuere Form der Modellbeschreibung bietet den Vorteil, auf die wesentlichen Elemente beschränkt zu sein, die dafür entsprechend ausführlich dargestellt werden. Zudem lässt sich der Einfluss nutzergenerierter Inhalte direkt anhand des Letzten der vier Elemente beschreiben (vgl. 3.2).

Das ELM basiert im Kern auf dem Cognitive-Response-Ansatz von Greenwald (1968). Dieser ging davon aus, dass Einstellungsänderungen aufgrund persuasiver Botschaften im Wesentlichen davon abhängen, welche Gedanken sich Rezipienten bezüglich einer Botschaft machen (Cognitive Response). Die Gedanken müssen dabei nicht unbedingt den Inhalten der Botschaft und deren intendierter Wirkung entsprechen. Dies liegt daran, dass Rezipienten neu auf sie eintreffende Informationen in Zusammenhang mit existierenden Kognitionen setzen und diese wiederum interindividuell variieren. Die eigentliche Einstellung ergibt sich nach wiederholter gedanklicher Auseinandersetzung mit dem Einstellungsobjekt und dem Lernen dieser Gedanken. Die Auseinandersetzung kann während und nach der Rezeption stattfinden. Greenwald (1968) nahm an, dass die Valenz der Gedanken gegenüber dem Einstellungsobjekt sowie die Intensität der gedanklichen Auseinandersetzung wesentliche Determinanten der späteren Einstellung sind.

Petty und Cacioppo (1986) greifen die Idee der gedanklichen Antwort auf. Sie gehen aber davon aus, dass die Elaboration einer Mitteilung, d. h. „the extent to which a person thinks about issue-relevant arguments contained in a message" (Petty & Cacioppo, 1986, S. 128) je nach Person und Kommunikationssituation unterschiedlich ausfallen kann. Aufgrund ihrer eingeschränkten kognitiven Kapazität können Menschen sich unmöglich mit jeder Botschaft und jedem Einstellungsobjekt gründlich auseinandersetzen. Sie versuchen häufig ihren gedanklichen Aufwand zu minimieren (Taylor & Crocker, 1981). Anderseits kann es manchmal passender und sogar überlebenswichtig sein, sich eingehender mit Botschaften und Einstellungsobjekten zu beschäftigen (Petty & Wegener, 1999). Entsprechend verstehen Petty und Cacioppo (1986) Elaboration als ein Kontinuum, das von keiner gedanklichen Auseinandersetzung bis zur Elaboration jedes einzelnen Botschaftsarguments und dessen Integration in die eigenen Überzeugungen reichen kann (Petty & Cacioppo, 1986). „Das ELM argumentiert nun, dass genau von diesem Ausmaß der gedanklichen Auseinandersetzung der Verlauf und mithin das Ergebnis eines Persuasionsversuchs entscheidend mitbestimmt werden. Das Modell erhielt genau deswegen seinen Namen" (Klimmt, 2011, S. 17). Im Deutschen wird Elaboration-Likelihood mit Elaborationswahrscheinlichkeit bzw. -stärke übersetzt (vgl. ebd.). Das Ausmaß der Elaboration hängt von der aktuellen Motivation und Fähigkeit der Rezipienten ab. Sind Rezipienten sowohl motiviert als auch fähig, setzen sie sich gedanklich stark mit einer Botschaft auseinander.

> „This means that people are likely to attend to the appeal; attempt to access relevant associations, images, and experiences from memory; scrutinize and elaborate upon the externally provided message arguments in light of the associations available from memory; draw inferences about the merits of the arguments for a recommendation based upon their analyses; and consequently derive an overall evaluation of, or attitude toward, the recommendation. […] Issue-relevant elaboration will typically result in the new arguments, or one's personal translations of them, being integrated into the underlying belief structure (schema) for the attitude object." (Petty & Cacioppo, 1986, S. 128)

Mangelt es Rezipienten entweder an Motivation oder an Fähigkeit, fällt die Elaboration weniger stark aus, bis hin zu keiner gedanklichen Auseinandersetzung. Wichtig ist, dass es auch dann zu Einstellungsänderungen kommen kann (ebd.). Dies stellt insofern eine Erweiterung des Cognitive-Response Ansatzes dar, als dass dieser Einstellungsänderungen nur bei starker gedanklicher Auseinandersetzung vorsieht (Haugtvedt & Kasmer, 2008).

Fragt man nach Faktoren, welche die Fähigkeit zur Elaboration bedingen, nennen Petty und Cacioppo (1986) Ablenkung und die wiederholte Rezeption einer Botschaft. Die Autoren nehmen an, dass ablenkende Reize die Verarbeitung der Botschaft unterbrechen und damit auch die Gedanken unterbrechen, die sich Rezipienten ohne Ablenkung zur Botschaft machen würden. Entsprechend ist die Elaboration desto schwächer, je stärker die Ablenkung. Im Zusammenhang von Onlinewerbung kommt der Ablenkung starke Bedeutung zu, weil Internetnutzer im Web generell einer großen Menge an ablenkenden Reizen ausgesetzt sind. Da ihre Aufmerksamkeit eine begrenzte Ressource ist, die sich willentlich und unwillentlich auf bestimmte Inhalte konzentriert, kann zu jedem Zeitpunkt nur ein begrenzter Ausschnitt der verfügbaren Onlineinformationen verarbeitet werden (Kahneman, 1973, Wirth, 2001). Hinzu kommt, dass das eigentliche Rezeptionsinteresse in den meisten Fällen nicht Onlinewerbung gilt, sondern anderen, auf einer Webseite präsentierten Inhalten (Li, Edwards & Lee, 2002). Webnutzer meiden Werbung häufig und lenken ihre Aufmerksamkeit bewusst auf andere Inhalte (Drèze & Hussherr, 2003). Studien zeigen, dass Internetnutzer ihre Aufmerksamkeit desto weniger auf Onlinewerbung fokussieren, je mehr kognitive Kapazität die aktuelle Rezeption einer Webseite erfordert und je stärker die Internetnutzer durch die Rezeption der Webinhalte gefesselt sind. Einfaches Browsen einer Webseite erfordert z. B. weniger Kapazität als gezieltes Lesen von fesselnden Inhalten (Simola, Kuima, Öörni, Uusitalo & Hyönä, 2011; Wang & Day, 2007). So gesehen sind Rezipienten von Onlinewerbung fast immer potentiell ablenkenden Reizen ausgesetzt, da Werbung selten alleine auf Webseiten erscheint und das eigentliche Rezeptionsinteresse meist nicht der Werbung gilt. Allerdings kann das Ausmaß der Ablenkung deutlich variieren. Zudem haben Werbetreibende die Möglichkeit, durch Animation, Größe und Ort der Werbeplatzierung zusätzliche Aufmerksamkeit auf sich zu ziehen und damit die Wahrscheinlichkeit für stärkere Elaboration zu erhöhen (Simola et al., 2011).

Folgt man Petty und Cacioppo (1986), lässt sich das auch durch die wiederholte Präsentation von Onlinewerbung herstellen – dem zweiten Faktor, der die Fähigkeit zur Elaboration bedingt. Wiederholung wirkt sich vor allem dann vorteilhaft auf die Elaboration aus, wenn eine einmalige Präsentation die aktuelle Motivation oder Fähigkeit übersteigt. Das ist vielfach der Fall, wenn die präsentierten Inhalte zu komplex sind und zu kurz präsentiert werden. Die Fähigkeit zur Elaboration lässt sich so gesehen auch steigern, indem Inhalte verständlicher oder länger präsentiert werden (Stiff & Mongeau, 2003). Zu häufige Wiederholungen oder zu lange Präsentation resultieren allerdings sehr wahrscheinlich in Langeweile und/oder Reaktanz (Brehm, 1966). Rezipienten sind dann nicht mehr motiviert, sich mit den langweiligen oder nervenden Botschaften auseinanderzusetzen, und reagieren unter Umständen auch mit Abneigung (Klimmt, 2011). Banner mit den selben Inhalten aber unterschiedlichen Erscheinungsbildern können dies abmildern (Yaveroglu & Donthu, 2008).

Die Motivation zur Elaboration wird durch drei Faktoren bestimmt, wobei die persönliche Relevanz der Botschaft darunter der Bedeutendste ist (Petty & Cacioppo, 1986). Nach Apsler und Sears (1968) besitzt eine Botschaft persönliche Relevanz für Rezipienten, wenn sie gewichtige Konsequenzen für deren Leben beinhaltet. Die Stärke der Relevanz variiert je nach Anzahl, Ausmaß und Dauerhaftigkeit der Konsequenzen (Petty & Cacioppo, 1986). Je mehr persönliche Relevanz eine Botschaft besitzt, desto stärker setzen sich Menschen mit ihr mit dem Ziel auseinander, sich eine möglichst wahrheitsgetreue Meinung zum jeweiligen Einstellungsobjekt zu bilden. Zwar geht das ELM davon aus, dass Menschen allgemein nach wahrheitsgetreuen Einstellungen streben, allerdings wird dies durch persönliche Relevanz verstärkt. Die gebildete Einstellung birgt unmittelbare Konsequenzen für das eigene Leben.

In Bezug auf Produktwerbung, eine der häufigsten Formen der Onlinewerbung (Ha, 2008), ist das sogenannte Produktinvolvement eine entscheidende Determinante der persönlichen Relevanz. Darunter wird "the perceived relevance of a product class based on the consumer's inherent needs, interests, and values" verstanden (Warrington & Shim, 2000, S. 764; vgl. auch Zaichkowsky, 1985a). Je mehr eine Produktkategorie den aktuellen und überdauernden Bedürfnissen, Interessen und Werten einer Person entspricht, desto höher ist deren Produktinvolvement und desto höher wird sie die Relevanz einer entsprechenden Werbebotschaft einschätzen. Begrenzend merken Petty und Cacioppo (1986) an, dass die persönliche Relevanz eines Gegenstands meist mit umfangreichem Vorwissen verbunden ist. Das sollte einerseits die Elaboration erleichtern, da Botschaftsinhalte in bestehende kognitive Strukturen integriert werden können. Andererseits kann dieses Vorwissen auch zur Folge haben, dass Rezipienten schon so starke Voreinstellungen besitzen, dass diese sich kaum durch einzelne Botschaften ändern lassen.

Neben der persönlichen Relevanz führen Petty und Cacioppo (1986) das Bedürfnis zu denken als motivationssteigernd an. Beim Denkbedürfnis, dem sogenannten Need for Cogniton (NFC), handelt es sich um ein stabiles Persönlichkeitsmerkmal. Das Konzept geht auf Cohen, Stolton und Wolfe (1955) zurück. Cacioppo und Kollegen (1984) verstehen darunter „an individual's tendency to engage in and enjoy effortful cognitive endeavors" (S. 306). Das Merkmal unterscheidet zwischen Personen, „die Spaß am Denken haben und eine positive Einschätzung hinsichtlich ihrer eignen kognitiven Fähigkeiten besitzen, und solchen Personen, bei denen diese Eigenschaften weniger stark ausgeprägt sind" (Bless, Wänke, Bohner, Fellhauer & Schwarz, 1994, S. 148). Bezieht man diese individuelle Neigung auf die Rezeption von Onlinewerbung, setzen sich Personen, die große Freude am Denken haben, gedanklich stärker mit der jeweiligen Werbung auseinander als Personen mit niedrigem NFC. Studien konnten diesen Zusammenhang sowohl für Werbung im Allgemeinen als auch für Onlinewerbung im Besonderen nachweisen (Haugtvedt, Petty & Cacioppo, 1992; Sicilia, Ruiz & Munuera, 2005).

Außerdem wirkt persönliche Verantwortung motivationssteigernd. Darunter versteht man, dass Menschen allgemein weniger Engagement für eine Aufgabe zeigen, wenn sie für deren Bewältigung und Ergebnis gemeinsam mit anderen verantwortlich sind. Man spricht auch von Verantwortungsdiffusion (Klimmt, 2011). In einem Experiment konnten Petty und Kollegen (1980) z. B. zeigen, dass sich Probanden mit Botschaftsinhalten gedanklich stärker auseinandersetzen, wenn sie für deren Evaluation alleine verantwortlich waren im Gegensatz zu gemeinsamer Verantwortung mit zehn anderen Teilnehmern. Im Vergleich zu persönlicher Relevanz und dem NFC wird diesem Einflussfaktor in der ELM-Forschung relativ wenig Beachtung geschenkt (Petty & Wegener, 1999).

Zusammenfassend lässt sich festhalten, dass das ELM die gedankliche Auseinandersetzung mit einer Werbebotschaft als Kontinuum versteht, die durch die aktuelle Motivation und Fähigkeit der Rezipienten bedingt ist. Motivation und Fähigkeit lassen sich durch eine Reihe personaler und situativer Faktoren erklären.

3.1.2 Die zentrale und periphere Route der Persuasion

Darauf aufbauend postuliert das zweite Kernelement die Wirkung unterschiedlicher Informationsverarbeitungsprozesse und damit unterschiedliche „Routen" der Persuasion. Sie hängen davon ab, wie stark sich Menschen gedanklich mit einer persuasiven Botschaft auseinandersetzen. Informationsverarbeitung wird als ein kognitiver Prozess verstanden, „that stores knowledge structures in memory or that operates on stored knowledge structures [...] with detectable consequences. As this definition implies, cognitive processes are not directly observable [...], but must be inferred from their detectable consequences" (Wegener & Carston, 2005, S. 495).

3.1.2.1 Die zentrale Route

Sind Rezipienten motiviert und fähig zu hoher Elaboration, schlagen sie die zentrale Route der Informationsverarbeitung ein. Wie bereits erwähnt, bedeutet dies, dass sie die Argumente einer Botschaft umfassend und gründlich prüfen, in Beziehung zu bestehendem Wissen setzen und darüber begründete Schlüsse bezüglich dem Einstellungsobjekt ziehen (Petty & Wegener, 1999). Die dabei entstehenden Gedanken beeinflussen dann als kognitive Antwort Einstellungen (Greenwald, 1968). Unter Argumenten werden dem ELM nach „bits of information contained in a communication that are relevant to a person's subjective determination of the true merits of an advocated position" verstanden (Petty & Cacioppo, 1986, S. 133). Zentral sind bei diesem Verständnis zwei Dinge: Zum einen beschränken die Autoren Argumente ausdrücklich nicht auf Botschaftsinhalte, sondern auf alle Informationseinheiten, die der jeweiligen Kommunikation innewohnen. Das heißt, dass z. B. auch die jeweilige Quelle oder der Kontext der Botschaft als Argument wirken kann (Petty & Wegener, 1999). Zum anderen halten die Autoren fest, dass die Überzeugungskraft von Argumenten vom jeweiligen Betrachter abhängt und dass verschiedene Betrachter nicht unbedingt die gleichen Informationseinheiten als relevante Argumente zur Einstellungsbildung heranziehen. Petty und Cacioppo (1986) schlagen keine theoretische Setzung vor, die zwischen starken und schwachen Argumenten unterscheidet, sondern definieren Argumentqualität, d. h. die Überzeugungskraft von Argumenten, empirisch. Dazu stellen die Autoren einen Pool von ihrer Meinung nach schwachen und starken Argumenten zu einem Einstellungsgegenstand zusammen, lassen diesen von einer passenden Stichprobe hinsichtlich der Überzeugungskraft bewerten und wählen anschließend die empirisch schwächsten und stärksten Argumente aus. Verarbeiten Rezipienten eine Botschaft zentral, werden sie die Qualität dieser Argumente umfassend und gründlich prüfen und sich darauf aufbauend eine Einstellung zum jeweiligen Gegenstand bilden. Die Valenz der gebildeten Einstellung hängt von der wahrgenommenen Stärke der Argumente ab. Je überzeugender Argumente einen Gegenstand vertreten, desto positiver sind die daran anknüpfenden Gedanken der Rezipienten und desto positiver ist deren Einstellung. Schwache Argumente ziehen dementsprechend weniger positive bzw. negativere Gedanken und Einstellungen nach sich. Unter positiven Gedanken werden also solche verstanden, die Wohlwollen gegenüber einer Werbebotschaft und deren Zielen ausdrücken, während negative Gedanken diese als ungünstig oder nachteilig auffassen (Petty & Cacioppo, 1986).

Die Valenz der Einstellung wird außerdem durch die Intensität der Elaboration verstärkt. Je gründlicher und umfassender sich ein Rezipient z. B. mit schwachen Argumenten beschäftigt, desto eher wird er deren Schwäche erkennen und desto mehr und negativere Gedanken wird er sich dazu machen. Die daraus resultierende Einstellung fällt negativer aus. Für starke Argumente verhält es sich genau umgekehrt. Insgesamt vermitteln damit Gedanken, die sich Rezipienten während hoher Elaboration machen, den Einfluss einer Werbebotschaft auf Einstellungen. Ganz im Sinne von Greenwald (1968) bedingt nicht der Inhalt der Botschaft unmittelbar Einstellungen, sondern die kognitive Antwort der Rezipienten vermittelt diesen Einfluss (Petty & Cacioppo, 1986). Die kognitive Antwort hängt wiederum von der Intensität der Elaboration und der Überzeugungskraft der Botschaftsargumente ab.

Eine Vielzahl von Studien konnte diese Annahmen bestätigen. Sie zeigen, je stärker Rezipienten persuasive Botschaften elaborieren, desto eher orientieren sie ihre Einstellungen an deren Argumentqualität. Mit zunehmender Elaboration zeigt sich außerdem eine zunehmende, vermittelnde Wirkung der hervorgerufenen Rezeptionsgedanken als Hinweis auf zentrale Verarbeitung (Petty & Cacioppo, 1986; Petty & Wegener, 1999; Schumann et al., 2012). Manche Studien konnten zudem zeigen, dass Personen sich dann auch besser an Botschaftsargumente erinnern können (Cacioppo, Petty & Morris, 1983). Sofern die Erinnerung mit einer gewissen Valenz behaftet ist, kann sie einen zusätzlichen Einfluss auf Einstellungen haben (Wegner & Carlston, 2005).

Abschließend bleibt zu sagen, dass zentrale Verarbeitung nicht notwendigerweise objektiv sein muss, sondern auch verzerrt ablaufen kann. Damit ist gemeint, dass Rezipienten manchmal mehr oder weniger bewusst geneigt sind, bestimmte Gedanken (positive oder negative) zu entwickeln, indem sie Inhalte selektiv wahrnehmen und verarbeiten (Petty & Wegener, 1999). Dies ist häufig der Fall, wenn sich die Verarbeitung an existierenden Einstellungsschemata oder Rezeptionszielen orientiert bzw. von diesen gesteuert wird (Petty & Cacioppo, 1986). Besitzen Rezipienten beispielsweise zu einem Thema Vorwissen, ist dies häufig mit einer gewissen Voreinstellung verbunden. Wird eine Werbebotschaft zu diesem Thema verarbeitet, werden vorhandene Schemata aktiviert und zur Strukturierung, Integration und Interpretation der eintreffenden Informationen herangezogen (Taylor & Crocker, 1981). Das führt dazu, dass eintreffende Informationen an bestehende Schemata angepasst bzw. in diese integriert werden. Infolgedessen passt sich auch die Valenz der Informationen an vorhandene Bewertungen an. Die Verarbeitung erfolgt verzerrt (Petty & Cacioppo, 1986). Bestehende Einstellungsstrukturen werden so eher aufrechterhalten, wonach Menschen tendenziell streben (Fabrigar et al., 2005). Außerdem erleichtert diese schemagesteuerte Verarbeitung den Informationsverarbeitungsprozess, was auch im Sinne der Rezipienten ist.

Weitere Auslöser von verzerrter Verarbeitung sind Vorwarnungen darüber, dass es sich bei einer Botschaft um einen Beeinflussungsversuch handelt (Petty & Cacioppo, 1986). In diesem Fall werden Rezipienten sich bemühen, die Stärke von Botschaftsargumenten herabzusetzen bzw. Gegenargumente zu sammeln, um sich vor dem Persuasionsversuch zu schützen. Argumente werden nicht mehr objektiv hinsichtlich ihrer Überzeugungskraft bewertet. Stattdessen erfolgt deren Wahrnehmung als verzerrt schwächer oder stärker, je nachdem ob es sich um Argumente für oder gegen die Position der persuasiven Quelle handelt (ebd.).

Außerdem können einfache affektive Hinweisreize, wie z. B. Zuschauerreaktionen, verzerrte Elaboration in Richtung der signalisierten Valenz auslösen (Axoms, Yates & Chaiken, 1987). Forgas (1995) erklärt die Wirkung affektiver Reize damit, dass diese als affektiver Prime wirken und im Gedächtnis des Rezipienten eher affektkongruente Schemata als affektinkongruente Schemata aktivieren. Hintergrund ist die Vorstellung eines assoziativen Netzwerkmodells, in dem Affekte und Kognitionen semantisch miteinander verknüpft sind und die Aktivierung des einen die Aktivierung des anderen nach sich ziehen kann (spreading activation, Collins & Loftus, 1975). Lösen positive Zuschauerreaktionen bei einem Rezipienten beispielsweise Freude aus, sollten eher positive Assoziationen wie „angenehm" oder „vergnüglich" aktiviert sein als Assoziationen wie „unangenehm" oder „unerträglich". Die Endcodierung eintreffender Informationen wird infolgedessen dahingehend beeinflusst, dass affektkongruente Informationen eher beachtet und stärker in die jeweiligen kognitiven Strukturen integriert werden als affektinkongruente Inhalte (Forgas, 1995). Wie beim Vorwissen werden vor allem aktivierte Schemata zur Strukturierung, Integration und Interpretation der eintreffenden Informationen herangezogen (Taylor & Crocker, 1981).

> „Affekte haben also unter diesen Bedingungen keinen direkten Einfluss auf das Urteil, sondern einen indirekten über die durch die affektive Reaktion aktivierten kognitiven Reaktionen, mit Hilfe derer dann ein Urteil gebildet wird. Ein solcher Prozess ist insbesondere dann wahrscheinlich, wenn Rezipierende zwar sehr motiviert sind, ein Urteil zu einem Einstellungsobjekt zu fällen, aber noch über wenige vorgefertigte Urteilskomponenten oder Vorwissen verfügen, worauf sie direkt zurückgreifen können." (Schemer, 2014, S. 184)

Da sich Rezipienten mit steigender Motivation mehr Gedanken zu einer Botschaft machen, die je nach Prime positiv oder negativ verzerrt sind, erfolgt mit steigender Motivation auch eine zunehmend verzerrte Verarbeitung. Das heißt, je größer die Motivation zur Elaboration, desto mehr positive oder negative Gedanken machen sich Rezipienten zu einer Botschaft (Petty & Cacioppo, 1986). Da sich Einstellungen letztlich aus der Summe aller Rezeptionsgedanken ergeben, sind auch Einstellungen umso positiver oder negativer, je größer die Motivation zur Elaboration ist (ebd.).

3.1.2.2 Die periphere Route

Setzen sich Rezipienten gedanklich kaum mit einer Botschaft auseinander, zeigen Studien relativ konsistent, dass sich weder die Argumentqualität einstellungsformend auswirkt noch Rezeptionsgedanken unverzerrt oder verzerrt als Mediator fungieren (Petty & Cacioppo, 1986; Petty & Wegener, 1999; Schumann et al., 2012). Dennoch sind auch hier Einstellungsänderungen möglich. Petty und Cacioppo (1986) sprechen dann von Einstellungsänderungen über die periphere Route der Verarbeitung im Unterschied zur zentralen Route. Die periphere Route zeichnet sich dadurch aus, dass es Rezipienten an Motivation und/oder Fähigkeit zur Elaboration mangelt. Ihre kognitive Auseinandersetzung mit der Werbebotschaft konzentriert sich auf leicht zu verarbeitende Hinweisreize, sogenannte Cues. Wichtig ist, dass das ELM nicht einen Mechanismus der peripheren Verarbeitung annimmt, vergleichbar mit dem gründlichen Prüfen von Argumenten unter zentraler Verarbeitung, sondern verschiedene Mechanismen möglich sind (Petty & Wegner, 1999). Darunter fallen z. B. klassisches bzw. evaluatives Konditionieren (Baker, 1999; Staats & Staats, 1958), Affect-as-Information (Schwarz & Clore, 2007) oder heuristische Verarbeitung (Chaiken, Liberman & Eagly, 1989). Beim evaluativen Konditionieren können affektive Reize (z. B. attraktive Werbegesichter) ihre Wirkung ohne große gedankliche Mühe entfalten, indem sie mehrmals zusammen mit einem Werbeobjekt dargeboten werden. Rezipienten lernen durch die mehrmalige und simultane Darbietung, das Werbeobjekt in Beziehung zum affektiven Reiz zu setzen. Infolgedessen übertragen sie dessen Valenz auf das Werbeobjekt (Baker, 1999). Evaluatives Konditionieren funktioniert vor allem bei neutralen und unbekannten Werbeobjekten. Sie bieten genügend Potential, sodass sich die Bewertung eines unkonditionierten Stimulus auf sie übertragen lässt (Siegert, Wirth, Matthes, Pühringer, Rademacher, Schemer & von Rimscha, 2007). Der Affect-as-Information-Ansatz argumentiert demgegenüber damit, dass sich Menschen häufig auf ihre aktuellen Gefühle beziehen, wenn sie Urteile fällen (Schwarz, 2011). Sie fragen sich mehr oder weniger bewusst, was sie bezüglich eines bestimmten Gegenstands fühlen. Es ist dabei erstmal unerheblich, ob das jeweilige Gefühl tatsächlich vom bewerteten Gegenstand hervorgerufen wurde oder eine andere Ursache hat, sofern letzteres nicht bewusst ist (Schwarz & Clore, 1988). Hintergrund ist die Annahme, dass Menschen nur einen Zugang zu ihren affektiven Erfahrungen haben und daher die Unterscheidung schwer fällt, welche Erfahrung durch welchen Gegenstand hervorgerufen wurde. Unter Umständen fehlinterpretieren Menschen deswegen aktuelle Gefühle als affektive Reaktion auf einen bestimmten Gegenstand, obgleich diese Gefühle eine andere Ursache haben mögen (Schwarz & Clore, 2007). Ein Beispiel ist die Begleitmusik eines Werbevideos, die positive Gefühle hervorruft. Fällen Rezipienten im Anschluss an die Rezeption ein Urteil zur beworbenen Marke, leiten sie das unter Umständen von den durch die Musik hervorgerufenen Gefühlen ab. Auch hier ist der gedankliche Aufwand relativ gering (ebd.). Die dritte Möglichkeit besteht darin, dass Hinweisreize sogenannte Heuristiken auslösen. Darunter werden einfache Entscheidungsregeln verstanden, über die Rezipienten relativ mühelos, in Form mentaler Abkürzungen, zu Bewertungen gelangen. Die gelernten Heuristiken werden mehr oder weniger bewusst angewendet und haben sich in der Vergangenheit als nützlich und zutreffend erwiesen (Chaiken et al, 1989). Voraussetzung ist, dass sie mental verfügbar sowie zugänglich sind und dass sie sich im vorliegenden Zusammenhang anwenden lassen (Chen & Chaiken, 1999). Häufig angewendete Heuristiken sind die Experten- oder Autoritätsheuristik („Mitteilungen von Experten oder Autoritäten kann man trauen"), die Konsensheuristik („Übereinstimmende Meinungen sind korrekt") oder die Heuristik der Länge und Menge („Lange Botschaften mit vielen Argumenten sind überzeugende Botschaften"; Chen & Chaiken, 1999). Im Zusammenhang der Onlinekommunikation werden außerdem vielfach die Bandwagonheuristik („Was andere machen oder mögen, mache oder mag ich auch") und die (Inter-)Aktivitätsheuristik („Interaktionsmöglichkeiten mit Websites sind nützlich") ausgelöst (Sundar et al., 2012). Die heuristischen Hinweisreize können Teil der jeweiligen Botschaft sein (z. B. Anzahl der Argumente und Länge der Botschaft), aber auch in deren Kontext auftauchen (z. B. Art der Quelle) und so Entscheidungsregeln auslösen.

Gemein ist diesen drei Mechanismen der Einstellungsfindung, dass Rezipienten trotz geringer bis gar keiner gedanklichen Verarbeitung einer Werbebotschaft zu einer Einstellung gelangen können. Einstellungen werden direkt aus peripheren Cues abgeleitet, indem diese Heuristiken auslösen oder als affektive Hinweisreize wirken. Für die Route der peripheren Verarbeitung bedeutet dies, dass sich Rezipienten nicht nur weniger Gedanken machen (Quantität), sondern auch die Art und Weise der Verarbeitung häufig eine andere ist als bei zentraler Verarbeitung (Qualität; Petty & Wegener, 1999). Ob Verarbeitungsunterschiede eher qualitativer oder quantitativer Natur sind, ist empirisch jedoch schwer nachzuweisen (Petty & Wegener, 1999).

Letztendlich sollte man die Unterscheidung der Verarbeitung in eine zentrale und periphere Route immer als prototypisch verstehen. Die tatsächliche Verarbeitung von Werbebotschaften bewegt sich eher auf einem Kontinuum zwischen diesen Polen. „Of course, much of the time, persuasion is determined by a mixture of these processes" (Petty & Briñol, 2012, S. 226). Das bedeutet, dass ein Rezipient sowohl Elemente zentraler als auch peripherer Verarbeitung aufweisen kann. Allerdings nimmt der Einfluss von Argumenten ab und der Einfluss von Hinweisreizen zu, je geringer die Elaboration. Andersherum nimmt der Einfluss von Argumenten zu und der Einfluss von Hinweisreizen ab, je stärker die Elaboration (Petty & Cacioppo, 1986).

3.1.3 Konsequenzen zentraler und peripherer Verarbeitung

Das dritte Kernelement des ELM betrifft die Konsequenzen zentraler und peripherer Verarbeitung. Beide Routen der Persuasion ermöglichen Einstellungsbildung und -änderung, jedoch unterscheiden sich die jeweiligen Resultate in ihrer Verhaltenswirksamkeit, Widerstandsfähigkeit und Dauerhaftigkeit. Petty und Cacioppo (1986) nehmen an, dass das sorgfältige Abwägen aller einstellungsrelevanten Informationen und deren Integration in bestehende kognitive Strukturen im Falle zentraler Verarbeitung dazu führen, dass bestehende Schemata stärker und häufiger aktiviert werden (Taylor & Crocker, 1981). Je häufiger und stärker Schemata in der Vergangenheit aktiviert waren, desto größer ist deren Zugänglichkeit, wenn es darum geht, ähnliche Informationen in nachfolgenden Situationen zu verarbeiten. Infolgedessen steigt die Wahrscheinlichkeit, dass sie auch tatsächlich zur Verarbeitung herangezogen werden (Higgins & Kruglanski, 1996). Bildet sich ein Rezipient beispielsweise aufwändig eine Einstellung zu einem Smartphone, indem er die Argumente einer Werbebotschaft gründlich und umfassend prüft, aktiviert er währenddessen immer wieder das entsprechende Produktschema. Außerdem wird er am Ende wahrscheinlich eine bestimmte Einstellung in dieses integrieren. Geht es später darum, ein Smartphone zu kaufen, wird er umso eher das Produktschema und die damit verbundene Einstellung als Entscheidungsgrundlage heranziehen, je häufiger und stärker die vergangene Aktivierung war. Die Verhaltenswirksamkeit von Einstellungen steigt demnach mit zunehmender Aktivierung bzw. Zugänglichkeit der dazugehörigen Schemata. Neben der Zugänglichkeit von Produktschemata entscheidet deren Anwendbarkeit darüber, ob diese in Entscheidungssituationen herangezogen werden. Je stärker Rezipienten eine Botschaft zu einem Produkt elaborieren, desto umfassender und differenzierter das jeweilige Produktschema, was wiederum die Anwendbarkeit des Schemas in unterschiedlichsten Situationen erhöht (Taylor & Crocker, 1981). Die Verhaltenswirksamkeit von Einstellungen steigt außerdem mit zunehmender kognitiver Verknüpfung des Einstellungsobjekts und der dazugehörigen Evaluation (Fazio, Chen, McDonel & Sherman, 1982). Auch dies wird durch starke Elaboration von Botschaftsargumenten gefördert (Petty & Cacioppo, 1986). Petty und Kollegen, (1983) konnten zeigen, dass Einstellungen von Werberezipienten sowohl unter Bedingung niedriger als auch unter Bedingung hoher Elaboration durch Printanzeigen beeinflusst werden. Im Gegensatz dazu ändert sich ihre Verhaltensabsicht jedoch lediglich, wenn die Werbebotschaft zuvor stark elaboriert wurde und dadurch Einstellung und Einstellungsobjekt stärker verknüpft wurden. In diesem Fall zeigt sich auch der Zusammenhang zwischen Einstellung und Verhaltensabsicht stärker.

Geht es später darum, eine Einstellung gegenüber anderen persuasiven Einflüssen (z. B. Mitmenschen) zu verteidigen, verfügen Rezipienten, die eine Botschaft zentral verarbeitet haben, über entsprechend differenzierte und anwendbare Gegenargumente. Eine stärkere Elaboration einer Botschaft kann so auch die Widerstandsfähigkeit der erarbeiteten Einstellung erhöhen (Petty & Cacioppo, 1986).

Die größere Dauerhaftigkeit von Einstellungen im Falle zentraler Verarbeitung lässt sich schließlich dadurch erklären, dass die jeweilige Einstellung tatsächlich in bestehende kognitive Strukturen integriert wird und nicht bloß temporär mit einem Einstellungsobjekt assoziiert ist (vgl. z. B. klassisches Konditionieren; Staats & Staats, 1958). Es besteht eine stärkere Verbindung zwischen der Bewertung und dem Einstellungsobjekt, die dazu führt, dass die Bewertung auch noch nach einiger Zeit zur Urteilsbildung herangezogen wird. Besteht nur eine schwache Assoziation ist die Wahrscheinlichkeit groß, dass Einstellungsobjekt und Bewertung im Zeitverlauf dissoziieren (Sengupta, Goodstein & Boninger, 1997). Für eine größere Dauerhaftigkeit bei zentraler Verarbeitung spricht außerdem die größere Aktivierung starker Elaboration. Sie führt dazu, dass entsprechende Schemata im Zeitlauf länger zugänglich bleiben (Higgins & Kruglanski, 1996).

Petty & Cacioppo (1986) führen bereits in ihrem Ausgangstext eine Reihe von Studien an, die das Postulat der Verhaltenswirksamkeit, Widerstandsfähigkeit und Dauerhaftigkeit von stark „elaborierten" Einstellungen belegen. Auch aktuelle Forschungsüberblicke unterstützen diese Annahme (Petty & Briñol, 2012; Schumann et al., 2012). Allerdings geben Petty und Wegener (1999) zu bedenken, dass die angenommenen Effekte nur in dem Ausmaß zu erwarten sind, in dem starke Elaboration tatsächlich eine höhere Zugänglichkeit und Anwendbarkeit von Schemata nach sich zieht und keine gegenläufigen Konsequenzen auslöst. Ausgiebiges Nachdenken über eine Werbebotschaft mag beispielsweise Zugänglichkeit und Anwendbarkeit von relevanten Produktschemata erhöhen, kann aber gleichzeitig mit einer gesteigerten Unsicherheit bezüglich des beworbenen Produkts einhergehen. Dies ist der Fall, wenn die elaborierten Argumente mehrdeutig sind oder relevante Produktalternativen zur Wahl stehen (Petty & Wegener, 1999). Wichtig ist außerdem, dass die Effekte unabhängig voneinander existieren. Das heißt, dass eine größere Dauerhaftigkeit nicht zwingend größere Verhaltenswirksamkeit oder Widerstandsfähigkeit bedeutet (Petty & Briñol, 2012).

3.1.4 Multiple Rollen von Variablen im Persuasionsprozess

Das vierte und für die vorliegende Arbeit zentrale Element des ELM nimmt schließlich an, dass Variablen den eben erläuterten Persuasionsprozess auf dreierlei Art und Weise beeinflussen können: „Variables can affect the amount and direction of attitude change by: (A) serving as persuasive arguments, (B) serving as peripheral cues, and/or (C) affecting the extent or direction of issue and argument elaboration" (Petty & Cacioppo, 1986, S. 132). Unter Variablen werden jegliche Wirkfaktoren verstanden, die Einfluss auf den Persuasionsprozess nehmen. Eine solche Variable kann beispielsweise die Quelle der Botschaft sein (z. B. Experte), die je nach Elaboration als Argument wirken („Inhalte werden von einem Experten vertreten"), eine Heuristik auslösen („Experten kann man trauen") oder aber die Elaboration selbst beeinflussen kann, indem die Botschaft z. B. als relevanter aufgefasst wird („Wenn ein Experte sich zu diesem

Thema äußert, muss ich mir das genauer anschauen"). Die Rolle von Einflussfaktoren ist also nicht im Vorhinein festgelegt. Zudem kann eine Variable innerhalb einer Rezeptionssituation mehrere Rollen annehmen, also z. B. zuerst die Elaboration verstärken und dann diese als Argument mitbestimmen. Petty und Cacioppo (1986) sprechen daher von „multiple roles" (vgl. auch Petty & Wegener, 1999).

Entscheidend ist, dass Variablen nicht beliebige Rollen annehmen, sondern sich diese vor allem in Abhängigkeit der Elaboration bzw. Elaborationswahrscheinlichkeit ergeben. Elaboriert ein Rezipient eine Botschaft stark, können Variablen entweder als (zusätzliche) Argumente wirken oder aber die Elaboration verzerren. Demgegenüber wirken Variablen im Falle geringer Elaboration als periphere Reize, indem sie z. B. Heuristiken auslösen oder mit einem Einstellungsobjekt assoziiert werden. Das Ausmaß der Elaboration können Variablen schließlich beeinflussen, wenn ein mittleres Elaborationsniveau bzw. eine mittlere Elaborationswahrscheinlichkeit vorliegt. Ist diese im Vorhinein bereits besonders stark oder schwach, haben Variablen kaum verändernde Einflüsse (Petty & Cacioppo, 1986). Die Stärke des ELM liegt also darin, dass für beliebige Persuasionsprozesse eine endliche Anzahl an Einflussmöglichkeiten von Variablen spezifiziert wird. Außerdem kann in Abhängigkeit der Elaboration angegeben werden, wann welche der Einflussmöglichkeiten besonders wahrscheinlich sind. Zudem werden Faktoren genannt, die wiederum das Ausmaß der Elaboration bedingen.

3.2 Nutzergenerierte Inhalte als multiple Einflussvariablen im Persuasionsprozess

Im vorliegenden Kontext eignet sich das ELM als theoretische Fundierung, da sich UGC als eine ebensolche Variable auffassen lässt, welche die Wirkung von Onlinewerbung gemäß der drei angesprochenen Einflussmöglichkeiten verändern kann. Wie im Forschungsüberblick herausgearbeitet wurde (vgl. 2.2.3), sollten vor allem die Valenz und die Anzahl der generierenden Nutzer des UGC eine Rolle spielen. Außerdem werden soziale Beziehungen zwischen Urhebern und Rezipienten des UGC als gewichtig erachtet. Auf diese wird unter dem Gliederungspunkt 3.3 eingegangen.

3.2.1 Der Einfluss nutzergenerierter Inhalte auf die Stärke der Elaboration

Wie eben angemerkt wurde, sollte UGC vor allem bei mittlerer Elaborationswahrscheinlichkeit das Elaborationsniveau beeinflussen. Das bedeutet, dass das Elaborationsniveau nicht schon im Vorhinein auf ein besonders geringes oder hohes Niveau festgelegt ist. Betrachtet man die Faktoren, die das Ausmaß der Elaboration bedingen, könnte UGC wirken, indem er die Fähigkeit und/oder die Motivation zur Elaboration beeinflusst. Wie oben ausgeführt, ist die Fähigkeit im Wesentlichen durch Wiederholung und Ablenkung bestimmt. Ob Onlinewerbung wiederholt dargeboten wird, hängt nicht von UGC ab, sondern liegt alleine im Ermessen der Werbetreibenden. Indes ist es möglich, dass UGC im Kontext von Onlinewerbung von der eigentlichen Werbebotschaft ablenkt. Dies sollte hauptsächlich dann der Fall sein, wenn die Rezeption des UGC viel kognitive Kapazität erfordert (Simola et al., 2011) oder fesselnd und involvierend wirkt (Wang & Day, 2007). Die Rezeption langer und komplexer nutzergenerierter Inhalte erfordert z. B. mehr Kapazität (Lang, 2009), während unterhaltender UGC besonders fesselnd sein dürfte (Shao, 2009). Für eine ablenkende Wirkung spricht weiterhin, dass sich Rezipienten diesen Inhalten häufig willentlich zuwenden (Knoll et al., 2013). Außerdem könnte UGC durch Animation, Größe oder Farbe die Aufmerksamkeit unwillkürlich auf sich ziehen (Matthes, 2014). Gegen eine ablenkende Wirkung von UGC spricht, dass derartige Inhalte meist kurz und leicht verständlich ausfallen (z. B. Kommentare oder aggregierte Nutzerinformationen). Sie bedürfen entsprechend wenig Aufmerksamkeit und sind leicht zu verarbeiten (Sundar et al., 2012). Sollte UGC also die Aufmerksamkeit der Rezipienten binden, dürften diese Episoden in der Regel von geringer Dauer sein.

Festhalten lässt sich, dass die Fähigkeit zur Elaboration wenn nur durch ablenkenden UGC eingeschränkt werden kann, wobei diese Einschränkung in den meisten Fällen eher gering ausfallen dürfte. Dafür spricht auch, dass Onlinewerbung generell einer großen Menge an ablenkenden Reizen ausgesetzt ist und selten isoliert erscheint. Es stellt sich die Frage, ob UGC in derartig ablenkenden Umfeldern überhaupt zusätzliche Ablenkung bewirken kann.

Anders sieht es hingegen aus, betrachtet man die Motivation zur Elaboration. Als deren stärkster Einflussfaktor gilt die persönliche Relevanz einer Botschaft (Petty & Cacioppo, 1986). Laut einer Fokusgruppenerhebung neigen Internetnutzer dazu, professionell erstellte Onlineinhalte anhand nutzergenerierter Inhalte (z. B. Ratings) einzuschätzen und orientieren daran auch nachfolgende Handlungen (Metzger, et al., 2010). Bedenkt man die wachsende Menge an Onlineinformationen, sind derartige Orientierungsmuster nur konsequent und oft die einzige Möglichkeit, der Informationsmenge Herr zu werden (Messing & Westwood, in Druck). Aus der Forschung zur Onlinenachrichtenrezeption ist beispielsweise bekannt, dass Rezipienten Nutzerempfehlungen zur Relevanzeinschätzung von Onlinenachrichten heranziehen (Sundar & Nass, 2001). Je größer die Anzahl der Nutzer, die einen Nachrichtenartikel bereits gelesen oder empfohlen haben, desto eher und ausführlicher wird dieser gelesen (Knobloch-Westerwick et al., 2005). Eine große Anzahl generierender Nutzer beeinflusst offensichtlich die Wahrnehmung von Nachrichtenartikeln als relevant. Das führt dazu, dass andere Nutzer diese eher selektieren und sich anschließend mit ihnen stärker gedanklich auseinandersetzen. Begründen lässt sich diese Wirkung damit, dass die Empfehlung anderer Nützlichkeit signalisiert (Alhabash, McAlister, Hagerstrom, Quilliam, Rifon & Richards, 2013) und Menschen gleichzeitig glauben, „that once a large number of similar individuals support or endorse an object or attitude it is necessary to follow the crowd" (Messing & Westwood, in Druck, S. 6). Interessanterweise üben nutzergenerierte Empfehlungen im Zusammenhang von Onlinenachrichten eine noch stärkere Wirkung aus als die jeweilige Quelle der Botschaft und überstrahlen damit klassische Quelleneffekte (im untersuchten Szenario die Wirkung bekannter Medienmarken; ebd.). Es liegt nahe, dass sich diese Effekte auch in Bezug auf die Rezeption von Onlinewerbung zeigen, da es sich hierbei genauso, wie bei Nachrichtenartikeln, um professionell erstellte Inhalte handelt, die häufig mit ähnlichen oder den selben nutzergenerierten Inhalten versehen sind (z. B. Kommentare, User-Ratings, Likes). Entsprechend lauten die ersten zwei Hypothesen:

H1: Je größer die Anzahl generierender Nutzer im Kontext von Onlinewerbung, desto relevanter wird die jeweilige Werbebotschaft von anderen Nutzern eingeschätzt.
H2: Je größer die wahrgenommene Relevanz einer Werbebotschaft, desto stärker ist deren Elaboration.

Angemerkt seien an dieser Stelle noch zwei Dinge. Zum einen wird der in Hypothese H1 angenommene Einfluss durch das Produktinvolvement des jeweiligen Rezipienten begrenzt. Dieses gilt als entscheidende Determinante der Relevanz von Werbebotschaften (Petty, Cacioppo & Schumann, 1983). Ist das Produktinvolvement besonders groß oder gering, fällt die Relevanz einer Werbebotschaft von vornherein so groß oder gering aus, dass UGC kaum zusätzlichen Einfluss haben sollte (Petty & Cacioppo, 1984). Zweitens sei angemerkt, dass sich die Anzahl generierender Nutzer sowohl direkt in Form systemaggregierter Nutzerinformationen (z. B. Likes oder Klicks) als einfache Zahl ausdrücken kann, aber auch indirekt abgeleitet werden kann, indem z. B. grob die Anzahl von Kommentaren geschätzt wird (Petty & Cacioppo, 1986). Systemaggregierte Nutzerinformationen erweisen sich oft als einflussreicher, da sie durch ihre Systemaggregierung objektiver und weniger manipulierbar erscheinen (Flanagin & Metzger, 2013; Senecal & Nantel, 2004). Hinzu kommt, dass diese überall verfügbar sind und schneller sowie leichter verarbeitet werden (Sundar et al., 2012; Walther, Carr et al., 2011).

3.2.2 Der Einfluss nutzergenerierter Inhalte auf die Richtung der Elaboration und/oder als Argument (zentrale Verarbeitung)

Da UGC vielfach mit einer gewissen Valenz verbunden ist, die Ablehnung oder Zustimmung zu einem Objekt ausdrückt (z. B. Likes oder negative Kommentare; Walther et al., 2010), dürfte die Wahrnehmung einer Werbebotschaft als mehr oder weniger relevant häufig auch mit einer entsprechenden affektiven Reaktion verbunden sein. Dazu passt, dass sich globale Bewertungen häufig aus unterschiedlichen Urteilstypen zusammensetzen und Relevanzurteile oft mit Valenzbewertungen verknüpft sind (Schemer, 2014). Eine große Anzahl euphorischer Kommentare könnte Rezipienten beispielsweise in eine positive Grundstimmung versetzen, die infolgedessen die Verarbeitung eines dazugehörigen Werbevideos durch affektives Priming positiv verzerrt (Forgas, 1995). In Abhängigkeit von der Primingvalenz sollten sich Rezipienten vermehrt oder vermindert positive und vermindert oder vermehrt negative Gedanken machen, je stärker die Elaboration ausfällt. Entscheidend ist in diesem Zusammenhang, dass der jeweilige Reiz eine eindeutige Valenz anzeigt (positiv oder negativ; Petty, Gleicher & Baker, 1991). Von geringer Bedeutung ist nach Petty, Gleicher und Baker (1991) seine Intensität bzw. die Intensität der hervorgerufenen Reaktionen. Auch schwache affektive Reize (wie z. B. Likes) können primitive Emotionen auslösen, welche die Informationsverarbeitung beeinflussen. Signalisiert UGC demnach gleichzeitig Relevanz und Valenz, erfolgt die in H2 angenommene Elaboration verzerrt in Richtung der Valenz. Das heißt, mit steigender Relevanz sind die hervorgerufenen Gedanken umso positiver oder negativer.

Diese als positiver oder negativer hervorgerufenen Gedanken können auch dadurch entstehen, dass der jeweilige UGC als zusätzliches Argument wirkt, das stark elaboriert wird. Beispielsweise könnte eine große Anzahl an Likes für eine Facebookanzeige der Elaboration als Argument zugrunde liegen. Darke und Kollegen (1998) konnten in einer Studie zum Einfluss von Gruppenmeinungen zeigen, dass Rezipienten die Richtung der Gruppenmeinungen (Zustimmung oder Ablehnung) vor allem dann in ihre Einstellungen einfließen lassen, wenn die jeweilige Meinung von einer großen Anzahl anderer vertreten wird. Sie begründen den Effekt damit, dass Rezipienten nicht nur die Valenz der Meinung anderer wahrnehmen, sondern auch die Verlässlichkeit der Meinung überprüfen. Wird diese wie im Experiment von Darke und Kollegen (1998) nur von acht anderen Personen vertreten, schätzen Rezipienten diese als weniger verlässlich ein, als wenn 800 andere der jeweiligen Meinung sind. Infolgedessen ließen sich die Rezipienten auch nur im Falle der 800 anderen beeinflussen und werteten die Gruppenmeinung nur in diesem Fall als zusätzliches Argument. Zu ähnlichen Ergebnissen kamen Bak und Keßler (2012), die herausfanden, dass Bilder auf Facebook vor allem dann positiver bewertet werden, wenn sie durch eine große Anzahl Likes positiv bewertet werden im Vergleich zu einer geringen Anzahl. Bak und Keßler (2012) erklären diesen Effekt ähnlich wie Darke et al. (1998) mit dem Prinzip der sozialen Bewährtheit (Cialdini, 2009). Dieses besagt, dass sich Menschen häufig daran orientieren, was andere tun oder für richtig halten. Je mehr Menschen eine bestimmte Einstellung oder ein bestimmtes Verhalten zeigen, desto sozial bewährter erscheint es und desto eher richten sich Menschen danach (Cialdini, 2009; vgl. auch Flanagin & Metzger, 2013). Übertragen auf UGC und Onlinewerbung bedeutet dies, je größer die Anzahl der generierenden Nutzer ist, desto eher sollte UGC Einstellungen als starkes Argument beeinflussen.

Zudem ist eine Situation vorstellbar, in der beide Mechanismen – Verzerrung der Elaboration und Wirkung als Argument – Einfluss ausüben. Ein Facebooknutzer könnte z. B. zuerst Likes wahrnehmen, die dann als Prime der nachfolgenden Verarbeitung einer Anzeige wirken. Während der Verarbeitung wird er sich der Likeanzahl abermals bewusst und evaluiert diese als Güte des beworbenen Produkts. Hierfür spricht auch, dass Variablen während einer Rezeptionssituation verschiedene Rollen annehmen können (Petty & Wegener, 1999). Unabhängig davon, ob nun der eine oder der andere Mechanismus oder beide wirken, sollte in allen Fällen die Positivität der Gedanken stärker sein.

Allein aufgrund der Gedanken lässt sich also keine Aussage darüber treffen, welcher Mechanismus gewirkt hat. Das ELM versucht diese Situation aufzulösen, indem unter Argumenten nur solche Informationen verstanden werden, welche Relevanz in Bezug auf die Bewertung des Einstellungsobjekts besitzen (Petty & Cacioppo, 1986). „If a variable is serving as an argument, it should have an impact on persuasion under high elaboration conditions (e.g., high personal relevance) when it is relevant but not when it is irrelevant to the topic of the persuasive message" (Fleming & Petty, 2000, S. 182). Eine attraktive Person besitzt z. B. Relevanz, wenn sie in einem Werbespot für Kosmetika auftaucht, aber kaum Relevanz, wenn es um Werbung für einen Bankkredit geht. Als Argument sollte die Person daher nur im ersten Fall wirken. Ob eine Variable unter der Bedingung starker Elaboration als Argument wirken kann, lässt sich demnach bestimmen, indem die Verknüpfung zwischen Variable und Einstellungsobjekt auf Relevanz bzw. Kongruenz überprüft wird (Kirmani & Shiv, 1998). Demgegenüber ist die Voraussetzung für Verzerrung, dass der Prime zeitlich gesehen vor der Informationsverarbeitung wahrgenommen wird, für die eine

Beeinflussung angenommen wird (Matthes, 2014). Ist dies der Fall und kann gleichzeitig ausgeschlossen werden, dass der Prime während der Verarbeitung einer Werbebotschaft wiederholt wahrgenommen wird, kann von verzerrter Verarbeitung im Sinne von Priming ausgegangen werden. Eine unterhaltende Sendung, die Fernsehzuschauer vor einem Werbeblock in positive Stimmung versetzt, stellt einen solchen Prime dar (Petty et al., 1993).

Bezieht man diese Überlegungen auf die Rezeption von UGC und Onlinewerbung, stehen UGC und Onlinewerbung immer in relevanter Beziehung. Nutzergenerierte Inhalte werden als direkte Reaktion auf Onlinewerbung erstellt. Außerdem ist nicht auszuschließen, dass Rezipienten UGC während oder nach der Rezeption einer Werbebotschaft wiederholt wahrnehmen, selbst wenn der entsprechende Inhalt bereits vor der Verarbeitung der Botschaft wahrgenommen wurde. Am wahrscheinlichsten ist daher, dass UGC die in H2 angenommene Elaboration verzerrt und als Argument während gesteigerter Elaboration wirkt. Entscheidend ist, dass das Resultat der jeweiligen Informationsverarbeitungsprozesse das gleiche ist. In allen Fällen beeinflusst die Valenz des jeweiligen UGC die Valenz der Rezeptionsgedanken und dessen Einfluss wird mit steigender Anzahl generierender Nutzer verstärkt. Im Falle verzerrter Elaboration führen mehr Nutzer dazu, dass Rezipienten eine Botschaft als relevanter empfinden und sich daher stärker verzerrt positive oder negative Gedanken machen. Wirkt UGC als Argument, steigt mit der Anzahl der generierenden Nutzer die soziale Bewährtheit des UGC. Auch das fördert je nach Valenz des UGC die Positivität oder Negativität der Rezeptionsgedanken.

H3: Verarbeiten Rezipienten Werbebotschaften aufgrund großer Motivation und Fähigkeit zentral, verzerrt UGC die in H2 angenommene Elaboration und/oder wirkt als zusätzliches Argument.
H3a: Positiver UGC führt zu positiveren Gedanken und negativer UGC zu negativeren Gedanken.
H3b: Internetnutzer zeigen positivere/negativere Gedanken, wenn die betreffende Onlinewerbung von einer großen im Vergleich zu einer kleinen Nutzergruppe positiv/negativ evaluiert wurde.

Die Gedanken, die sich ein Rezipient während der Elaboration einer Werbebotschaft macht, sollten schlussendlich die Einstellung zum jeweiligen Werbeobjekt bedingen. Je positiver die Gedanken, aufgrund Elaboration starker Argumente und/oder positiv verzerrter Elaboration, desto positiver die Einstellung. Umgekehrt gilt: Je negativer die Gedanken, aufgrund Elaboration schwacher Argumente und/oder negativ verzerrter Elaboration, desto negativer die Einstellung (Petty & Cacioppo, 1986).

H4: Die Valenz der Gedanken, die während der Elaboration einer Werbebotschaft entwickelt werden, beeinflusst die Einstellung der Rezipienten.

Geht man weiterhin davon aus, dass unter zentraler Verarbeitung alle verfügbaren Informationen geprüft werden, sollten neben UGC vor allem die inhaltlichen Argumente der jeweiligen Onlinewerbung einen Einfluss haben. Nach Meinung von Stiff und Mongeau (2003) stehen diese bei starker Elaboration meist im Zentrum der Informationsverarbeitung. Kontextfaktoren, wie UGC oder der jeweiligen Quelle, kommen eher unterstützende Funktionen zu. Da sich die finale Einstellung aus der Verarbeitung aller verfügbaren Informationen ergibt, lässt sich diese sowohl auf die Botschaft selbst als auch auf Kontexteffekte bzw. deren Zusammenwirken zurückführen (Petty & Cacioppo, 1986). Enthält Onlinewerbung beispielsweise starke Argumente, führt deren hohe Elaboration zu relativ vielen positiven Gedanken und Rezipienten werden sich eine sehr positive Einstellung zum jeweiligen Werbeobjekt bilden. Wird die jeweilige Werbebotschaft obendrein von positivem UGC unterstützt, kann dieser zusätzlich als starkes Argument wirken. Allerdings wird er die Anzahl positiver Gedanken nur in geringem Maße erhöhen, relativ gesehen zur Anzahl positiver Gedanken, die alleine aufgrund der starken inhaltlichen Argumente der Botschaft entstehen. Insofern wird dieser UGC die bereits sehr positive Einstellung kaum mehr verbessern können. Petty und Cacioppo (1986) sprechen von Deckeneffekten. Handelt es sich im vorliegenden Szenario hingegen um negativen UGC, besitzt dieser großes Potential, die sehr positive Einstellung aufgrund der inhaltlichen Argumente durch negative Gedanken abzuschwächen. Enthält eine Werbebotschaft im umgekehrten Szenario vor allem schwache Argumente und die Einstellung von Rezipienten ist aufgrund dieser sehr negativ, wird negativer UGC diese kaum mehr verschlechtern können. Petty und Cacioppo (1986) sprechen dann von Bodeneffekten. Positiver UGC hat dagegen großes Einflusspotential, die sehr negative Einstellung zu verbessern. Diese Überlegungen gelten ebenso für den Prozess der verzerrten Elaboration:

> "Similarly, if the experimental treatment includes a variable that biases thinking in a negative direction, it will be difficult to observe more negative attitudes toward the weak arguments than in the control condition if control subjects are highly motivated and able to process the message objectively (without bias). Thus, it may appear that the negative bias is working better for the strong than the weak message." (Petty & Cacioppo, 1986)

Umgekehrt sollte die positive Verzerrung vor allem bei Botschaften mit inhaltlich schwachen Argumenten einen Einfluss haben. Verarbeiten Rezipienten eine Werbebotschaft zentral, kann UGC und dessen Valenz demnach nur in Abhängigkeit der inhaltlichen Qualität der Werbebotschaft die Elaboration verzerren bzw. als zusätzliches Argument wirken.

> *H5: Unter der Bedingung hoher Elaboration bewirkt positiver UGC vor allem bei schwacher argumentativer Qualität der Werbebotschaft einen Unterschied in der Einstellung zum Werbeobjekt, während negativer UGC vor allem bei starker argumentativer Qualität Einfluss ausübt.*

3.2.3 Der Einfluss nutzergenerierter Inhalte als Hinweisreiz (periphere Verarbeitung)

Neben der Wirkung durch Verzerrung oder als Argument ist es möglich, dass UGC Einstellungen direkt beeinflusst, d. h. Einstellungen nicht durch Rezeptionsgedanken vermittelt sind. Das kann z. B. der Fall sein, wenn Rezipienten aufgrund ihrer Persönlichkeit grundsätzlich weniger motiviert sind, Botschaften zu elaborieren. Hintergrund ist das oben angesprochene Denkbedürfnis oder Need for Cognition (NFC), welches interindividuell variiert (Cacioppo, Petty, Kao & Rodriguez, 1986). Demnach ist bei Menschen mit niedrigem NFC die Hürde höher, sich gedanklich stark mit einer Botschaft auseinanderzusetzen. Sie haben von Natur aus weniger Freude am Denken und es bereitet ihnen mehr Mühe als Menschen mit hohem NFC (Areni, Ferrell & Wilcox, 2000). Infolgedessen neigen sie stärker dazu, ihre kognitiven Ressourcen zu schonen und verarbeiten Botschaften grundsätzlich eher peripher als zentral (Cacioppo et al., 1986). Ähnlich stark wirkt sich das jeweilige Produktinvolvement aus. Zeigen Rezipienten geringes Produktinvolvement neigen sie kaum dazu, Werbebotschaften zentral zu verarbeiten und konzentrieren ihre Verarbeitung stattdessen auf periphere Reize (Petty et al., 1983). Da situativ variabel, wird Produktinvolvement häufig dazu verwendet, periphere bzw. zentrale Verarbeitung zu manipulieren oder es wird in Studien kontrolliert, in denen störende bzw. moderierende Einflüsse angenommen werden (Sengupta et al., 1997; Yang et al., 2006).

Gemäß dieser Annahmen konnten Petty und Kollegen (1983; 1991; 1993; vgl. auch Baker, 1999) in verschiedenen Studien zeigen, dass positiv affektive Reize im Kontext von Werbebotschaften (z. B. unterhaltendes Programmumfeld oder attraktive Werbegesichter) die Einstellung zu Werbebotschaften direkt und unvermittelt über Gedanken beeinflussen, wenn Rezipienten geringes NFC oder Involvement aufweisen (periphere Route). Das heißt, diese Rezipienten leiten ihre Einstellung direkt aus dem jeweiligen peripheren Reiz ab, indem sie sich entweder fragen, welches Gefühl sie für das jeweilige Einstellungsobjekt empfinden (Forgas, 1995) oder aber ihre Einstellung über Assoziation des Werbeobjekts mit dem affektiven Reiz gelernt haben (Staats & Staats,1958). Ruft nun

UGC im Umfeld von Onlinewerbung entsprechend seiner Valenz affektive Reaktionen bei den Rezipienten hervor, sind vergleichbare Wirkungen vorstellbar.

Daneben ist es möglich, dass UGC Heuristiken auslöst. Übereinstimmende Nutzerratings können beispielsweise eine Konsensheuristik auslösen („Übereinstimmende Meinungen sind korrekt"; Chaiken, 1987) oder Likes können die Anwendung der Bandwagonheuristik bewirken („Was andere machen oder mögen, mache ich oder mag ich auch"; Sundar & Oeldorf-Hirsch, 2008). Bak und Keßler (2012) schlagen z. B. vor „das „Like"-Zeichen in Facebook als peripheren Hinweisreiz [zu] interpretieren, der es den Nutzern ohne großen kognitiven Aufwand ermöglicht, eine Einstellung zu den präsentierten Inhalten einzunehmen. Die Nutzer würden in dem Fall auf eine sparsame Entscheidungsheuristik [...] zurückgreifen" (S. 24). Eine bisher noch nicht publizierte Untersuchung von Knoll & Töpfer (2014) unterstützt diese Annahme. Sie zeigen in einem Onlineexperiment, dass Rezipienten dann positivere Einstellungen gegenüber einer Facebookwerbung haben, wenn diese von einer großen Anzahl Likes (12676) im Vergleich zu einer geringen Likeanzahl (8) umgeben ist. Der Effekt tritt vor allem dann auf, wenn Rezipienten geringes Produktinvolvement aufweisen und die Botschaft peripher verarbeiten. Die Rezipienten folgen ohne groß nachzudenken der Faustregel, „Was andere mögen, mag ich auch". In der Studie wirkte diese Heuristik umso stärker, je mehr andere Nutzer die Werbebotschaft mochten. Erklären lässt sich der Effekt der Anzahl wieder durch eine größere Verlässlichkeit der Inhalte (Darke et al., 1998) bzw. durch eine größere soziale Bewährtheit (Cialdini, 2009). Demgemäß gehen Metzger und Kollegen (2010) vornehmlich von einer Wirkung der Bandwagonheuristik aus „if *many* others think something is correct or good" (S. 427, Hervorhebung durch den Autor). Wichtig ist außerdem, dass die nutzergenerierten Inhalte nicht unbewusst verarbeitet werden, auch wenn die Verarbeitung über die periphere Route erfolgt. In der Studie zeigen sich die Effekte nur, wenn die Rezipienten sich relativ genau an das Treatment erinnern (Knoll & Töpfer, 2014). Effekte der Anzahl generierender Nutzer setzen demnach bewusste Wahrnehmung und Verarbeitung voraus, auch wenn diese peripher erfolgen kann.

Unabhängig davon, ob nun affektive Prozesse oder Heuristiken Wirkungen unter peripherer Verarbeitung hervorrufen, sollte in beiden Fällen die Valenz des jeweiligen UGC die Richtung der Einstellung beeinflussen. Die Anzahl der generierenden Nutzer sollte die Einstellungsänderungen abschwächen oder verstärken, indem mehr oder weniger Verlässlichkeit und soziale Bewährtheit signalisiert werden. Die Einstellung wird jeweils direkt aus der Wahrnehmung der peripheren Reize abgeleitet und ist nicht durch Rezeptionsgedanken vermittelt.

H6: Verarbeiten Rezipienten Werbebotschaften aufgrund geringer Motivation und/oder Fähigkeit peripher, leiten sie ihre Einstellungen zum Werbeobjekt direkt und unvermittelt von der Valenz des UGC und der Anzahl generierender Nutzer ab.
H6a: Positiver UGC führt zu positiveren Einstellungen und negativer UGC zu negativeren Einstellungen.
H6b: Internetnutzer zeigen eine positivere/negativere Einstellung, wenn die betreffende Onlinewerbung von einer großen im Vergleich zu einer kleinen Nutzergruppe positiv/negativ evaluiert wurde.

Die in H5 angenommene Interaktion sollte sich unter der Bedingung peripherer Verarbeitung nicht zeigen. Wie bereits angeführt, prüfen Rezipienten unter der Bedingung geringer Elaboration nicht alle vorhandenen Informationen, sondern orientieren sich in ihrer Einstellungsbildung eher an leicht zu verarbeitenden Hinweisreizen (Petty & Cacioppo, 1986). Insofern hängt ihre Einstellung wenig bis gar nicht von der Stärke der Argumente einer Werbebotschaft ab, da deren Qualität nicht geprüft wird. Der Einfluss von UGC ist in diesem Fall unabhängig von der inhaltlichen Qualität der Botschaft.

H7: Unter der Bedingung niedriger Elaboration wirkt UGC unabhängig von der argumentativen Qualität einer Werbebotschaft.

3.2.4 Einflüsse auf Verhalten

Letztendlich sind die meisten Werbetreibenden daran interessiert, das Verhalten ihrer Zielgruppe zu ändern oder zu verstärken (Field, 2007; Rucker, Petty, & Priester, 2007). Dabei kann es sich um den Kauf eines Produkts handeln (Lewis & Reiley, 2011) oder um dessen Weiterempfehlung an Freunde oder Bekannte (Okazaki, Rubio, & Campo, 2013). Letzteres erscheint im Zusammenhang von Social Media besonders relevant, da dies auf den meisten Plattformen relativ einfach möglich ist. Auf Facebook gibt es z. B. unter jedem Beitrag die Möglichkeiten, diesen mit anderen Nutzern zu teilen und/oder das eigene Gefallen auszudrücken. Dafür ist jeweils nur ein Klick nötig. Entsprechend viele Social-Media-Nutzer machen von diesen Weiterempfehlungsfunktionen Gebrauch (Bak & Keßler, 2012).
Will man Verhaltensweisen erklären, bieten sich Einstellungen als Ausgangspunkt an. Wie zuvor erwähnt, beinhaltet jede Einstellung eine Verhaltenskomponente und kann folglich Verhaltensweisen beeinflussen (Eagly & Chaiken, 1993). Bewährte Verhaltensmodelle, wie die Theorie des geplanten Verhaltens, gehen in diesem Zusammenhang davon aus, dass Verhalten hauptsächlich von Verhaltensabsichten bestimmt ist (Ajzen, 1991). Studien bestätigen

entsprechend starke Zusammenhänge zwischen Verhalten und Verhaltensabsichten, die im Allgemeinen über $r = .70$ liegen (Frey, Stahlberg & Gollwitzer, 1993). Insofern konzentriert sich die Forschung stark auf die Erklärung von Verhaltensabsichten, zumal diese auch deutlich leichter gemessen werden können (Brosius, Koschel & Haas, 2009). Folgt man weiter der Theorie des geplanten Verhaltens, werden Verhaltensabsichten stark durch Einstellungen beeinflusst (Ajzen & Fishbein, 2005). Neben Einstellungen spielen auch subjektiv wahrgenommene Normen, d. h. Handlungserwartungen des jeweiligen Umfelds, eine Rolle. Außerdem ist die wahrgenommene Kontrolle über das jeweilige Verhalten von Bedeutung. Damit ist gemeint, dass Menschen z. B. aufgrund mangelnder Fähigkeiten bestimmte Verhaltensweisen nicht ausführen können, selbst wenn sie positive Verhaltenseinstellungen besitzen und ihr Umfeld entsprechende Erwartungen an sie richtet.

Eine Reihe von Meta-Analysen bestätigt diese Annahmen, wobei Einstellungen und Verhaltensabsichten durchschnittlich zwischen $r = .45$ und $r = .60$ moderat bis stark korrelieren (ebd.; vgl. auch Kim & Hunter, 1993). Der Erklärungsbeitrag der Einstellungskomponente übersteigt im Allgemeinen den der anderen beiden Komponenten (Frey et al., 1993). Kim und Hunter (1993) resümieren angesichts dieser starken Zusammenhänge, dass es vollauf sinnvoll ist, Verhalten bzw. Verhaltensabsicht mittels Einstellungen zu erklären, solange es sich dabei um relevante Einstellungen und willentliches Verhalten handelt. Wie bereits ausgeführt, zeigen sich Einstellungen auch im Rahmen der ELM-Forschung als relevante Verhaltensprädiktoren. Ihre Vorhersagekraft steigt häufig mit zunehmender Elaboration (Petty et al., 1983). Davon ausgehend lassen sich bezüglich der Kauf- und Empfehlungsabsicht von Werberezipienten zwei Annahmen ableiten:

> *H8: Einstellungen vermitteln den Einfluss von UGC auf die Kauf- und Empfehlungsabsicht von Werberezipienten gegenüber beworbenen Produkten.*
> *H9: Unter der Bedingung starker Elaboration bestimmen Einstellungen Kauf- und Empfehlungsabsicht stärker als unter der Bedingung geringer Elaboration.*

3.2.5 Zusammenfassung

Zusammenfassend lässt sich festhalten, dass UGC den Persuasionsprozess durch Onlinewerbung auf dreierlei Art und Weise beeinflussen kann. Betrachtet man diesen Prozess im Zeitverlauf (vgl. Abb. 2 von links nach rechts) kann UGC zuerst die Elaborationswahrscheinlichkeit beeinflussen, indem eine große Anzahl generierender Nutzer Relevanz signalisiert (H1). Die persönliche Relevanz wird außerdem durch das Produktinvolvement beeinflusst. Die wahrgenommene Relevanz steigert wiederum die Motivation zur Elaboration und damit die Elaboration selbst (H2). Einfluss auf die Motivation haben außerdem das NFC und die wahrgenommene persönliche Verantwortung.

Je nach Höhe der Elaborationsstärke verarbeiten Rezipienten die Werbebotschaft eher zentral oder peripher. Hier spielt neben der Motivation auch die Fähigkeit zur Elaboration eine Rolle. Diese steigt mit der Anzahl der Botschaftswiederholungen und dem Ausbleiben von Ablenkung. Wird die Botschaft zentral verarbeitet, kann UGC die Elaboration verzerren und/oder als (zusätzliches) Argument wirken (H3). Der Anzahl der generierenden Nutzer kommt hier eine moderierende Rolle zu. Je größer die Anzahl der Nutzer ist, desto stärker sind die Unterschiede in der Valenz der Rezeptionsgedanken, die aufgrund der Valenz des UGC entstehen. Die Rezeptionsgedanken beeinflussen schließlich Einstellungen (H4). Außerdem interagiert die Valenz des UGC mit der inhaltlichen Qualität der Botschaftsargumente. Positiver UGC bewirkt vor allem bei schwacher argumentativer Qualität der Werbebotschaft einen Unterschied in Gedanken und Einstellung zum Werbeobjekt, während negativer UGC vor allem bei starker argumentativer Qualität Einfluss ausübt (H5).

Wird eine Werbebotschaft peripher verarbeitet, kann UGC als peripherer Hinweisreiz wirken. UGC wirkt in diesem Fall unabhängig von der inhaltlichen Qualität der Werbebotschaft und Einstellungen werden direkt und unvermittelt von der Valenz des UGC und der Anzahl generierender Nutzer abgeleitet. Die Richtung der Einstellungsänderung orientiert sich wieder an der Valenz des UGC, während die Anzahl generierender Nutzer diese Unterschiede verstärkt oder abschwächt (H6 & H7).

Insgesamt gibt die Valenz von UGC damit in allen angesprochenen Einflussprozessen die Richtung der Elaboration bzw. der Einstellungsänderung vor, während die Anzahl generierender Nutzer die Stärke der Elaboration bzw. der Einstellungsänderung beeinflusst. Kommt es zu einer Einstellungsänderung, sollte diese auch eine Veränderungen in den Verhaltensabsichten der Rezipienten bewirken (H8). Die Verhaltenswirksamkeit steigt mit zunehmender Elaboration (H9).

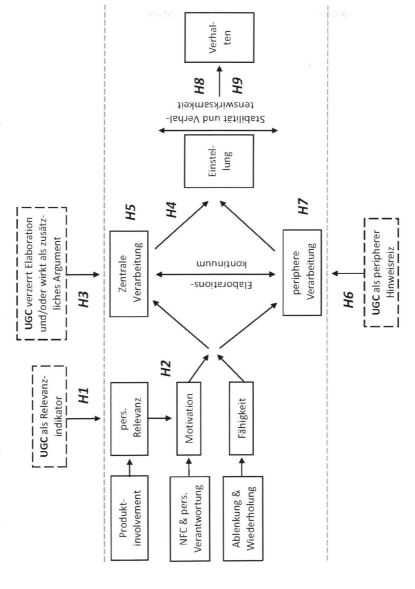

Abbildung 2: Nutzergenerierte Inhalte als multiple Einflussvariablen im Persuasionsprozess

3.3 Nutzergenerierte Inhalte als sozialer Einfluss

An den bisherigen theoretischen Überlegungen kann man kritisieren, dass diese ausschließlich kognitive Prozesse fokussieren und dabei den sozialen Kontext der Persuasion vernachlässigen. Eben dieser scheint im vorliegenden Zusammenhang besonders relevant. Die Nutzung sozialer Medien zeichnet sich gerade durch zwischenmenschliche Interaktion aus und ist für Internetnutzer die Hauptnutzungsmotivation: „The use of the Internet has now shifted from an exhaustive information store, to another means with which to create and maintain group and individual social relationships" (Okdie & Guadagno, 2008. S. 478; vgl. auch Ren et al., 2007). Auch Walther und Parks (2002) sprechen vom Internet als zutiefst soziales Medium. Ebenso ist UGC dadurch gekennzeichnet, dass er Informationsaustausch unter normalen Endnutzern darstellt, die häufig über verschiedenste soziale Beziehungen miteinander verknüpft sind (Dickey & Lewis, 2011).

Dass das ELM und andere Zwei-Prozess-Modelle soziale Kontexte vernachlässigen, lässt sich durch unterschiedliche Forschungstraditionen erklären. Diese haben jeweils relativ begrenzt ihr interessierendes Phänomen untersucht (Chaiken, Wood & Eagly, 1996).

> „[Messaged-based] persuasion research has typically focused on the cognitive mechanism underlying judgment in response to communication while tending to neglect the social context in which such communication takes place. Research more sensitive to interpersonal and group dynamics has predominantly focused on the social contexts of judgment formation, but tended to be inarticulate regarding the underlying cognitive mechanisms." (Erb & Bohner, 2007, S. 192)

Während kognitive Zwei-Prozess-Modelle übersehen, dass es sich bei Kommunikation immer auch um ein soziales Ereignis handelt, das in einen bestimmten sozialen Kontext eingebunden ist, vernachlässigen Theorien zu sozialem Einfluss, Kommunikation als kognitiven Prozess zu verstehen, der häufig die Verarbeitung relativ komplexer Botschaften beinhaltet (Chaiken et al., 1996). Das Defizit der Zwei-Prozess-Modelle leuchtet insofern ein, als dass persuasive Kommunikation häufig massenmedial konzipiert ist. Sieht man von neueren Entwicklungen wie dem Internet ab, wird Massenkommunikation traditionellerweise, als „indirekt und einseitig an ein disperses Publikum" gerichtet, verstanden (Maletzke, 1963, S. 32). Massenmedien ermöglichen diesem Verständnis nach die Konstitution eines räumlich und/oder zeitlich getrennten Publikums. Gleichzeitig verhindern sie aufgrund ihrer Einseitigkeit (one-to-many) meist direkte Interaktion und zwischenmenschliche Beziehungen unter ihren Rezipienten (Burkart, 2002). Abgesehen von Anschlusskommunikation in Form von Kleingruppen, während und nach der Rezeption, haben Rezipienten „traditioneller" Medien kaum Möglichkeiten, miteinander zu interagieren (Sommer, 2010). Die Wirkung der Kommunikation ergibt sich maßgeblich aus den Medieninhalten selbst, sowie deren jeweiliger Quelle und der individuellen Verarbeitung beider. Die Vernachlässigung des sozialen Kontextes verwundert so gesehen weniger.

Betrachtet man die neuere Entwicklung des Internets, ist dessen Publikum häufig gleichermaßen raumzeitlich getrennt. Das interaktive Potential des Internets erlaubt es Rezipienten aber, sich in Form von UGC nahezu uneingeschränkt auszutauschen. Ist dies der Fall, haben soziale Interaktionen in Form von UGC zumindest das Potential, ein breites Publikum zu erreichen (many-to-many). Im Zusammenspiel mit professionell erstellten Medieninhalten können sie dieses beeinflussen. Infolgedessen gewinnt der soziale Kontext gerade hier besondere Bedeutung und bedarf theoretischer Integration.

Wood (2000) schlägt konkret vor, kognitive Zwei-Prozess-Modelle als Rahmenkonzepte zu betrachten, in denen sich *soziale* Persuasionsprozesse abspielen. Davon ausgehend lässt sich der Einfluss nutzergenerierter Inhalte entlang des ELM modellieren. Die jeweiligen Informationsverarbeitungsprozesse können dann in einem zweiten Schritt in einen sozialen Kontext integriert werden. Dieser enthält Urheber und Rezipienten von UGC als soziale Entitäten sowie mögliche soziale Beziehungen zwischen beiden. Modellieren lässt sich dieser Kontext mit Theorien zu sozialem Einfluss. Unter sozialem Einfluss wird „the change of attitudes, beliefs, opinions, values and behavior, as a result of being exposed to other individuals' attitudes, beliefs, opinions, values and behavior" verstanden (Hewstone & Martin, 2012, S. 271).

Für eine Erweiterung der bisherigen Überlegungen durch Theorien zu sozialem Einfluss spricht überdies, dass sich Einstellungen – die zentrale abhängige Variable dieser Arbeit – als Folge und Ursache sozialer Beziehungen beschreiben lassen. „Social relations create and are created by attitudes. All attitudes are social in the sense that they develop, function, and change in reciprocal relation with the social context" (Prislin & Wood, 2005, S. 697). Auch Eagly und Chaiken (1993) sind der Meinung, dass Einstellungen meist als Nebenprodukt sozialer Interaktion entstehen. Sie betonen ausdrücklich, soziale Beziehungen unter Kommunikatoren und Rezipienten in die Erklärung von Einstellungen zu integrieren.

Der folgende Abschnitt beschäftigt sich demnach mit der Frage, ob und wie sich die bisherigen theoretischen Überlegungen verändern bzw. einer Ergänzung bedürfen, wenn der Einfluss nutzergenerierter Inhalte als kognitiver Prozess verstanden wird, der in einen sozialen Zusammenhang eingebunden ist.

3.3.1 Kollektiver Einfluss

Sassenberg und Jonas (2007) identifizieren in ihrem Überblick zu sozialem Einfluss in der Onlinekommunikation drei Arten sozialer Einflüsse: Compliance bzw. Konformität, normbasierter Einfluss und interpersonaler Einfluss. Compliance kann nach Kelman (1961) als die Akzeptanz von Einfluss einer anderen Person oder Gruppe verstanden werden, aufgrund der Tatsache, dass man sich von diesen Belohnung erhofft bzw. Bestrafung vermeiden will. Wichtig ist, dass Menschen in diesem Zusammenhang nur dann Einstellungs- oder Verhaltensänderungen zeigen, wenn die beeinflussende Person oder Gruppe diese Änderungen beobachten kann. Ist dies nicht der Fall, kann man als Beeinflusster weder Belohnung erwarten, noch muss man sich Sorgen um Bestrafung machen. Rezipieren Nutzer Onlinewerbung, machen sie das gewöhnlich alleine vor ihrem Computer und sind für andere nicht identifizierbar. Solange sie nicht selbst auf etwaigen UGC reagieren und eigene, identifizierbare Inhalte produzieren (z. B. einen weiteren Kommentar), ist ein Einfluss in Form von Compliance daher unwahrscheinlich. Die Arbeit konzentriert sich entsprechend auf die anderen beiden Einflussformen.

3.3.1.1 Der Social-Identity-Ansatz

Normbasierter Einfluss bezieht sich auf den Einfluss einer Gruppe bzw. von deren Mitgliedern. Er wird im Folgenden als kollektiver Einfluss im Unterschied zum interpersonalem Einfluss spezifischer Individuen bezeichnet. Erklären lässt sich diese Art des Einflusses durch die Social-Identity-Theorie (Tajfel & Turner, 1979) bzw. die Self-Categorization-Theorie (Turner et al.,1987). Letztere Theorie ist aus der Social-Identity-Theorie hervorgegangen, weshalb Überschneidungen groß sind und man allgemeiner vom Social-Identity-Ansatz sprechen kann (Hogg. 2006). Hierzu passt auch, dass die kommunikationswissenschaftliche Forschung im Allgemeinen beide Theorien heranzieht, um interessierende Phänomene zu erklären und weniger die eine gegenüber der anderen Theorie überprüfen will (Trepte, 2006).

Der Ansatz fokussiert den sozialen Kontext psychologischer Prozesse. Er will erklären, warum Menschen sich und andere Menschen häufig als Mitglieder von Gruppen sehen und sich entsprechend dieser Gruppen verhalten (Ellemers & Haslam, 2012). „Social Identity Theory defines group cognitively – in terms of people's self-conception as group members. A group exists psychologically if three or more people construe and evaluate themselves in terms of shared attributes that distinguish them collectively from other people" (Hogg, 2006, S. 111).

Anhand dieser Definition wird deutlich, dass Gruppenmitgliedschaften in Abhängigkeit des Selbstkonzepts einer Person bestehen. Hintergrund ist die Vorstellung, dass unsere Identität bzw. unser Selbstkonzept sowohl personal als auch sozial bestimmt ist. Während die personale Identität einer Person als die Summe ihrer Wesenszüge und Eigenschaften verstanden werden kann, umfasst das soziale Selbst einer Person all ihre Gruppenmitgliedschaften (Spears et al., 2011). Das kann z. B. die Gruppe der Frauen oder Männern, die Gruppe der Fußballfans eines Vereins oder die Gruppe der Studenten sein. Diese sogenannten sozialen Identitäten bestehen aus dem Wissen, in der jeweiligen Gruppe Mitglied zu sein, sowie aus Wissen über diese Gruppe (Ellemers & Haslam, 2012). Man spricht dann von sozialer Identifikation. „Importantly, social identification not only refers to the cognitive awareness that one can be included in a particular group, but also incorporates the emotional significance of that group membership for the self" (ebd., S. 382). Emotionale Bedeutung erhält die jeweilige Gruppenmitgliedschaft, da sie als Teil der eigenen Identität betrachtet wird bzw. die Identität als Teil der Gruppe. Eine Abwertung oder Aufwertung einer relevanten Gruppe bedeutet damit immer auch eine Abwertung oder Aufwertung des eigenen Selbst (ebd.). Aufgrund dessen neigen Menschen dazu, Gruppen, denen sie selbst angehören (Ingroups), positiver zu bewerten, während Gruppen, denen man nicht angehört (Outgroups), abgewertet werden (Döring, 2008).

Vorstellbar sind die unterschiedlichen Bestandteile des Selbstkonzepts – personale wie soziale Identitäten – als Selbstschemata. Genauso wie Markenschemata (vgl. 3.1) beinhalten diese Schemata Wissen über die jeweilige Selbstkategorie und steuern Informationsverarbeitung sowie Verhalten (Markus, 1977; Oyserman, 2004). Ist die personale Identität einer Person salient, d. h. aktiviert, konzentriert sich deren Handeln auf persönliche Bedürfnisse und Ziele. Ist hingegen eine soziale Identität salient, verhalten sich Menschen im Sinne dieser Gruppe bzw. ihrer Mitglieder, da Gruppenschemata beinhalten, wie sich die Mitglieder der Gruppe prototypisch verhalten sollen (Hogg, 2006). Gruppen, mit denen wir uns identifizieren, dienen uns also als Standard für unsere eigenen Einstellungen, Urteile oder Verhaltensweisen (Karasawa, 1991). Mangelt es Menschen an Kenntnissen über passende Einstellungen oder Verhaltensweisen, z. B. weil sie auf einen neuen Erfahrungsbereich treffen, lernen sie diese von Gruppen bzw. deren Mitgliedern (Turner & Reynolds, 2012). Sozialer Einfluss ist demnach möglich, wenn Menschen sich selbst sowie ein jeweiliges Gegenüber als Mitglieder derselben Gruppe ansehen.

Die aktuelle Kategorisierung der eigenen Person und anderer Personen in Form von Schemata hängt vom jeweiligen Kontext sowie vorherigen Aktivierungsprozessen ab (Forehand, Deshpandé & Reed, 2002). Als kontextuelle Hinweisreize haben sich in der Vergangenheit z. B. Gruppensymbole, das Auftreten bekannter Gruppenmitglieder, Fotos oder Gruppenbezeichnungen erwiesen (ebd.). Im Hochschulkontext wird eher eine Identität als Student bewusst und handlungsleitend sein, während im Sportverein die Identität als Mitglied der jeweiligen Mannschaft salient ist (Döring, 2008). Generell neigen Menschen zur sozialen Kategorisierung, d. h. zur Zusammenstellung von Individuen nach Gruppen, da sie komplexe soziale Situationen organisiert und deren Verständnis sowie Interpretation erleichtert. Es ist so in komplexeren Situationen möglich, Verhalten vorherzusagen bzw. eigene Handlungen auszuführen (Ellemers & Haslam, 2012). Infolge der Kategorisierung depersonalisieren Menschen sich und ihre Mitmenschen, indem sie sich und andere weniger als einzigartige Individuen sehen, sondern eher als Repräsentanten einer bestimmten Gruppe (Hogg, 2006). Die Wahrnehmung von Mitgliedern derselben Gruppe konzentriert sich dabei auf deren geteilte Gemeinsamkeiten und überschätzt diese häufig. Bei der Wahrnehmung von Mitgliedern verschiedener Gruppen werden dagegen Unterschiede betont. Folglich werden Mitglieder einer Gruppe als mehr oder weniger austauschbare Elemente betrachtet, die bestimmte gemeinsame Charakteristiken teilen. Individuelle Unterschiede – aufgrund der Persönlichkeit oder dem Aussehen von Personen – werden vernachlässigt (Ellemers & Haslam, 2012). Menschen akzeptieren demnach auch sozialen Einfluss solcher Personen, die individuell gesehen sehr unterschiedlich sein mögen, solange sie als Mitglieder einer In-Group wahrgenommen werden. Die Stärke des Einflusses hängt dann davon ab, ob und wie stark die Beeinflussenden einer In-Group zugeordnet werden und wie stark sich der Beeinflusste mit dieser Gruppe identifiziert (Hogg, 2006).

3.3.1.2 Das Social-Identity-Model-of-Deindividuation-Effects (SIDE)

Spears und Lea (1992) übertrugen diese Überlegungen auf computervermittelte Kommunikation (CVK) und stellten fest, dass CVK ebendiese Zuordnung zu einer gemeinsamen Gruppe begünstigt. Das SIDE-Modell (Spears & Lea, 1992) stellt eine Anwendung des Social-Identity-Ansatzes auf CVK dar. Es kann als positive Antwort auf die pessimistische Forschersicht der 70er und 80er Jahre verstanden werden, die soziale Einflüsse mittels CVK für relativ gering hielt. Beispiele dieser Sichtweise sind das Social-Presence-Modell (Short, Williams & Christie, 1976), das Cuelesness-Modell (Rutter, 1987) oder der Reduced-Social-Cues-Ansatz (Kiesler, Siegel & McGuire, 1984). Gemein ist diesen Ansätzen die Annahme, dass es der Telekommunikation und später der CVK an Möglichkeiten mangelt, soziale Informationen, wie Gesichtsausdrücke, Gesten, Körperhaltung oder allgemein die Erscheinung einer Person, zu übermitteln. Im Vergleich zu Face-to-Face-Situationen sind die Kommunikationspartner physisch isoliert und visuell anonym. Insgesamt sollte dies das soziale Einflusspotential von Mitmenschen schmälern (Spears & Lea, 1992). Spears und Lea (1992) verneinen nun nicht, dass CVK im Vergleich zu Face-to-Face-Situationen weniger soziale Informationen vermittelt, nehmen aber an, dass die wenigen, verbleibenden Informationen einen umso stärkeren Einfluss ausüben. Da eine Kommunikationssituation immer soziale Interaktion beinhaltet, bleibt den Kommunizierenden keine andere Möglichkeit als sich auf die verbleibenden sozialen Informationen zu beziehen (Spears & Lea, 1994). Erklärend sei an dieser Stelle angemerkt, dass das SIDE-Modell zu Zeiten entstand, in denen sich CVK im Wesentlichen auf textbasierte Kommunikation beschränkte. Beispiele sind Chatrooms oder Foren.

Während diese Art der Kommunikation es erschwert, Mimik oder Gestik zu übermitteln, können soziale Hinweisreize zur Kategorisierung einer Person relativ leicht übertragen werden. Diese bestehen oft nur aus einem Wort und können in Form von Chatnamen, Profilinformationen, E-Mail-Adressen oder innerhalb der Kommunikation selbst sichtbar sein. Beispiele sind das Geschlecht einer Person als Profilinformation, die E-Mail-Adresse max.mueller@stud-mail.uni-wuerzburg.de, die eine Person als Student der Universität Würzburg auszeichnet, oder der Chatname hsv1887, der den jeweiligen User als Fan des Hamburger Sport-Vereins vermuten lässt.

Die visuelle Anonymität der Kommunikationspartner fördert also, dass sich diese gegenseitig eher als Mitglieder bestimmter Gruppen kategorisieren, da kaum individualisierende Informationen vorhanden sind. Im Vergleich zu Face-to-Face-Situationen werden Gruppen als homogener und deren Mitglieder als depersonalisierter wahrgenommen. Das hat zur Folge, dass sich Personen einer Gruppe stärker zugehörig fühlen. Individualisierende Informationen, die das Gruppenzugehörigkeitsgefühl eventuell stören, sind kaum vorhanden. Gruppenmitglieder orientieren sich stärker an der Gruppe und anderen Mitgliedern (Spears & Lea, 1992). Neben visueller Anonymität führt die physische Isolation der Kommunikationspartner dazu, dass sich die Kommunizierenden ihrer selbst bewusster sind, was die jeweils saliente Identität (z. B. Student) weiter verstärkt. Spears und Lea (1992) halten infolgedessen sozialen Einfluss in der CVK nicht nur für möglich, sondern schätzen diesen häufig höher ein als in Face-to-Face-Situationen. Bedingung ist allerdings, dass sich der potentiell Beeinflusste aktuell sozial kategorisiert und nicht dessen personale Identität salient ist. Ist die personale Identität aktiviert, würde die visuelle Anonymität und physische Isolation dazu führen, dass sich die jeweilige Person noch stärker an ihren eigenen Bedürfnissen und Zielen orientiert.

Zusammengefasst nimmt das SIDE-Modell an, dass die spezifischen Eigenschaften von CVK – visuelle Anonymität und physische Isolation – die Wirkung der jeweils salienten Identität (personale vs. soziale) verstärken. Je nach Identität orientiert man sich mehr an den eigenen Bedürfnissen oder mehr an einer Gruppe, jeweils im Vergleich zu Face-to-Face Situationen. Das SIDE-Modell fand in einer Vielzahl von Studien Bestätigung (vgl. als Überblicke Postmes, Spears, Sakhel & De Groot, 2001; Spears, Lea & Postmes, 2007), wobei die Studien eher den Effekt visueller Anonymität erforscht haben und fanden. Der zusätzlich verstärkende Effekt der physischen Isolation fand bisher kaum Bestätigung (Sassenberg & Jonas, 2007).

Überträgt man das SIDE-Modell auf Onlinewerbung und UGC, sollten Rezipienten vor allem dann von UGC beeinflusst werden, wenn sie mit den Urhebern des UGC eine gemeinsame und saliente Identität teilen und die Urheber eher anonym auftreten. Ein Beispiel für ein solches Szenario sind Werbevideos auf YouTube ergänzt durch Nutzerkommentare. Als soziale Informationen sind hier nur der Benutzername sowie die Tatsache, dass der Nutzer Teil der YouTube-Community ist, sichtbar. Walther und Kollegen (2010) widmeten sich im bereits vorgestellten Experiment diesem Phänomen (vgl. 2.2.2). Sie stellten fest, dass Rezipienten in der Wahrnehmung eines Werbevideos von anonymen Nutzerkommentaren beeinflusst werden. Dieser Einfluss zeigt sich vor allem, wenn sie sich mit der Gruppe der YouTube-Nutzer identifizieren können. In diesem Fall führt die gemeinsame soziale Identität, YouTube-Nutzer, zum erwarteten Einfluss. Teilnehmer, die sich selbst nicht der Gruppe der YouTube-Nutzer zuordnen, werden nicht oder schwächer beeinflusst (Walther et al., 2010). Da die Stärke der Identifikation in der Studie nicht manipuliert, sondern lediglich gemessen wurde, kann nicht eindeutig gefolgert werden, dass der soziale Einfluss der Gruppenbeziehung ursächlich für die Einstellungsänderung war (vgl. 2.2.2). Die Ergebnisse legen dennoch die Existenz der durch SIDE modellierten Prozesse nahe. Zudem halten die Autoren die Anwendung des SIDE-Modells in derartigen Social-Media-Kontexten für vielversprechend (ebd.).

Heutige Onlinekommunikation und insbesondere Social Media bergen jedoch auch viele Kommunikationssituationen, in denen die Kommunikationspartner gerade nicht visuell anonym sind. Das stellt die Anwendbarkeit des SIDE-Modells zumindest teilweise in Frage. Die Autoren des Modells gehen selbst auf diese Schwachstelle ein und merken an: „One criticism [of SIDE] is that an analysis focused on anonymity is rendered redundant by the new generation of ICTs [information communications technologies], with enhanced bandwidth making anonymity less and less likely" (Spears et al., 2011, S. 35). Die Folge dieser Erkenntnis ist eine Modellspezifizierung, die auch unter weniger bis gar nicht anonymen Bedingungen kollektiven Einfluss für möglich hält. So bedeutet die Tatsache, dass sich Kommunikationspartner in SNS meist bildlich sehen können, nicht unbedingt weniger kollektiven Einfluss. Die Autoren nehmen im Gegenteil an, dass auch die visuelle Information des jeweiligen Gegenübers als kategorialer

Hinweisreiz wirken kann. Ein Profilbild mag einen Kommunikationspartner beispielsweise als Frau oder Mann ausweisen. Wichtig ist nach Aussage der Autoren, dass die zusätzliche visuelle Information oder deren Kontext immer noch starke kategoriale Hinweisreize übermitteln, die eine soziale Kategorisierung ermöglichen (ebd.).

Eine im Druck befindliche Studie von Knoll und Schramm (in Druck) konnte diese Annahme in Bezug auf den Einfluss von Nutzerkommentaren im Kontext von Onlinewerbung bestätigen. In einem Laborexperiment präsentierten sie den teilnehmenden Studenten positiv kommentierte Onlinewerbung, wobei die kommentierende Person in Form eines Facebookprofils bildlich erkennbar war. Die Profilinformationen ermöglichten es den Werberezipienten außerdem, die Person entweder als Mitglied einer Ingroup oder als Mitglied einer Outgroup zu kategorisieren (Mitglied der eigenen Universität vs. Mitarbeiter bei einem fremden Unternehmen). Entsprechend der SIDE-Annahmen, werden Rezipienten stärker vom jeweiligen Nutzerkommentar in ihrer Wahrnehmung der Werbung beeinflusst, wenn sie mit der kommentierenden Person eine gemeinsame Gruppenmitgliedschaft teilen. Dieser Effekt tritt unabhängig davon auf, ob sie den kommentierenden Nutzer persönlich kennen oder dieser eine wildfremde Person darstellt. Es zeigt sich außerdem, dass der Effekt umso stärker auftritt, je größer die Identifikation mit der gemeinsamen Gruppe ist.

3.3.2 Interpersonaler Einfluss

Sind Kommunikationspartner nicht wechselseitig anonym, ist neben kollektivem Einfluss auch interpersonaler Einfluss möglich. Bleibt man in der Logik des Social-Identity-Ansatzes, ist in diesem Fall eher die personale bzw. eine relationale Identität salient (Sassenberg & Jonas, 2007). Letztere kann als dritter Identitätszustand verstanden werden, der eine gefühlsmäßige, persönliche Bindung zu einer anderen Person beschreibt (z. B. Freund, Lebenspartner, Bekannter; Brewer & Gardner, 1996). Sozialer Einfluss entsteht hier aufgrund einer persönlichen Beziehung zu einer *bestimmten* Person (Sassenberg & Jonas, 2007). Traditionellerweise wird interpersonaler Einfluss nicht im Rahmen des Social-Identity-Ansatzes untersucht und ist auch nicht Teil der SIDE-Forschung. Die Forschung zu sozialem Einfluss ist seit den 1950er Jahren in zwei Hauptströmungen untergliedert. Während sich die eine dem Einfluss sozialer Gruppen und deren Mitgliedern widmet, beschäftigt sich die andere mit interpersonalen Beziehungen (Eagly & Chaiken, 1993). Ein bekannter Vertreter der letzten Kategorie ist Kelman (1961). Dessen Ansatz wird auch heute noch zur Erklärung von Beziehungseinflüssen auf Einstellungen herangezogen (Eagly & Chaiken, 1993).

Neben der bereits ausgeklammerten Compliance hält Kelman (1961) Einflüsse in dyadischen Beziehungen für möglich, wenn Menschen sich entweder ähnlich dem Social-Identity-Ansatz auf einer interpersonalen Ebene identifizieren (Identifikation) oder aber eine gezeigte Einstellung bzw. Verhaltensweise dem eigenen Wertesystem entspricht (Internalisierung).

> „Identification can be said to occur when an individual adopts behavior derived from another person [...] because this behavior is associated with a satisfying self-defining relationship to this person [...]. By a self-defining relationship I mean a role relationship that forms a part of the person's self-image. Accepting influence through identification, then, is a way of establishing or maintaining the desired relationship to the other, and the self-definition that is anchored in this relationship." (Kelman, 1961, S. 63)

Kelman (1961) argumentiert ähnlich dem Social-Identity-Ansatz, dass die Vorstellung vom eigenen Selbst Menschen dazu motiviert, Einflüsse von ihren Mitmenschen zu akzeptieren. Genauso wie die Gruppenmitgliedschaften im Falle des Social-Identity-Ansatzes, werden auch interpersonale Beziehungen als Teil unseres Selbstkonzepts betrachtet, über die wir uns definieren. Das können z. B. Freunde oder der jeweilige Lebenspartner sein. Indem Menschen Einflüsse auf ihre Einstellungen oder ihr Verhalten akzeptieren, halten sie diejenigen interpersonalen Beziehungen aufrecht, die sie wünschen und ihr Selbst positiv definieren (Kelman, 1961). Die Akzeptanz von Einflüssen hängt vor allem davon ab, wie wichtig es den jeweiligen Menschen ist, einer bestimmten interpersonalen Beziehung zu entsprechen, oder anderes gesagt, wie sehr sie sich mit dem jeweiligen Gegenüber identifizieren. Die Akzeptanz hängt weniger von den eigentlichen Einstellungen oder Verhaltensweisen ab, die es zu akzeptieren gilt (ebd.).

Diese sind im Fall der sogenannten Internalisierung ausschlaggebend: „Internalization can be said to occur when an individual accepts influence because the induced behavior is congruent with his value system. It is the content of the induced behavior that is intrinsically rewarding here" (Kelman, 1961, S. 65). Internalisieren Menschen Einstellungen oder Verhaltensweisen, machen sie sich mehr oder weniger rationale Gedanken zu den jeweiligen Einstellungen und Verhaltensweisen. Sie übernehmen diese, wenn sie im Zusammenhang einer konkreten Problemlösung relevant sind oder allgemeiner zur Maximierung eigener Werte beitragen. Ein Beispiel ist, sich der Vermeidung von Plastiktüten anzuschließen, weil man für Umweltschutz ist. Neuere Forschung zeigt, dass auch dieser gedanklich eher aufwendige Prozess durch Identifikation mit dem jeweiligen Gegenüber beeinflusst wird. Selbst wenn sich Menschen viele Gedanken zum Inhalt einer Einstellung oder Verhaltensweise machen, akzeptieren sie eher Einfluss von solchen Personen, mit denen sie sich identifizieren (Fleming, 2009).

Die Identifikation mit dem jeweiligen Gegenüber spielt demnach für beide Arten interpersonalen Einflusses eine bzw. die zentrale Rolle.

Das oben beschriebene Experiment von Knoll und Schramm (in Druck) konnte diese Rolle der Identifikation für interpersonale Einflüsse nachweisen. Rezipienten des kommentierten Werbevideos orientierten sich nicht nur umso eher an den Kommentaren, je stärker ihre Identifikation mit der jeweiligen Gruppe (kollektiver Einfluss), sondern auch je stärker ihre Identifikation mit dem konkreten Autor des Kommentars (interpersonaler Einfluss). Dieser trat einmal als persönlich bekannter Professor in Erscheinung, mit dem sich die Teilnehmer persönlich identifizierten, und einmal als fremder Professor, zu dem keine interpersonale Beziehung bestand.

3.3.3 Nutzergenerierte Inhalte als kollektive und interpersonale Einflüsse

Fasst man die bisherigen Ausführungen und die Erkenntnisse von Knoll und Schramm (in Druck) zusammen, spielt die Identifikation sowohl für kollektiven Einfluss als auch für interpersonalen Einfluss eine entscheidende Rolle. In beiden Fällen ermöglicht sie Einflüsse, wobei die Einflüsse mit zunehmender Identifikation anwachsen. Der Unterschied besteht darin, dass sich die Identifikation im Falle kollektiven Einflusses auf eine soziale Gruppe bezieht, deren Mitglieder mehr oder weniger austauschbar sind. Im Falle interpersonalen Einflusses liegt hingegen die Identifikation mit einer konkreten Person vor. Gemein ist beiden Einflussarten, dass Menschen ihre Einstellungen oder Verhaltensweisen anpassen, weil die jeweilige Beziehung – zu einer Gruppe oder zu einer bestimmten Person – als positiver Selbstaspekt aufgefasst wird, dessen Aufrechterhaltung angestrebt wird.

Diese Herangehensweise bietet den Vorteil, dass sich beide Einflussarten unter einem Dach, dem Selbstkonzept, zusammenfassen lassen. Konkret schlagen Brewer und Gardner (1996) eine analytische Dreiteilung des Selbstkonzepts in Form von personalen, interpersonalen und kollektiven Identitäten vor, die jedem Menschen innewohnen. Im Unterschied dazu haben vorherige Ansätze entweder personale von kollektiven Identitäten unterschieden oder zwischen personalen und interpersonalen Identitäten differenziert. Der jeweils dritte Fall wurde ausgeklammert oder unter eine der beiden anderen Identitäten subsummiert. Die Folge davon sind begriffliche Unklarheiten oder die Vernachlässigung relevanter Wirkungsphänomene (ebd.). Geht man von einer Dreiteilung aus, entspricht die personale Identität der Summer aller Wesenszüge und persönlichen Eigenschaften einer Person, die interpersonale Identität der Summe aller dyadischen Beziehungen mit bestimmten sowie bedeutsamen Personen und die kollektive Identität der Summe aller Gruppenmitgliedschaften im Sinne des Social-Identity-Ansatzes (ebd.; vgl. auch Andersen & Chen, 2002). Wichtig ist nach Brewer und Gardner (1996), dass sowohl interpersonale als auch kollektive Identitäten als sozial verstanden werden und entsprechend sozialen Einfluss ermöglichen. „The difference is a matter of level of inclusiveness. Some social identities can be construed either as interpersonal relationships or as collective identities" (Brewer & Gardner, 1996, S. 83). In zwischenmenschlichen Zusammenhängen ist sozialer Einfluss häufig über beide Identitätsebenen möglich (Postmes, Spears, Lee & Novak, 2005). Das Einflusspotential ist durch die jeweils saliente Identität bestimmt. Deren Aktivierung hängt von Kontextfaktoren und vorherigen Aktivierungsprozessen ab. Da immer nur ein Teil der Selbstrepräsentationen einer Person aktiviert und handlungsleitend ist und dieser sich auch kontinuierlich verändert, spricht man allgemein vom Working-Self-Concept, ähnlich dem Arbeitsgedächtnis (Markus & Wurf, 1987).

Übertragen auf den vorliegenden Wirkungskontext werden Rezipienten vor allem dann von UGC beeinflusst, wenn sie eine soziale Beziehung zu dessen Urheber aufweisen. Das bedeutet, dass sie sich entweder mit ihm als spezifische Bezugsperson identifizieren (interpersonaler Einfluss) oder Mitglieder einer gemeinsamen Gruppe sind, mit der sie sich ebenfalls identifizieren (kollektiver Einfluss). Identifikation bedeutet jeweils, dass die Beziehung zu der spezifischen Person bzw. Gruppe als Teil der eigenen Identität, als positiver Selbstaspekt, aufgefasst wird (Ellemers & Haslam, 2012; Kelman, 1961). Vorraussetzung für soziale Einflüsse ist, dass der jeweilige Rezipient sich aktuell nicht personal kategorisiert, sondern sein Handeln entweder von seiner interpersonalen oder kollektiven Identität bestimmt ist. Bezieht man diese Überlegungen auf das bisher entwickelte Modell, sollten soziale Beziehungen alle drei Einflussmöglichkeiten von UGC moderieren. Konkret heißt dies, dass UGC (1) vor allem dann die Relevanz einer Werbebotschaft erhöht, (2) vor allem dann als peripherer Hinweisreiz Einfluss nimmt und (3) vor allem dann als zusätzliches Argument wirkt bzw. die Elaboration verzerrt, wenn soziale Beziehungen zu den Urhebern der Inhalte vorliegen. Die Moderation wird dabei linear verstanden, sodass mit steigender Identifikation bzw. steigender Stärke der Beziehung der Einfluss nutzergenerierter Inhalte graduell zunimmt.

Bestätigung für diese Annahmen lässt sich bereits in anderen Persuasionskontexten finden (vgl. im Überblick: Fleming & Petty, 2000; van Knippenberg, 1999). So fanden Mackie, Worth und Asuncion (1990), dass Rezipienten persuasive Botschaften stärker elaborieren und infolgedessen eher zentral verarbeiten, wenn diese vom Mitglied einer In-Group kommuniziert werden im Vergleich zu einem Out-Group-Mitglied. „The views of fellow category members […] provide information of high interest for the recipient, presumably increasing motivation to process" (Mackie et al., 1990, S. 813). Eine Botschaft wird demnach dann als relevanter empfunden und tiefer verarbeitet, wenn diese von einer Person stammt, zu welcher der Rezipient eine soziale Beziehung aufweist. Interessanterweise zeigt sich dieser Effekt nur für Botschaften, die nicht aufgrund ihres Themas schon irrelevant für die jeweiligen Rezipienten sind. Ein gewisses inhaltliches Interesse muss gegeben sein, damit soziale Beziehungen zusätzlich das Interesse und die Relevanz einer Werbebotschaft steigern können. Dieses Ergebnis passt gut zu den Annahmen des ELM, da dieses eine Veränderung der Elaborationswahrscheinlichkeit hauptsächlich für möglich hält, wenn eine moderate Elaborationswahrscheinlichkeit vorliegt. Ist diese im Vorhinein, z. B. aufgrund offensichtlich irrelevanter Inhalte, bereits als niedrig festgelegt, sollte sie sich durch zusätzliche Einflussfaktoren kaum verändern lassen (Petty & Cacioppo, 1986). Auch van Knippenberg und Wilke (1992) sowie van Knippenberg, Lossie und Wilke (1994) konnten in verschiedenen Experimenten die elaborationssteigernde Wirkung sozialer Beziehungen bestätigen. Sie merken an, dass die Aussage des jeweiligen Kommunikators nicht untypisch oder wenig repräsentativ für die jeweilige soziale Gruppe wirken sollte, um entsprechende Effekte zu erzielen (vgl. auch Smith & Hogg, 2008).

Ist dies der Fall oder besitzt eine Botschaft z. B. aufgrund ihres Inhalts wenig Relevanz, verarbeiten Rezipienten die Botschaft peripher. Soziale Beziehungen können dann als heuristische Hinweisreize wirken. Im Falle inhaltlich irrelevanter Botschaften akzeptierten die Teilnehmer der Studie von Mackie und Kollegen (1990) eher Einflüsse, wenn diese von Mitgliedern ihrer In-Group kommuniziert wurden. Die argumentative Qualität der Botschaft spielt dabei keine Rolle. Das spricht für eine periphere Verarbeitung der Botschaft und die heuristische Wirkung der gemeinsamen Gruppenbeziehung. Weitere Bestätigung findet sich in einer Studie von Fleming und Petty (1999), in der die Elaboration der Teilnehmer bewusst niedrig gehalten wurde und ihnen Produkte sowie dazugehörige Meinungen von In- und Out-Group-Mitgliedern präsentiert wurden. Als zusätzlicher Faktor wurde die Identifikation mit der In-Group erhoben. Die Ergebnisse zeigen, dass sich Rezipienten vor allem dann von den Meinungen ihrer In-Group-Mitglieder überzeugen lassen, wenn sie sich mit der jeweiligen In-Group stark identifizieren. Übertragen auf Onlinewerbung und UGC bedeutet dies, dass letzterer vor allem dann die Wirkung von Onlinewerbung peripher beeinflussen sollte, wenn soziale Beziehungen, im Sinne starker Identifikation, zu den Urhebern bestehen.

Schließlich finden sich auch unter der Bedingung hoher Elaboration Hinweise auf die moderierende Wirkung sozialer Beziehungen. In einer weiteren Studie von Fleming und Petty (1999) wurden den Teilnehmern wieder Produkte und Meinungen von In- und Out-Group-Mitgliedern vorgelegt sowie die Identifikation mit der In-Group erfasst. Die Elaboration der Teilnehmer wurde diesmal bewusst hoch gehalten. Auch hier zeigen die Ergebnisse, dass sich die Teilnehmer vor allem dann von Mitgliedern ihrer In-Group überzeugen lassen, wenn sie sich stark mit der jeweiligen Gruppe identifizieren. Einstellungsänderungen lassen sich dann außerdem auf entsprechend valenzierte Gedanken zurückführen, was die zentrale Verarbeitung der Produkte und dazugehörigen Meinungen unterstreicht. Ähnliche Ergebnisse finden sich bei van Knippenberg und Wilke (1992). Nutzergenerierte Inhalte (hier in Form der Produktmeinungen) sollten demnach dann stärker als zusätzliche Argumente oder elaborationsverzerrender wirken, wenn soziale Beziehungen zu den Urhebern bestehen.

Folgende Hypothese lässt sich in Anbetracht dieser Überlegungen und empirischen Erkenntnisse formulieren:

> H10: *Je stärker die soziale Beziehung (interpersonal und/oder kollektiv) zu den Urhebern von UGC, desto stärker ist dessen Einfluss.*

Es sei an dieser Stelle angemerkt, dass Rezipienten auch von Mitmenschen beeinflusst werden können, zu denen sie keine soziale Beziehung haben. Ein Beispiel wäre ein unbekannter, aber glaubwürdiger Experte (vgl. Kelman, 1961). Allerdings wird dieser Fall im Kontext sozialer Medien, in denen Nutzer vor allem mit Ihresgleichen bzw. persönlich bekannten Personen interagieren (Ren et al., 2007), als eher unwahrscheinlich erachtet. Nichtsdestotrotz könnte sich zukünftige Forschung auch derartigen Phänomenen widmen, zumal im Bereich von Glaubwürdigkeit und Expertenwirkung reichhaltige Forschungserkenntnisse vorliegen (Schenk, 2007).

3.3.4 Die Rezipientenpersönlichkeit als zusätzlicher Moderator

Seit Aufkommen der Persuasionsforschung interessieren sich Wissenschaftler für den Einfluss der Rezipientenpersönlichkeit im Rahmen von Überzeugungsversuchen (Bommert, Weich & Dirksmeier, 1995). Sie fragen sich, ob manche Menschen aufgrund ihrer Persönlichkeit besonders anfällig sind, Einflüsse anderer zu akzeptieren (Wirth & Kühne, 2013). Dahinter steckt die Überlegung, dass Medienwirkungen im Zusammenspiel von Medien-, Situations-, und Personenfaktoren entstehen (vgl. z. B. Früh, 2002). Letztere sind entscheidend von der jeweiligen Persönlichkeit der Rezipienten bestimmt (Bommert et al., 1995). So stellte Fahr (2014) kürzlich in einem Forschungsüberblick zur Persönlichkeit und Medienrezeption fest: „Die Bedeutung von Persönlichkeitsfaktoren innerhalb dieser Prozesse [– Zuwendung, Selektion, Rezeption und Wirkung von Medien –] ist nicht unerheblich, erklären sie doch regelmäßig einen bemerkenswerten Teil über soziodemographische Merkmale hinaus" (S. 130). Umso mehr verwundert es, dass Persönlichkeitsfaktoren bisher kaum in die Untersuchung sozialer Einflussprozesse im Rahmen von CVK integriert wurden: „The interplay between personality characteristics and media attributes as preconditions of social influence [in computer-mediated communcation] has hardly received any attention yet" (Sassenberg, 2011, S. 63). Eine mögliche Erklärung liefert die Tatsache, dass sich die Forschung zu sozialen Einflüssen traditionellerweise mehr auf Situations- als auf Personenvariablen konzentriert hat. In jüngster Zeit ändert sich dies (Burger, 2010).

Unter der Persönlichkeit eines Menschen lässt sich die Individualität in seiner körperlichen Erscheinung, seinem Verhalten und seinem Erleben im Vergleich zu einer Referenzpopulation von Menschen verstehen (Asendorf & Neyer, 2012). Es sei angemerkt, dass nicht alle Wissenschaftler die Individualität der körperlichen Erscheinung als Persönlichkeitsmerkmal auffassen (vgl. z. B. Schmitt, 2003). Weitgehend Übereinstimmung herrscht dahingehend, dass die individualisierenden Merkmale als zeitlich stabil und situationsüberdauernd verstanden werden. Sofern interindividuelle Unterschiede auftreten, zeigen sich diese konsistent über funktional äquivalente Situationen hinweg (Schmitt, 2003). Im Zusammenhang mit der Medienrezeption sind bekannte und häufig untersuchte Persönlichkeitsmerkmale die Big Five (Extraversion, Neurotizismus, Offenheit für Erfahrungen, Gewissenhaftigkeit, Verträglichkeit) sowie Sensation Seeking, Need for Affect oder das bereits eingeführte Need for Cognition (Fahr, 2014). Diese können dabei Ursache, Wirkung oder Moderator von Medieneinflüssen sein (Schmitt, 2003). Letzteres meint, dass Persönlichkeitsmerkmale Stärke und/oder Valenz von Medieneinflüssen verändern (Hayes, 2013). Anders ausgedrückt heißt dies, dass Medien auf verschiedene Menschen je nach Persönlichkeit differentiell wirken (Schmitt, 2003). Obwohl man theoretisch gesehen von einer Vielzahl an moderierenden Einflüssen auf die Medienwirkung ausgehen muss und dies auch am ehesten der Realität entspricht, wurde bisher nur ein kleiner Teil untersucht (ebd.).

Unter der Vielzahl an Persönlichkeitsmerkmalen, die möglicherweise sozialen Einfluss im Kontext von CVK moderieren (vgl. im Überblick Sassenberg, 2011), erscheint mit Hinblick auf Werbewirkung das Konzept der Consumer Susceptibility to Interpersonal Influence (CSII) besonders relevant. Das Konzept beschäftigt sich mit der Frage, inwiefern sich Menschen aufgrund ihrer Persönlichkeit an ihren Mitmenschen orientieren, wenn es um die Suche, den Kauf und die Verwendung von Produkten und Marken geht.

CSII „is defined as the need to identify with or enhance one's image in the opinion of significant others through the acquisition and use of products and brands, the willingness to conform to the expectations of others regarding purchase decisions, and/or the tendency to learn about products and services by observing others or seeking information from others." (Bearden, Netemeyer & Teel, 1989, S. 473)

Bearden und Kollegen (1989) verstehen CSII oder allgemeiner Beeinflussbarkeit als Persönlichkeitsmerkmal und beziehen sich dabei auf einen Forschungsreview von McGuire (1968). Dieser versteht unter Beeinflussbarkeit die Tendenz einer Person, sich zu verändern, wenn sie sozialem Druck ausgesetzt ist. Wichtig ist, dass sozialer Druck auf unterschiedlichste Art und Weise entstehen kann, sobald Menschen miteinander interagieren. Hingegen ist die Tendenz, mehr oder weniger Einfluss von Mitmenschen zu akzeptieren, über verschiedene Situationen hinweg relativ konstant (ebd.).

Auch wenn sozialer Druck verschiedenartig entstehen kann, lassen sich Einflüsse meist als informationaler oder normativer Einfluss klassifizieren (Deutsch & Gerard, 1955). Im Falle des informationalen Einflusses akzeptieren Menschen Einfluss aus dem Bedürfnis heraus, glaubwürdige Hinweise über die Realität zu erhalten (ebd.). Zum Beispiel um zu wissen, welche Produkte oder Marken sich tatsächlich im Alltag bewähren (Woelke & Dürager, 2011). Diese Art von Einfluss kann sowohl entstehen, wenn Menschen aktiv um Rat bei ihren Mitmenschen fragen, als auch, wenn Menschen eher indirekt Schlüsse aus dem Konsumverhalten ihrer Mitmenschen ziehen (Park & Lessig, 1977). Normativer Einfluss entsteht demgegenüber aus dem Bedürfnis, sozial akzeptiert zu sein und Missbilligung von relevanten Bezugspersonen sowie Gruppen zu vermeiden (McGuire, 1968; Woelke & Dürager, 2011). Dies ist zum einen möglich, indem Menschen danach streben, relevanten Personen oder Gruppen möglichst gleich zu sein. Sie drücken dann eine möglichst ähnliche Werthaltung und Identität aus. Woelke und Dürager (2011) bezeichnen dies als normativen Einfluss durch Suche nach Übereinstimmung mit anderen Personen. Daneben lässt sich soziale Akzeptanz fördern, indem man versucht, die Erwartungen anderer zu erfüllen. Woelke und Dürarger (2011) nennen dies normativen Einfluss durch Orientierung an den Erwartungen anderer Personen.

Auf dieser Unterscheidung von sozialen Einflüssen aufbauend, konzipieren Bearden und Kollegen (1989) Beeinflussbarkeit als mehrdimensionales Konstrukt. Die zwei Hauptdimensionen sind informationale und normative Beeinflussbarkeit. Letztere lässt sich nochmal in die zwei vorgestellten Subdimensionen, Suche nach Übereinstimmung und Orientierung an Erwartungen, untergliedern. Die einzelnen Dimensionen können unabhängig voneinander variieren und auch separaten Einfluss ausüben. Meist bestehen Zusammenhänge (ebd.)

Begründen lässt sich die interindividuelle Variabilität in der Beeinflussbarkeit damit, dass Menschen dauerhaft hinsichtlich ihrer Selbstwertschätzung und Selbstsicherheit variieren. Sie streben entsprechend mehr oder weniger stark danach, Missbilligung anderer zu vermeiden (normativer Einfluss) oder sich hinsichtlich bewährter bzw. nicht bewährter Verhaltensweisen abzusichern (informationaler Einfluss). Demgemäß konnten verschiedene Studien zeigen, dass die Selbstwertschätzung von Menschen negativ mit ihrer informationalen wie normativen Beeinflussbarkeit zusammenhängt. Mit steigender Selbstwertschätzung lässt das Bedürfnis nach, sich anderen anzupassen (Bearden et al., 1989; 1990). Dazu passt auch, dass Menschen Beziehungen zu anderen als Teil des eigenen Selbst ansehen. Sie werten ihre Selbstwertschätzung anhand dieser auf, indem sie sich beziehungskonform verhalten und z. B. bestimmte Marken oder Produkte kaufen (Döring, 2008; Netemeyer, Bearden & Teel, 1992).

In der Werbe- und Marketingliteratur gilt Consumer Susceptibility to Interpersonal Influence inzwischen als eingeführtes Konzept und fand in einer Vielzahl von Studien empirische Bestätigung (Bearden & Netemeyer, 2006). Hoffmann und Broekhuizen (2009) konnten z. B. im Investmentkontext zeigen, dass stark beeinflussbare Geldanleger stärker auf das Aktienportfolio anderer Investoren achten und deren Meinungen auch stärker trauen. Diese Geldanleger streben außerdem stärker nach sozialer Akzeptanz und achten stärker auf ihre Außenwahrnehmung, was die obige Erklärung der Beeinflussbarkeit bestätigt. Ähnlich argumentieren Meyer und Anderson (2000), welche die Beeinflussbarkeit von Kindern durch Freunde untersuchten (8-12 Jahre). Sie fanden heraus, dass diese in Bezug auf Produktkäufe mit ansteigendem Alter zunimmt. Die Autoren führen dies darauf zurück, dass älter werdende Kinder verstärkt auf die Akzeptanz von Bezugsgruppen außerhalb der eigenen Familie achten und deren Urteil wie Erfahrung in höherem Ausmaß wertschätzen. Neben unterschiedlichen Altersgruppen fand das Konzept auch in unterschiedlichen Kulturräumen Anwendung und Bestätigung (Asien: Huang, Shi & Wang, 2012; Kropp, Lavack & Silvera, 2005; Europa: Woelke & Dürager, 2011; Kropp et al., 2005; Nordamerika: D'Rozario & Choudhury, 2000). Während sich in Europa und Asien die drei Subdimensionen der Beeinflussbarkeit als drei separate Faktoren zeigen, tritt in Nordamerika eher eine zweifaktorielle Struktur aus normativem und informationalem Einfluss auf (Hermans, Schaefer & Haytko, 2007; Woelke & Dürager, 2011).

Integriert man diese Erkenntnisse und theoretischen Ausführungen in die bisherige Modellierung, sollten Menschen mit höherer Beeinflussbarkeit stärker von nutzergenerierten Inhalten beeinflusst werden als gering Beeinflussbare. Stark beeinflussbare Menschen haben jedoch kein ständiges Anpassungsbedürfnis, sondern zeigen dieses vor allem gegenüber jenen Mitmenschen, zu denen sie soziale Beziehungen unterhalten bzw. unterhalten möchten. Das liegt zum einen daran, dass Menschen, mit denen wir uns identifizieren, aufgrund ihrer Ähnlichkeit und Beziehung valider und relevanter eingeschätzt werden, wenn es um nützliche Hinweise über die Realität geht. „People use the normative standards of *relevant reference* groups to determine the validity and cogency of information" (Wood, 1999, S. 562; Hervorhebung durch den Verfasser). Außerdem ist es so, dass Menschen vor allem nach Akzeptanz von denjenigen Personen oder Gruppen streben, mit denen sie sich identifizieren (Turner, 1991). Entsprechend sollten stark beeinflussbare Menschen hauptsächlich dann stärkere Einstellungs- und/oder Verhaltensänderungen als schwach beeinflussbare Menschen zeigen, wenn soziale Beziehungen zu dem oder den Einflussnehmenden bestehen. Liegen derartige Beziehungen nicht vor, besteht weder der Anreiz sozialer Akzeptanz noch werden die Einflussnehmenden als besonders valide Ratgeber über die Realität eingeschätzt. Wahrscheinlich orientieren sich stark beeinflussbare Menschen dann sogar weniger an den Einflussnehmenden als moderat bis wenig beeinflussbare Rezipienten, da letztere insgesamt weniger auf Dritte achten. Damit achten sie sehr wahrscheinlich auch weniger darauf, wer diese Dritten sind und ob soziale Beziehungen bestehen (Bearden et al., 1989; Bearden & Rose, 1990). Der in H10 postulierte verstärkende bzw. hemmende Effekt sozialer Beziehungen sollte sich vor allem bei stark beeinflussbaren Rezipienten zeigen. Bei diesen sollte es hauptsächlich einen Unterschied machen, ob soziale Beziehungen zu den Urhebern von UGC bestehen oder nicht.

H11: Die in H10 angenommene Interaktion zeigt sich stärker für Menschen, die aufgrund ihrer Persönlichkeit stärker beeinflussbar sind.

3.3.5 Zusammenfassung

Durch Bezugnahme auf Theorien zu sozialem Einfluss ist es möglich, die rein kognitive Modellierung des ELM um den sozialen Kommunikationskontext zu erweitern. Wie bereits angeführt, erscheint dieser im vorliegenden Zusammenhang von besonderer Relevanz, da sich die Nutzung sozialer Medien gerade durch zwischenmenschliche Interaktion auszeichnet. Abbildung 3 zeigt das erweiterte Modell, in welchem die Verarbeitung von UGC und Onlinewerbung (vgl. H1-H9) in einen sozialen Kontext eingebettet wird. Der Einfluss des Kontextes ist durch senkrecht verlaufende Blockpfeile ausgedrückt, um dessen angenommene Moderationswirkung zu unterstreichen (Hayes, 2013). Die Vielzahl der Einflusspfeile drückt aus, dass der gesamte Informationsverarbeitungsprozess und insbesondere alle drei Einflussmöglichkeiten des UGC durch den sozialen Kontext moderiert sind. Konkret heißt dies, dass UGC (1) vor allem dann die

Relevanz einer Werbebotschaft erhöht, (2) vor allem dann als peripherer Hinweisreiz Einfluss nimmt und (3) vor allem dann als zusätzliches Argument wirkt bzw. die Elaboration verzerrt, wenn soziale Beziehungen zu den Urhebern der Inhalte vorliegen (H10). Wichtig ist, dass die Moderation linear verstanden wird: Mit steigender Identifikation bzw. steigender Stärke der Beziehung nimmt der Einfluss nutzergenerierter Inhalte graduell zu. Da vergangene Forschung zeigt, dass nicht alle Menschen gleichermaßen von ihren Mitmenschen beeinflusst werden, wurde außerdem die individuelle Beeinflussbarkeit als zusätzlich moderierender Faktor in das Modell mit integriert. Konkret wird davon ausgegangen, dass die in H10 angenommene Moderation sozialer Beziehungen wiederum durch die individuelle Beeinflussbarkeit eines jeden Rezipienten moderiert wird. Man spricht dann von einer Moderation der Moderation oder moderierten Moderation. Das entspricht statistisch gesehen einer dreifachen Interaktion des UGC-Einflusses, des Einflusses sozialer Beziehungen und des Einflusses der Persönlichkeit (Hayes, 2013). Im Vergleich zu gering beeinflussbaren Rezipienten werden stark beeinflussbare Rezipienten dann stärker von UGC beeinflusst, wenn soziale Beziehungen zu den Urhebern der Inhalte vorliegen. Liegen diese nicht vor, existiert für stark beeinflussbare Rezipienten kein Bedürfnis zur Anpassung an den jeweiligen UGC. Das hat zur Folge, dass diese Rezipienten dann weniger bis gar nicht von UGC beeinflusst werden, während gering Beeinflussbare möglicherweise immer noch Einfluss akzeptieren. Hintergrund ist die Vermutung, dass diese allgemein weniger darauf achten, wer Einfluss nimmt und ob soziale Beziehungen bestehen.

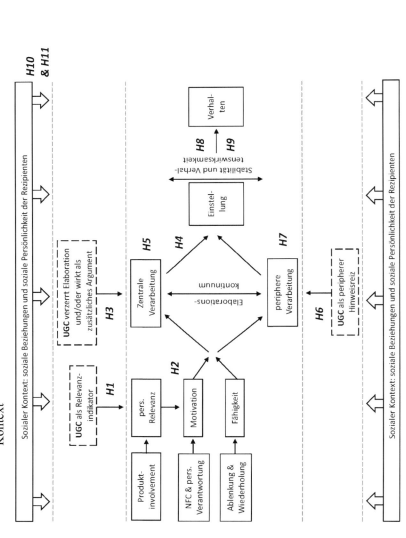

Abbildung 3: Nutzergenerierte Inhalte als multiple Einflussvariablen im Persuasionsprozess und ihr sozialer Kontext

4 Empirische Überprüfung der Annahmen

4.1 Studie I[7]

Die Hypothesen wurden anhand dreier Studien überprüft. Die erste konzentriert sich dabei auf die Überprüfung der Annahme, dass UGC die Stärke und Richtung der Elaboration verändern kann. Verglichen mit einer kleinen Anzahl generierender Nutzer sollte eine große Nutzeranzahl dazu führen, dass eine Werbebotschaft als relevanter wahrgenommen wird (H1). Die Forschung zeigt, dass Menschen aufgrund ihrer Persönlichkeit unterschiedlich stark von Äußerungen und Handlungen Dritter beeinflusst werden (Bearden et al., 1989). Insofern sollten vor allem solche Menschen ihre Relevanzeinschätzung nach der Anzahl generierender Nutzer richten, die sich aufgrund ihrer Persönlichkeit stärker an anderen Menschen orientieren (Woelke & Dürager, 2011). Höhere Relevanzwahrnehmung sollte anschließend eine gesteigerte Elaboration nach sich ziehen (H2). Signalisiert UGC zudem Valenz, erfolgt die Elaboration verzerrt in Richtung der Valenz und/oder UGC wirkt als zusätzliches Argument. Ist die Valenz positiv, sollten sich Rezipienten vermehrt positive und vermindert negative Gedanken machen, je stärker die Elaboration ist (H3). Die Valenz der Gedanken beeinflusst nachfolgende Einstellungen (H4). Sofern Rezipienten geringes NFC aufweisen, also grundsätzlich wenig motiviert sind, Botschaften stark zu elaborieren, ist es auch möglich, dass die Wahrnehmung des UGC eine direkte Wirkung auf Einstellungen hat (H6).

4.1.1 Methode

4.1.1.1 Studiendesign und Manipulation der unabhängigen Variable

Die Hypothesen wurden experimentell überprüft, da sie kausale Aussagen über die Wirkung von UGC auf Wahrnehmung, Verarbeitung und Wirkung von Onli-

---

[7] Die Daten der ersten Studie wurden 2014 im Rahmen der Bachelorarbeit von Andrea Deublein an der Universität Würzburg erhoben. Ganz besonderer Dank gilt daher Frau Deublein für die methodisch gelungene Erhebung der Daten!

newerbung treffen. Gilt es kausale Beziehungen nachzuweisen, muss die Ursache zeitlich vor der Wirkung auftreten und die Wirkung außerdem eindeutig auf die Ursache zurückführbar sein, d. h. alternative Erklärungen müssen ausgeschlossen werden (Früh, 2004). Beide Anforderungen erfüllt das Experiment (Huber, 2000). Da es sich beim untersuchten Phänomen UGC um ein Internetphänomen handelt, wurde das Experiment online durchgeführt. Die Teilnehmer rezipierten den Stimulus in ihrer gewohnten Internetumgebung und nicht in einer künstlichen Laborsituation. Neben der größeren Anonymität bietet das Onlineexperiment außerdem die Vorteile der Kosten- und Zeiteffizienz sowie den Vorteil der leichteren Rekrutierung großer Stichproben (Birnbaum, 2004; Reips, 2007).

Bei der Versuchsanordnung handelt es sich um ein 1 x 2-Between-Subject-Design mit der Anzahl generierender Nutzer als zweistufigen Faktor (kleine vs. große Anzahl generierender Nutzer). Es handelte sich dabei einmal um acht Nutzer, die eine Werbeanzeige „geliked" hatten, und einmal um 12.676 Nutzer. Die konkreten Nutzeranzahlen wurden aus der Studie von Knoll und Töpfer (2014) übernommen, in der anhand dieser zahlenmäßigen Unterschiede bereits erfolgreich eine kleine und große Anzahl generierender Nutzer manipuliert werden konnte. Auch Messing und Westwood (in Druck) manipulierten eine geringe Nutzeranzahl mit Werten zwischen 0 und 1.000 Likes, während sie eine große Anzahl durch Werte von über 10.000 Likes darstellten. „These ranges were determined by monitoring the typical number of "recommends" by Facebook users" (Messing & Westwood, in Druck, S. 8; vgl. auch Alhabash et al., 2013). Die vorliegende Manipulation entspricht demnach in ihrer Operationalisierung nicht nur der Operationalisierung anderer Studien, sondern ist außerdem realitätsnah. Durch „krumme" Zahlen (12.676) wird zusätzliche Realitätsnähe hergestellt.

4.1.1.2 Stimulus

Als Stimulus diente eine Anzeige auf Facebook. Die Wahl fiel auf Facebook, da es sich dabei um eine der populärsten Social-Media-Seiten überhaupt handelt (Sparkes, 2011). Ihre Nutzerzahlen wachsen zudem weiter an (istrategylabs, 2014). Die Anzeige wurde in eine originalgetreue Kopie einer Facebookumgebung eingebettet und erschien als Teil des Newsfeeds eines Facebooknutzers (vgl. Abb. 4). „They [newsfeeds] usually appear when Facebook users log in their accounts, displaying recent activities that their friends have performed in a reverse chronological order and some system messages such as advertisements" (Chang et al., 2012, S. 637f). Die Weboberfläche entsprach also der gewohnten

Umgebung von Facebooknutzern, wenn sie sich anmelden. Zur realitätsnäheren Gestaltung des Kontextes waren zudem links neben dem Newsfeed weiterführende Links zu Gruppen, Veranstaltungen und ähnlichem zu sehen. Am rechten Rand wurden zwei weitere Anzeigen präsentiert. Diese sorgten dafür, dass die Aufmerksamkeit nicht zu stark auf die interessierende Werbeanzeige im Zentrum gerichtet wurde. Außerdem war keiner der weiterführenden Links aktiviert, um die Rezeptionsbedingungen für alle Teilnehmer konstant zu halten (Huber, 2000).

Abbildung 4: Stimulus der ersten Studie – Werbeanzeige mit 12.676 Likes

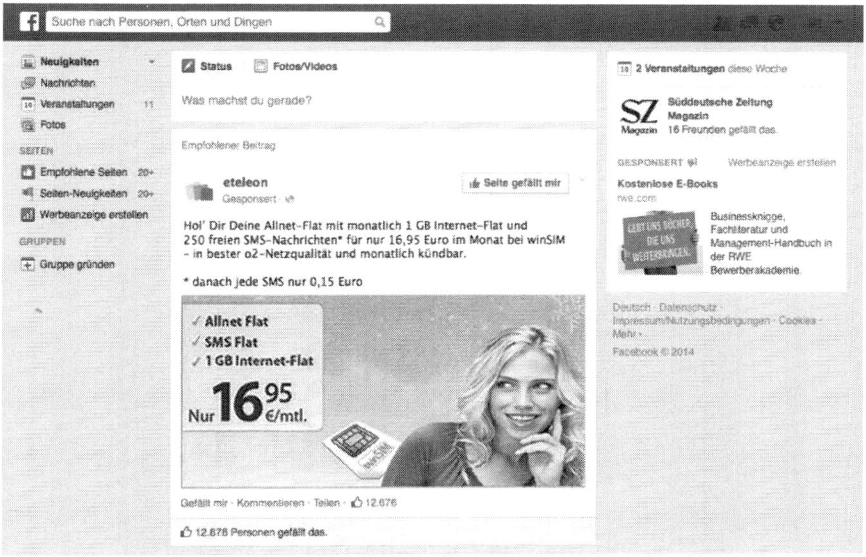

Als realitätsnaher Stimulus wurde eine existierende Facebookwerbung von einem realen Mobilfunkanbieter (Eteleon) in großen Teilen übernommen. Die Anzeige warb für einen Mobilfunkvertrag und beinhaltete neben den Vertragseigenschaften das Portrait einer Frau sowie eine SIM-Karte als Visual. Zum Zeitpunkt der Studie war der Mobilfunkanbieter auf dem deutschen Markt noch relativ unbekannt, was sich unter anderem an der Anzahl seiner Likes festmachen ließ. Im Vergleich zu Vodafone, einem der großen vier Mobilfunkanbieter in Deutschland, wies Eteleon nur 1/25 der Facebook-Likes auf. Insofern konnte davon ausgegangen werden, dass zur Marke Eteleon noch wenige bis keine Voreinstellungen existierten. Der Nachweis der verzerrenden Wirkung des UGC sollte daher ungestört von der verzerrenden Wirkung durch Voreinstellungen erfolgen (Petty & Cacioppo, 1986; Taylor & Crocker, 1981).

Unterhalb der Anzeige war an gewohnter Stelle die Anzahl der Personen eingeblendet, die diese Anzeige „geliked" hatten (8 bzw. 12.676 Likes). UGC in Form der Likes variierte demnach nicht nur in seiner Anzahl, sondern wies immer auch positive Valenz auf (Petty et al., 1991). Facebooknutzer können die positive Bedeutung von Likes inzwischen problemlos entschlüsseln und sind an deren Nutzung gewöhnt (Bak & Keßler, 2012).

4.1.1.3 Untersuchungsablauf

Die Teilnehmer der Studie wurden zu Beginn darüber informiert, dass es sich bei der Studie um eine wissenschaftliche Erhebung handelte und ihre Anonymität gewährleistet würde. Als Studienthema wurde allgemein die Einschätzung von Inhalten auf Facebook genannt. Das sollte zum einen nicht zu viel Aufmerksamkeit auf den eigentlichen Stimulus, die Werbeanzeige samt UGC, lenken. Zum anderen kann die Ankündigung eines Werbethemas manchmal Unmut auslösen: Insbesondere höher gebildete Schichten haben häufig eine negative Wahrnehmung von Werbung, welche die nachfolgende Verarbeitung des Facebookausschnitts beeinflussen könnte (Shavitt, Lowrey & Haefner, 1998). Den Teilnehmern wurde außerdem der Gewinn eines Wertgutscheins in Höhe von zehn Euro in Aussicht gestellt. Anschließend sahen sich die Teilnehmer den oben beschriebenen Facebookausschnitt an, wobei sie davor lediglich die Anweisung erhielten, sich die gesamte Seite anzuschauen und dann weiterzuklicken. Den Teilnehmern wurde zufällig eine der beiden Bedingungen (kleine vs. große Nutzeranzahl) zugewiesen.

Nach der Stimulusbetrachtung wurden die Teilnehmer zuerst zu ihrer Einstellung zur Marke Eteleon befragt, dann zur Relevanz der Werbebotschaft und anschließend sollten sie die Gedanken auflisten, die sie sich während der Rezeption gemacht hatten. Generell ist es hilfreich, diese möglichst bald nach der Rezeption abzufragen, da die Erinnerung mit Zunahme des Zeitintervalls nachlässt (Cacioppo & Petty, 1981). Allerdings sollten andere abhängige Variablen, wie Einstellung und Relevanzeinschätzung, zuvor erhoben werden. So kann ausgeschlossen werden, dass Rezipienten ihre Einstellung erst aufgrund des Erinnerns der Gedanken bilden. Möglicherweise würden sie in diesem Fall andere Einstellungen äußern, als sie eigentlich aufgrund der Stimulusrezeption gehabt hätten (Scholl, 2003). Eine ähnliche Überlegung steckt dahinter, erst Einstellungen und dann Relevanzeinschätzung abzufragen. Auch hier könnte es zu Ausstrahlungseffekten kommen, sodass die post-rezeptive Erinnerung einer Werbebotschaft als relevant nachfolgende Einstellungsitems beeinflusst (ebd.). Zum Schluss des Fragebogens wurden Beeinflussbarkeit, NFC, Produktinvolvement, der Treatmentcheck und soziodemographische Merkmale erhoben. Den Teilnehmern wurde abschließend gedankt sowie die Möglichkeit gegeben, per E-Mail mehr über den Zweck der Studie zu erfahren. Die Erhebung fand zwischen Ende Mai und Anfang Juni 2014 statt.

4.1.1.4 Stichprobe

Die Studienteilnehmer wurden per E-Mail und über verschiedene SNS (Facebook, XING, LinkedIn) rekrutiert, indem ein Link zum Onlineexperiment verbreitet wurde. Insgesamt füllten den Fragebogen 175 Teilnehmer vollständig und inhaltlich sinnvoll aus. Diese Teilnehmer erfüllten zudem die Kriterien, dass ihnen der Mobilfunkanbieter Eteleon unbekannt war sowie dass sie selbst Facebooknutzer waren. Letzteres ist zentral, da sonst nicht davon ausgegangen werden kann, dass die Teilnehmer die Bedeutung von Likes verstehen und einschätzen können.

Wie der spätere Treatmentcheck zeigt, nahm nur etwa die Hälfte der Teilnehmer die Manipulation wahr. Nach den Studienergebnissen von Knoll & Töpfer (2014) ist davon auszugehen, dass sich auch nur für diese Teilnehmer Effekte zeigen. Infolgedessen bezieht sich der Großteil der Berechnungen auf diese Teilnehmer und entsprechend auch die Stichprobenbeschreibung und die Reliabilitäten. Das finale Sample bestand aus 82 Facebooknutzern. Davon waren 57 Prozent weiblich. Das Durchschnittsalter betrug 23 Jahre ($SD = 5.83$). 90 Prozent der Teilnehmer verfügten über das Abitur oder einen höheren Bildungsabschluss. Dies lässt sich dadurch erklären, dass über 68 Prozent der Teilnehmer Studenten waren.

4.1.1.5 Messung der Variablen[8]

Alle metrischen Konstrukte dieser und der nachfolgenden Studien wurden auf 6-stufigen Skalen gemessen. Der Vorteil ist, dass die Befragten in jedem Fall eine Tendenz angeben. Gerade Stufenanzahlen zwingen Befragte aber auch dann eine Tendenz anzugeben, wenn sie vom jeweiligen Konstrukt keine Ahnung haben und eigentlich keine Tendenz äußern können (Scholl, 2003). Da die Befragten lediglich Einstellungen und Verhaltensabsichten zu kürzlich gesehenen sowie

---

8   Die verwendeten Skalen aller Studien sind vollständig im Anhang aufgeführt.

einfachen verständlichen Stimuli angeben sollten und außerdem ihre eigene Person einschätzen sollten, war davon auszugehen, dass jeweils eine Tendenz angegeben werden konnte. Scholl (2003) führt außerdem an, dass dieses Problem weniger gravierend ist, wenn die Skala mindestens sechs Stufen enthält.

Die Markeneinstellung (Eteleon) wurde anhand eines 6-stufigen semantischen Differentials erfasst, welches fünf Gegensatzpaare enthielt (z. B. gut/ schlecht oder angenehm/unangenehm). Das Instrument wurde von Spears und Singh (2004) übernommen, die es sich zur Aufgabe gemacht hatten, eine universell einsetzbare Skala zur Messung von Markeneinstellungen zu entwickeln. Die Reliabilität der Skala war mit einem Cronbachs Alpha von .92 sehr zufriedenstellend ($M = 3.35$, $SD = 1.08$).

Die wahrgenommene Relevanz der Werbebotschaft wurde erfasst, indem die Probanden gefragt wurden, ob sie die eben gesehene Werbung für sich selbst relevant halten. Ihr Urteil sollten sie anhand vier verschiedener Items abgeben, welche der Message-Relevance-Skala von Laczniak und Muehling (1993) entnommen wurden (z. B. „Das Produkt könnte es wert sein, ihm Aufmerksamkeit zu schenken"). Die Teilnehmer konnten ihr Urteil auf einer 6-stufigen Skala abstufen, die von „stimme überhaupt nicht zu" bis „stimme voll und ganz zu" reichte. Mit $\alpha = .94$ erwies sich auch diese Skala als äußerst reliabel ($M = 2.75$, $SD = 1.33$).

Rezeptionsgedanken wurden mit der sogenannten Thought-Listing-Technik erfasst (Cacioppo & Petty, 1981). Diese hat sich im Rahmen der ELM-Forschung als effektive Technik erwiesen, um gedankliche Prozesse der Botschaftsrezeption abzubilden (Cacioppo, von Hippel & Ernst, 1997). Die Aufgabeninstruktion wurde der Beschreibung der Thought-Listing-Technik von Cacioppo und Petty (1981) entnommen. Dabei werden Rezipienten aufgefordert, alle Gedanken aufzulisten, die sie sich während der Rezeption einer Botschaft gemacht haben. Wichtig ist die freie Erinnerung der Gedanken. Sie wird dadurch gefördert, dass den Rezipienten mitgeteilt wird, es gebe bei der Aufgabe kein Richtig oder Falsch. Um einzelne Gedanken voneinander unterscheiden zu können, wurden die Teilnehmer gebeten, verschiedene Gedanken in separate Textfelder zu schreiben. Jedem Teilnehmer standen zehn solcher Textfelder zur Verfügung. Den Teilnehmern wurde mitgeteilt, dass sie nicht alle Felder ausfüllen müssten. Um auf die Valenz der Gedanken zu schließen, wurde anschließend für jeden Teilnehmer die Anzahl seiner positiven, negativen und valenzneutralen bzw. irrelevanten Gedanken codiert. Die Codierung erfolgte blind in Bezug auf die Experimentalbedingung durch den Autor. Die Codieranweisung richtete sich nach der Beschreibung von Cacioppo und Petty (1981). Als positive Gedanken gelten solche, „that mention specific desirable attributes or positive associations [of the brand or advertisement], statements that support the validity of the situation or stimulus, and statements of positive affect about the referent" (Cacioppo & Petty, 1981, S. 320). Im Zusammenhang der vorliegenden Studie sind Beispiele, dass Rezipienten sich an einen „günstigen Vertrag", „eine hübsche Frau" oder eine „seriöse Anzeige" erinnern. Im Gegensatz dazu werden als negative Gedanken solche verstanden, „that mention specific undesirable attributes or negative associations [of the brand or advertisement], challenges to the validity of the situation or stimulus, and statements of negative affect about the referent" (Cacioppo & Petty, 1981, S. 319). Beispiele sind „bisschen wenig Surfvolumen", „Werbung nervt" oder „nicht attraktiv". Wichtig ist, dass als positive oder negative Gedanken nur solche gewertet wurden, die sich in ihrer Aussage auf die Anzeige, das Produkt oder die Marke bezogen. Alle anderen Gedanken sowie valenzneutrale Gedanken, insbesondere Fragen, die sich Teilnehmer während der Rezeption gestellt hatten, wurden als irrelevant bzw. neutral codiert (vgl. ebd.).

Um die Intracoder-Reliabilität der Codierung zu überprüfen, wurden 30 Teilnehmer zufällig aus der Gesamtstichprobe ausgewählt. Zwei Wochen nach Codierung wurden deren Gedanken ein zweites Mal codiert (Früh, 2001). Scheufele und Engelmann (2009) raten, für derartige Reliabilitätstests mindestens 30 Codierungen pro Kategorie vorzunehmen. Zur Berechnung der Reliabilität wurde die Holsti-Formel herangezogen, wobei das Reliabilitätsmaß R Werte zwischen 0 und 1 annehmen kann. Werte über .80 werden als zufriedenstellend erachtet (Scheufele & Engelmann, 2009). Die Auswertung zeigt, dass alle Kategorien zufriedenstellende Reliabilität aufweisen (Anzahl positiver Gedanken: .90, Anzahl negativer Gedanken: .90, Anzahl irrelevanter bzw. neutraler Gedanken: .83). Die Teilnehmer notierten durchschnittlich .52 positive Gedanken (SD = 1.08), 1.50 negative Gedanken (SD = 1.38) und 1.49 irrelevante bzw. neutrale Gedanken (SD = 1.79). Die Valenz der Gedanken ergibt sich schlussendlich aus folgender Formel (Anzahl$_{positive\ Gedanken}$ − Anzahl$_{negative\ Gedanken}$) / (Anzahl$_{positive\ Gedanken}$ + Anzahl$_{negative\ Gedanken}$).[9] Die Gedankenvalenz kann zwischen -1 und +1 variieren. Die Endpunkte bedeuten jeweils ausschließlich negative oder positive Gedanken (Cacioppo & Petty, 1981). Die durchschnittliche Valenz war mit -.38 eher negativ (SD = .74).

Die Beeinflussbarkeit der Rezipienten wurde mit der deutschen Kurzfassung (Woelke & Dürager, 2011) der Consumer-Susceptibility-to-Interpersonal-Influence-Skala gemessen (Bearden et al., 1989). Im Bereich der Marketing- und Werbeforschung gehört die CSII-Skala zu den Standardskalen (Bearden & Netemeyer, 2006, vgl. auch Woelke & Dürager, 2011). Die Skala misst, inwie-

---

9   Cacioppo und Petty (1981) empfehlen das Teilen der Differenz durch die Gesamtanzahl der Gedanken, da Befragte, je nach Motivation und Fähigkeit Gedanken zu erinnern, stark in ihrer Gedankenwiedergabe variieren. Das gilt unabhängig von der jeweiligen Manipulation (vgl. auch Petty et al., 1991).

fern sich Menschen beim Suchen, Kaufen und Verwenden von Produkten an ihren Mitmenschen orientieren. Dabei wird Beeinflussbarkeit als situationsüberdauerndes Persönlichkeitsmerkmal verstanden (Bearden et al., 1989). Es wird auf drei Subdimensionen gemessen: normative Beeinflussbarkeit durch Orientierung an Erwartungen, normative Beeinflussbarkeit durch Suche nach Übereinstimmung und informationale Beeinflussbarkeit (Woelke & Dürager, 2011). In der deutschen Kurzfassung werden die drei Subdimensionen auf drei Subskalen mit je drei Items erfasst (z. B. „Ich hole mir oft Rat bei anderen Leuten, um unter einer Vielzahl von Produkten das beste Angebot auszuwählen"). Alle Items wurden auf derselben 6-stufigen Skala eingeschätzt, auf der zuvor schon die Relevanz bewertet wurde. Die Skala wies mit α = .82 eine gute Reliabilität auf (M = 2.79, SD = .76). Auch die drei Subskalen erwiesen sich als reliabel (normative Beeinflussbarkeit durch Orientierung an Erwartungen: α = .72, M = 2.00, SD = .87, normative Beeinflussbarkeit durch Suche nach Übereinstimmung: α = .84, M = 2.02, SD = .97, informationale Beeinflussbarkeit: α = .88, M = 4.35, SD = 1.19).

Da die originale NFC-Skala (Cacioppo & Petty, 1982) mit 45 Items für einen Onlinefragebogen zu lang ist, wurde zur Messung des NFC auf das Rational-Experiental-Inventory (Epstein, Pacini, Denes-Raj & Heier, 1996) zurückgegriffen. Dieses misst NFC kompakt anhand von fünf Items, wobei die Items alle der originalen NFC-Skala von Cacioppo und Petty (1982) entstammen. Der Wortlaut der Items wurde der deutschen Übersetzung der NFC-Skala von Bless und Kollegen entnommen (1994; z. B. „Ich versuche Situationen im Voraus zu erkennen und zu vermeiden, bei denen ich mit großer Wahrscheinlichkeit gründlich über etwas nachdenken muss"). Um die Reliabilität der Skala zu steigern, wurde nachträglich ein Item ausgeschlossen. Die finale Skala wies mit α = .80 eine gute Reliabilität auf (M = 3.85, SD = 1.13).

Da sich die angenommenen Effekte auf die Relevanzeinschätzung vor allem unter moderatem Produktinvolvement zeigen sollten und Produktinvolvement generell ein starker Prädiktor der persönlichen Relevanz ist, wurde Produktinvolvement als Kovariate miterhoben. Dessen Einfluss lässt sich so in späteren Berechnungen kontrollieren und eventuell ungleiche Merkmalsverteilungen innerhalb der Untersuchungsgruppen lassen sich ausgleichen (Stevens, 2012). Produktinvolvement wurde als „the perceived relevance of a product class based on the consumer's inherent needs, interests, and values" (Warrington & Shim, 2000, S. 764) anhand zweier Fragen ermittelt. Zum einen sollten die Teilnehmer angeben, ob sie derzeit auf der Suche nach einem Handyvertrag sind (ja/nein), also gerade ein konkretes Bedürfnis nach einem Handy verspüren. Zum anderen wurde gefragt, ob sie überhaupt einen Handyvertrag haben (ja/nein), also generell Interesse an Handyverträgen haben. Personen, die keinen Handyvertrag besaßen und auch nicht auf der Suche danach waren, wurden als niedrig involviert eingestuft ($n = 27$). Personen, die einen Vertag besaßen aber gerade keinen neuen suchten, wurden als moderat involviert eingestuft ($n = 46$). Als hoch involviert galten solche Personen, die gerade auf der Suche nach einem neuen Vertag waren ($n = 9$).

Zum Schluss des Fragebogens fand ein Treatmentcheck statt (Trepte & Wirth, 2004). Die Teilnehmer wurden gebeten, die genaue Anzahl der Likes anzugeben, die unter der Werbeanzeige zu sehen waren. Falls sie sich an die genaue Anzahl nicht mehr erinnern konnten, sollten sie das Eingabefeld frei lassen. Die Ergebnisse von Knoll und Töpfer (2014) zeigen, dass Likes nur dann einen Einfluss auf die Wahrnehmung einer Werbebotschaft haben, wenn sie zuvor bewusst wahrgenommen wurden und sich die Teilnehmer infolgedessen relativ genau erinnern können. Im Fall der acht Likes bedeutete dies bei Knoll und Töpfer (2014), dass die genaue Zahl von acht Likes erinnert wurde und im Fall der 12.676 Likes eine Abweichung kleiner als 1.000 Likes vorlag. In beiden Fällen wich die Erinnerung damit weniger als eine Einheit im Einser- bzw. Tausenderbereich ab, wenn die Rezipienten Effekte aufwiesen. Davonausgehend gilt auch in dieser Studie das Treatment als wahrgenommen, wenn sich die Teilnehmer bei geringer Likeanzahl an die acht Likes erinnern konnten und die Teilnehmer, die die größere Likeanzahl gesehen hatten, bei ihrer Angabe der erinnerten Zahl um weniger als 1.000 von der tatsächlichen Zahl abwichen.

4.1.2 Ergebnisse

Lediglich 82 der 175 Studienteilnehmer nahmen das Treatment wahr. Diese verteilen sich relativ gleich auf die beiden Versuchsgruppen (kleine Nutzeranzahl: $n = 46$; große Nutzeranzahl: $n = 36$). Während in der Gruppe mit kleiner Nutzeranzahl ca. 50 Prozent von 93 Teilnehmern das Treatment wahrnahmen, waren es in der anderen Gruppe ca. 44 Prozent von 82 Teilnehmern. Der Unterschied von sechs Prozent mehr Wahrnehmung im Falle der geringeren Nutzeranzahl erweist sich als nicht signifikant ($\chi^2(1) = .54$, ns). Die kleine und die große Anzahl an Likes wurden etwa mit der gleichen Wahrscheinlichkeit wahrgenommen. Außerdem bestätigen zwei nicht signifikante einfaktorielle Varianzanalysen mit der Experimentalbedingung als unabhängige Variable und NFC oder Beeinflussbarkeit als abhängige Variable eine erfolgreiche Zufallsaufteilung (NFC: $F(1, 80) = 1.18$, ns; Beeinflussbarkeit: $F(1, 80) = .44$, ns). Das Gleiche bestätigen zwei nicht signifikante χ^2-Tests zwischen dem Geschlecht und den Untersuchungsbedingungen ($\chi^2(1) = .03$, ns) bzw. dem Produktinvolvement und den Untersuchungsbedingungen ($\chi^2(1) = 1.62$, ns). Allerdings zeigt sich in Bezug auf die letzte Variable, dass die eine Bedingung doppelt so viele Hochinvolvierte aufwies wie die andere. Das Alter erweist sich als signifikant ungleich verteilt ($F(1, 80) = 7.94$, $p < .01$, *partielles* $\eta^2 = .09$), wobei ein Altersunterschied von ca. dreieinhalb Jahren vernachlässigbar scheint. Dafür spricht auch, dass das Alter nicht in Zusammenhang mit den abhängigen Variablen Relevanzwahrnehmung oder Markeneinstellung steht ($r = -.18$, *ns*; $r = -.16$, *ns*). Ein moderierender Einfluss ist daher unwahrscheinlich (Field, 2009).

Im Folgenden werden alle Hypothesen einzeln überprüft und am Ende zu einem gemeinsamen Pfadmodell zusammengefasst. Die erste Annahme (H1) bestand darin, dass eine große Anzahl generierender Nutzer im Vergleich zu einer kleinen Anzahl die Wahrnehmung einer Werbebotschaft dahingehend beeinflussen sollte, dass sie als relevanter eingeschätzt wird. Die Hypothese wurde mit einer einfaktoriellen Kovarianzanalyse überprüft, in welche die Anzahl generierender Nutzer als unabhängige Variable (klein vs. groß) und die Relevanzwahrnehmung als abhängige Variable einflossen. Außerdem wurde der Einfluss des Produktinvolvements in Form einer Kovariate kontrolliert, um die ungleiche Merkmalsverteilungen in Bezug auf Hochinvolvierte auszugleichen (Stevens, 2012). Das Ergebnis zeigt einen hochsignifikanten positiven Einfluss des Produktinvolvements ($F(1, 79) = 22.48$, $p < .001$, *partielles* $\chi^2 = .22$) aber keinen Einfluss der Nutzeranzahl ($F(1,79) = .00$, *ns*). Rezipienten schätzen die Anzeige mit steigendem Involvement relevanter ein. Die Zahl der generierenden Nutzer spielt dabei keine Rolle.

Möglicherweise zeigt sich der Einfluss der Nutzeranzahl nicht für alle Nutzer, sondern wird von der Beeinflussbarkeit der Rezipienten moderiert. Es wurde angenommen, je größer die individuelle Beeinflussbarkeit ist, desto stärker zeigt sich der Einfluss der Nutzeranzahl. Da Beeinflussbarkeit metrisch erhoben wurde, empfiehlt sich eine regressionsanalytische Auswertung des moderierten Einflusses (West, Aiken, & Krull, 1996). Neben der Anzahl generierender Nutzer, der Beeinflussbarkeit und der Interaktion aus beiden wurde wieder das Produktinvolvement als Kovariate mit in das Regressionsmodell aufgenommen. Da es sich beim Produktinvolvement um eine kategoriale Variable mit drei Ausprägungen handelt, und die Regressionsanalyse entweder metrische Prädiktoren oder dichotome Prädiktoren erfordert, musste diese Variabel mittels Dummycodierung in zwei Variablen aufgeteilt werden (Field, 2009). Eine frei gewählte Referenzkategorie (im vorliegenden Fall niedriges Produktinvolvement) wurde dabei in beiden Dummyvariablen mit Null codiert. Außerdem wurde moderates Produktinvolvement in der einen Dummyvariable mit Eins codiert und in der anderen mit Null. Für hohes Produktinvolvement war die Codierung genau umgekehrt wie für moderates Produktinvolvement. Der jeweilige Regressionskoeffizient gibt dann für jede der beiden Dummyvariablen den Gruppenunterschied zwischen der mit Eins codierten Kategorie und der Referenzkategorie an, also zum einen niedriges vs. moderates Produktinvolvement und zum anderen niedriges vs. hohes Produktinvolvement (ebd.). Die Variable Nutzeranzahl wurde ebenfalls mit Null (kleine Anzahl) und Eins (große Anzahl) codiert. Die Regressionsanalyse wurde zunächst für diejenigen Teilnehmer berechnet, die das Treatment wahrgenommen haben.

Tabelle 2: Ergebnisse der Regressionsanalyse zur Überprüfung des moderierten Einflusses der Anzahl generierender Nutzer auf Relevanzwahrnehmung mit Beeinflussbarkeit als Moderator und Produktinvolvement als Kovariate ($N = 82$)

Prädiktor	Relevanzwahrnehmung			
	B^1	se	t	p
Konstante	2.22	.68	3.25	< .01
niedriges vs. moderates PI^2	.75	.29	2.59	< .05
niedriges vs. hohes PI^2	2.16	.47	4.64	< .001
Anzahl Nutzer	-1.68	1.02	-1.66	.10
Beeinflussbarkeit	-.05	.24	-.21	.83
Anzahl N. x Beeinflussbarkeit	.63	.35	1.79	.08

$R^2 = .29$, $F(5, 76) = 6.28$, $p < .001$
[1] B: unstandardisierter Regressionskoeffizient; [2] PI: Produktinvolvement

Tabelle 2 zeigt die erwartete Interaktion aus Anzahl generierender Nutzer und Beeinflussbarkeit als marginal signifikant ($p = .08$). Der Einfluss der Nutzeranzahl hängt damit zumindest marginal signifikant von der Beeinflussbarkeit ab. Zudem zeigt sich ein signifikanter Einfluss des Produktinvolvements. Moderatinvolvierte schätzen die Relevanz der Werbebotschaft um .75 Punkte höher ein als Niedriginvolvierte (6-Punkte-Skala). Für Hochinvolvierte beträgt der Unterschied zu Niedriginvolvierten sogar 2.16 Punkte.

Anstatt die marginal signifikante Interaktion aus Nutzeranzahl und Beeinflussbarkeit an dieser Stelle genauer zu betrachten, wurde zuerst überprüft, ob sich diese nicht für eine der drei Subskalen der Beeinflussbarkeit signifikant zeigt. Da es sich bei Beeinflussbarkeit um ein multidimensionales Konstrukt handelt (Woelke & Dürager, 2011), kann es sein, dass im vorliegenden Kontext z. B. nur die Dimension der informationalen Beeinflussbarkeit eine Rolle spielt. Entsprechend wurde die eben berechnete Regressionsanalyse für alle drei Dimensionen der Beeinflussbarkeit als Moderator wiederholt.

Tabelle 3: Ergebnisse der Regressionsanalyse zur Überprüfung des moderierten Einflusses der Anzahl generierender Nutzer auf Relevanzwahrnehmung mit **informationaler Beeinflussbarkeit** als Moderator und Produktinvolvement als Kovariate ($N = 82$)

Prädiktor	Relevanzwahrnehmung			
	B^1	se	t	p
Konstante	3.09	.69	4.47	< .001
niedriges vs. moderates PI^2	.76	.28	2.71	< .01
niedriges vs. hohes PI^2	2.22	.44	5.08	< .001
Anzahl Nutzer	-2.61	.97	-2.70	< .01
Beeinflussbarkeit (informational)	-.23	.15	-1.53	.13
Anzahl N. x Beeinflussbarkeit	.61	.21	2.86	< .01

$R^2 = .32$, $F(5, 76) = 7.26$, $p < .001$
[1] B: unstandardisierter Regressionskoeffizient; [2] PI: Produktinvolvement

Tabelle 4: Ergebnisse der Regressionsanalyse zur Überprüfung des moderierten Einflusses der Anzahl generierender Nutzer auf Relevanzwahrnehmung mit **normativer Beeinflussbarkeit durch Orientierung an Erwartungen** als Moderator und Produktinvolvement als Kovariate ($N = 82$)

Prädiktor	Relevanzwahrnehmung			
	B^1	se	t	p
Konstante	1.66	.48	3.45	< .01
niedriges vs. moderates PI^2	.68	.29	2.38	< .05
niedriges vs. hohes PI^2	2.07	.46	4.47	< .001
Anzahl Nutzer	-.15	.67	-.22	.83
Beeinflussbarkeit (normativ, Erwartungen)	.22	.21	1.04	.30
Anzahl N. x Beeinflussbarkeit	.12	.31	.38	.70

$R^2 = .27$, $F(5, 76) = 5.83$, $p < .001$
[1] B: unstandardisierter Regressionskoeffizient; [2] PI: Produktinvolvement

Interessanterweise zeigt sich im Fall der informationalen Beeinflussbarkeit die erwartete Interaktion als hochsignifikant ($p < .01$, vgl. Tab. 3), wobei der Einfluss des Produktinvolvements in ähnlichem Umfang bestehen bleibt. Für die beiden anderen Subdimensionen zeigt sich dieser Effekt nicht (vgl. Tab. 4 & 5). Es spielt im vorliegenden Kontext also nur eine moderierende Rolle, ob Menschen generell dazu neigen, andere Menschen als valide Informationsquellen anzusehen, wenn sie Produkte suchen oder kaufen (Woelke & Dürager, 2011).

Tabelle 5: Ergebnisse der Regressionsanalyse zur Überprüfung des moderierten Einflusses der Anzahl generierender Nutzer auf Relevanzwahrnehmung mit **normativer Beeinflussbarkeit durch Suche nach Übereinstimmung** als Moderator und Produktinvolvement als Kovariate ($N = 82$)

Prädiktor	Relevanzwahrnehmung			
	B^1	se	t	p
Konstante	1.98	.42	4.68	< .001
niedriges vs. moderates PI²	.68	.30	2.22	< .05
niedriges vs. hohes PI²	2.20	.50	4.39	< .001
Anzahl Nutzer	-.07	.65	-.11	.91
Beeinflussbarkeit (normativ, Übereinstimmung)	.06	.19	.32	.75
Anzahl N. x Beeinflussbarkeit	.06	.29	.21	.84

$R^2 = .25$, $F(5, 76) = 5.06$, $p < .001$
[1] B: unstandardisierter Regressionskoeffizient; [2] PI: Produktinvolvement

Die signifikante Interaktion für informationale Beeinflussbarkeit lässt sich genauer mit dem sogenannten „Pick-a-Point-Approach" bestimmen (Hayes & Matthes, 2009). "This approach involves selecting representative values (e.g., high, moderate, and low) of the moderator variable and then estimating the effect of the focal predictor at those values" (Hayes & Matthes, 2009, S. 924). Eine übliche Möglichkeit besteht darin, die Verteilung der Moderatorvariable in Perzentile aufzuteilen. Man kann so zwischen Personen mit sehr geringer (10. Perzentil), geringer (25. Perzentil), moderater (50. Perzentil), hoher (75. Perzentil) und sehr hoher (90. Perzentil) Beeinflussbarkeit unterscheiden (Hayes, 2013).

Es stellt sich heraus (Tab. 6), dass lediglich sehr stark beeinflussbare Facebooknutzer (90. Perzentil) die Relevanz einer Werbebotschaft mit einem Punkt auf der Sechserskala signifikant höher einschätzen, wenn sich dazu eine große Anzahl anderer Nutzer geäußert hat. Während moderat beeinflussbare Menschen nahezu keinen Unterschied bezüglich ihrer Relevanzeinschätzung machen, zeigt sich der Effekt für sehr gering beeinflussbare Menschen (10. Perzentil) interessanterweise genau umgekehrt. Diese schätzen die Relevanz einer Werbebotschaft um einen Punkt geringer ein, wenn sie von einer großen im Vergleich zu einer kleinen Nutzergruppe kommentiert wurde. Sie empfinden die Botschaft mit geringer Anzahl generierender Nutzer als relevanter. Abbildung 5 stellt die Interaktion grafisch dar.

Tabelle 6: Abhängiger Effekt der Anzahl generierender Nutzer auf Relevanzwahrnehmung aufgegliedert nach verschiedenen Niveaus des Moderators informationale Beeinflussbarkeit ($N = 82$)

Informationale Beeinflussbarkeit	geschätzter Effekt	se	t	p
„sehr niedrig" = 2.67 (10. Perzentil)	-.98	.44	-2.21	< .05
„niedrig" = 3.67 (25. Perzentil)	-.37	.30	-1.24	.22
„moderat" = 4.67 (50. Perzentil)	.24	.26	.93	.36
„hoch" = 5.00 (75. Perzentil)	.45	.29	1.55	.13
„sehr hoch" = 6.00 (90. Perzentil)	1.06	.43	2.45	< .05

Abbildung 5: Einfluss der Anzahl generierender Nutzer (klein vs. groß) auf Relevanzwahrnehmung in Abhängigkeit der Stärke der Beeinflussbarkeit ($N = 82$)

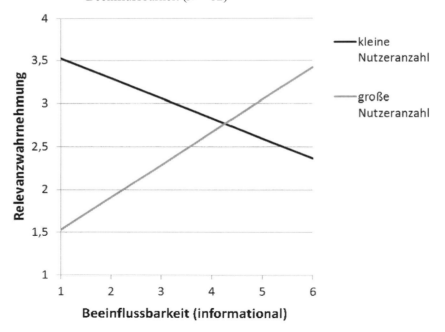

Es wurde zusätzlich überprüft, ob sich die eben genannten Effekte auch für diejenigen Teilnehmer zeigen, die das Treatment nicht wahrgenommen haben. Tabelle 7 weist die Interaktion in diesem Falle als nicht signifikant aus ($p = .10$). Einzig das Produktinvolvement zeigt auch hier einen signifikanten Einfluss. Die Überprüfung der übrigen Hypothesen beschränkt sich entsprechend auf die Nutzer, die das Treatment wahrgenommen haben. Hypothese H1 gilt zusammenfassend als bestätigt, sofern Nutzer die Anzahl ihrer generierenden Mitnutzer überhaupt wahrnehmen. Außerdem ist die Relevanzeinschätzung von der individuellen Beeinflussbarkeit (informational) abhängig. Social-Media-Nutzer zeigen nur im Falle sehr starker Beeinflussbarkeit den erwarteten Effekt.

Tabelle 7: Ergebnisse der Regressionsanalyse zur Überprüfung des moderierten Einflusses der Anzahl generierender Nutzer auf Relevanzwahrnehmung mit informationaler Beeinflussbarkeit als Moderator ($N = 93$; alle Teilnehmer, die das Treatment nicht wahrgenommen haben)

Prädiktor	Relevanzwahrnehmung			
	B^1	se	t	p
Konstante	3.68	.85	4.33	< .001
niedriges vs. moderates PI^2	.07	.33	.21	.83
niedriges vs. hohes PI^2	1.24	.56	2.21	< .05
Anzahl Nutzer	-2.18	1.15	-1.90	.06
Beeinflussbarkeit (informational)	-.28	.18	-1.60	.11
Anzahl N. x Beeinflussbarkeit	.44	.26	1.68	.10

$R^2 = .11$, $F(5, 87) = 2.16$, ns
[1] B: unstandardisierter Regressionskoeffizient; [2] PI: Produktinvolvement

Hypothese H2 und H3 haben angenommen, dass die Relevanzeinschätzung anschließend das Ausmaß der Elaboration bestimmt, wobei letztere aufgrund des UGC in Form von Likes positiv verzerrt sein sollte. Folglich sollte die Valenz der Gedanken umso positiver sein, je stärker die Relevanzeinschätzung ist. Die Annahme wurde mit einer einfachen linearen Regression überprüft. Die Relevanzwahrnehmung beeinflusst mit einem Wert von .32 die Gedankenvalenz positiv und hochsignifikant ($p < .001$; vgl. Tab. 8 linke Spalte). Dies bedeutet, dass die gedankliche Valenz um .32 positiver wird, wenn sich die Relevanz um einen Punkt auf der Sechserskala erhöht. Dieser Effekt ist relativ groß einzuschätzen, bedenkt man, dass die gedankliche Valenz nur zwischen -1 und +1 variieren kann (vgl. 4.1.1.5). Tabelle 8 (rechte Spalte) zeigt weiterhin in einer zweiten Regressionsanalyse, dass die gedankliche Valenz Markeneinstellungen positiv und hochsignifikant beeinflusst ($B = .58$, $p < .001$; vgl. Hypothese 4).

Tabelle 8: Ergebnisse der Regressionsanalyse zur Überprüfung des indirekten Effekts von Relevanzwahrnehmung auf Markeneinstellung vermittelt über Gedankenvalenz mit durch NFC moderiertem direktem Effekt ($N = 82$)

Prädiktor	Kriteriumsvariable							
	Gedankenvalenz				Markeneinstellung			
	B^1	se	t	p	B^1	se	t	p
Konstante	-1.26	.15	-8.11	< .001	1.27	.64	1.98	.05
Gedankenvalenz	-	-	-	-	.58	.14	4.30	< .001
Relevanzwahr.	.32	.05	6.29	< .001	.71	.21	3.35	< .001
NFC	-	-	-	-	.35	.15	2.34	< .05
Relevanz. x NFC	-	-	-	-	-.09	.05	-1.89	.06

[1] B: unstandardisierter Regressionskoeffizient

$R^2 = .33$ $R^2 = .55$
$F(1, 80) = 39.61, p < .001$ $F(4, 77) = 24.02, p < .001$

Fasst man diese beiden Effekte zusammen, beeinflusst die Wahrnehmung einer Botschaft als (positiv) relevanter die Valenz nachfolgender Gedanken, die dann wiederum Einstellungen zur beworbenen Marke beeinflussen. Multipliziert man die Koeffizienten der beiden Effekte, erhält man den indirekten Effekt der Relevanzwahrnehmung auf Markeneinstellung mit .19 (Hayes, 2013). Steigt die Relevanzwahrnehmung um einen Punkt, verbessert sich die Markeneinstellung um .19 Punkte vermittelt über die Valenz der Gedanken (jeweils auf Sechserskalen). Auch der gesamte indirekte Effekt von .19 Punkten erweist sich nach einer Bootstrappinganalyse mit 5.000 Bootstrapstichproben als hochsignifikant (99 % Bias-Corrected Konfidenzintervall (BC KI) von .08 bis .35). Hierbei wird mittels der Ziehung von m Bootstrapstichproben aus der Originalstichprobe ein Vertrauensintervall um den angenommenen indirekten Effekt berechnet (z. B. 95 oder 99 % Konfidenz). Liegt Null außerhalb des berechneten Intervalls, ist der indirekte Effekt mit der entsprechenden Wahrscheinlichkeit von Null verschieden (Hayes, 2013). Die Hypothesen konnten folglich bestätigt werden.

Neben der oben geprüften Einstellungsbildung über gedankliche Auseinandersetzung ist nach dem ELM auch ein direkter Effekt der positiven Relevanzwahrnehmung auf Markeneinstellungen möglich. Dies sollte vor allem dann der

Fall sein, wenn Rezipienten aufgrund von niedrigem NFC grundsätzlich wenig motiviert sind, sich gedanklich mit einer Botschaft auseinanderzusetzen (H6). Tabelle 8 (rechte Spalte) zeigt, dass zusätzlich zum angesprochenen indirekten Effekt ein direkter Effekt der Relevanzwahrnehmung auf Markeneinstellung existiert. Allerdings scheint dieser, wie angenommen, vom jeweiligen NFC des Rezipienten abzuhängen. Eine nahezu signifikante Interaktion zwischen Relevanzwahrnehmung und NFC deutet darauf hin ($p = .06$). Der Pick-a-Point-Approach gibt wiederum genauere Auskunft über die Art der Interaktion (vgl. Tab. 9).

Tabelle 9: Abhängiger Effekt der Relevanzwahrnehmung auf Markeneinstellung aufgegliedert nach verschiedenen Niveaus des Moderators NFC ($N = 82$)

NFC	geschätzter Effekt	se	t	p
„sehr niedrig" = 2.25 (10. Perzentil)	.50	.11	4.38	< .001
„niedrig" = 3.00 (25. Perzentil)	.42	.09	4.78	< .001
„moderat" = 3.75 (50. Perzentil)	.35	.08	4.66	< .001
„hoch" = 4.50 (75. Perzentil)	.28	.08	3.51	< .01
„sehr hoch" = 5.25 (90. Perzentil)	.21	.10	2.11	< .05

Wie angenommen leiten Personen mit sehr niedrigem NFC ihre Markeneinstellung deutlich stärker direkt von der Relevanzwahrnehmung ab als Personen mit sehr hohem NFC. Zwischen diesen Polen nimmt der Effekt kontinuierlich ab bzw. zu, ist aber auf allen Niveaus signifikant. Eine zusätzliche Analyse (Johnson-Neyman-Technik, vgl. Hayes, 2013) ergibt, dass erst ab einem NFC-Niveau von 5.52 kein signifikanter direkter Effekt mehr besteht (geschätzter Effekt: .18, $se = .11$, $t = 1.69$, $p = .10$). Nur derart denkfreudige Menschen leiten ihre Einstellungen vollständig aus ihren Gedanken ab, während Leute mit niedrigerem NFC auch peripher verarbeiten und direkte Schlüsse aus ihrer Relevanzwahrnehmung ziehen. Auch Hypothese 6 ließ sich bestätigen.

Da alle Hypothesen bestätigt werden konnten, liegt es nahe, sie abschließend in einem Gesamtmodell zusammenzufassen. So kann überprüft werden, ob die theoretischen Annahmen auch insgesamt die Varianz in den Daten widerspiegeln. Das in Abbildung 6 (S. 104) gezeigte Pfadmodell wurde mittels der Statistiksoftware AMOS 22 (Arbuckle, 2013) geschätzt. Urban und Mayerl

(2014) empfehlen bei der Schätzung von Interaktionseffekten mittels Strukturgleichungsmodellierung die Zentrierung aller an Interaktionen beteiligten Variablen, sofern diese kontinuierlich sind. Das hat den Vorteil, dass wenig bis keine Multikollinearität zwischen den Interaktionstermen und den dazugehörigen Haupteffektvariablen herrscht, wovon bei der Analyse von Pfadmodellen ausgegangen wird (Aiken & West, 1991, vgl. auch Goodwin, Whittington, Murray & Nichols (2011) für eine ähnliche Vorgehensweise). Für die Variablen Beeinflussbarkeit, NFC und Relevanzwahrnehmung wurde entsprechend von allen Werten der jeweilige Mittelwert subtrahiert, sodass deren Mittelwert anschließend den Wert Null aufweist. Die einzelnen Variablenwerte variieren dann um Null, wobei sich die Stärke der angenommenen Zusammenhänge zwischen den einzelnen Konstrukten nicht ändert (ebd.).

Die Multinormalverteilung der modellrelevanten Variablen weist mit einem Wert von 9.37 als Mardias (1970) Maß der multivariaten Wölbung und einem Critical Ratio von 2.74 nur eine moderate Verletzung der Multinormalverteilung auf (Weiber & Mühlhaus, 2014). Entsprechend empfehlen Weiber und Mühlhaus (2014) die Schätzung des Modells mit der Maximum-Likelihood-Methode, von der nur bei extremer Verletzung abgewichen werden sollte. Diese Methode erlaubt es auch, dichotome Variablen als unabhängige Variablen mit in die Modellschätzung aufzunehmen (Urban & Mayerl, 2014). Die dem Modell zugrundeliegende Korrelationsmatrix befindet sich in Tabelle 10.

Im Hinblick auf die Schätzung der Modellgüte empfehlen Hu und Bentler (1999) bei kleinen Strichproben den Comparativ Fit Index (CFI) in Kombination mit den Standardized Root Mean Square Residuals (SRMR). Der CFI sollte über .96 und der SRMR unter .09 liegen. Die Ergebnisse der Modellschätzung zeigen, dass der Modell Fit mit einem CFI = 1.00 und den SRMR = .04 ausgezeichnet ist. Dies wird auch durch ein $\chi^2(14) = 13.84, p = .46$ und einen Root Mean Square Error of Approximation (RMSEA) < .001 bestätigt. Während der Chi-Quadrat-Test möglichst nicht signifikant sein sollte, gilt ein RMSEA von < .05 als guter Modell Fit (Weiber & Mühlhaus, 2014).

Tabelle 10: Korrelationsmatrix der modellrelevanten Variablen

	1	2	3	4	5	6	7	8	9	10
niedriges vs. moderates PI[1]	–									
Niedriges vs. hohes PI	-.397**	–								
Anzahl Nutzer	.139	-.075	–							
Beeinfluss-barkeit	.047	.050	-.054	–						
Anzahl x Beeinfluss.	-.120	.081	-.013	.132	–					
Relevanz-wahrnehmung	.046	.434**	.014	.107	.287**	–				
NFC	-.148	-.048	.120	-.145	.008	.035	–			
Relevanzw. x NFC	.001	.087	.048	.161	.156	.087	-.069	–		
Gedankenvalenz	-.065	.393**	.071	.027	.168	.575**	.044	.073	–	
Markeneinstellung	.026	.271*	.198	.122	.225*	.645**	.140	-.085	.638**	–

* $p < .05$; ** $p < .01$
[1] PI: Produktinvolvement

Betrachtet man das Modell genauer, wird die Modellgüte auch dadurch deutlich, dass das Modell mit einem $R^2 = .55$ über die Hälfte der Markeneinstellungsvarianz erklären kann und je 32 bzw. 33 Prozent in Bezug auf Relevanzwahrnehmung und Gedankenvalenz (Weiber & Mühlhaus, 2014). Außerdem erweisen sich alle außer einem der angenommenen Einflüsse als hochsignifikant, wobei im Modell sowohl unstandardisierte als auch standardisierte Pfadkoeffizienten ausgewiesen sind (in Reihenfolge der Nennung; Urban & Mayerl, 2014). Die meisten standardisierten Pfadkoeffizienten zeigen mit Werten um .5 mittlere bis starke Einflüsse. Der einzige angenommene aber nicht hochsignifikante Einfluss ist die Interaktionswirkung aus Relevanz und NFC, welche mit einem *p*-Wert von .05 aber gerade auf der Signifikanzgrenze liegt.

Abbildung 6: Abhängiger Effekt der Anzahl generierender Nutzer auf Markeneinstellung vermittelt über Relevanzwahrnehmung und Gedankenvalenz ($N = 82$)

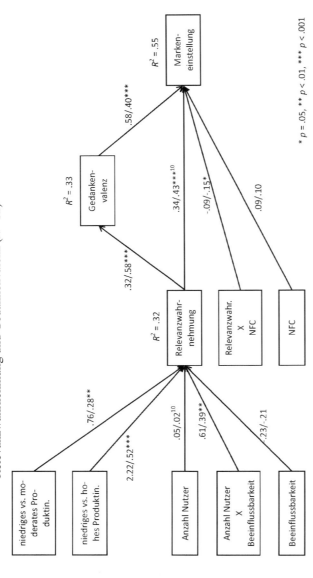

$* p = .05, ** p < .01, *** p < .001$

10 Berechnet man Interaktionseffekte durch das Produkt der Haupteffekte und die Haupteffekte selbst, geben die Pfadkoeffizienten der Haupteffekte keine unabhängigen, sondern abhängige Effekte an. Der Wert dieser Pfadkoeffizienten entspricht dem Einfluss des jeweiligen Haupteffekts, wenn der an der Interaktion beteiligte Prädiktor den Wert Null annimmt (Hayes, 2013). Im vorliegenden Fall bedeutet dies, dass die Nutzeranzahl einen Effekt von .05 hat, wenn die Beeinflussbarkeit durchschnittlich ist, da durch die Zentrierung Null zum Variablenmittelwert von Beeinflussbarkeit geworden ist. Ebenso hat Relevanz einen Effekt von .34, wenn das NFC durchschnittlich ist (vgl. auch Tab. 6 und Tab. 9.)

Zusammenfassend lässt sich festhalten, dass die Anzahl generierender Nutzer einen von der Beeinflussbarkeit abhängigen Einfluss auf die Relevanzwahrnehmung hat. Dieser führt bei starker Beeinflussbarkeit zur Steigerung der Botschaftsrelevanz um einen Skalenpunkt. Die Relevanz sinkt um einen Skalenpunkt, wenn es sich um sehr gering beeinflussbare Rezipienten handelt (vgl. Tab. 6). Die Markeneinstellung der Rezipienten verbessert bzw. verschlechtert sich infolgedessen dann jeweils um ca. einen halben bis dreiviertel Skalenpunkt auf der Sechserskala. Dieser Effekt setzt sich aus dem indirekten Effekt der Relevanzwahrnehmung auf die Markeneinstellung vermittelt über die Gedanken (.32 x .58 = .19) und dem direkten Effekt der Relevanzwahrnehmung zusammen. Letzterer zeigt sich nahezu signifikant abhängig vom NFC der jeweiligen Person und variiert je nach Stärke des NFC zwischen .2 und .5 Skalenpunkten (vgl. Tab. 9). Betrachtet man den gesamten Prozess, schätzen stark beeinflussbare Menschen eine von vielen Nutzern kommentierte Werbebotschaft um ungefähr einen Skalenpunkt relevanter ein und zeigen auch eine um einen halben bis dreiviertel Skalenpunkt verbesserte Markeneinstellung. Für sehr gering beeinflussbare Menschen zeigt sich der Effekt umgekehrt.

4.1.3 Diskussion

Vorrangiges Ziel der ersten Studie war es, nachzuweisen, dass UGC das Ausmaß und die Richtung der Elaboration von Werbebotschaften beeinflussen kann. In der Tat stellt sich heraus, dass Rezipienten eine Werbebotschaft als relevanter empfinden und infolgedessen auch ihre Elaboration beeinflusst wird, wenn diese von einer großen im Vergleich zu einer kleinen Gruppe von Nutzern kommentiert wurde. Allerdings wird dieser Effekt von zwei Faktoren bedingt.

Zum einen zeigte sich der Effekt nur in der angenommen Richtung, wenn sich Nutzer von ihrer Persönlichkeit her relativ stark an ihren Mitmenschen orientieren, sobald es um den Kauf oder die Verwendung von Marken geht. Interessanterweise erweist sich in diesem Zusammenhang nicht normative *und* informationale Beeinflussbarkeit als Moderator, sondern lediglich letztere Subdimension. Es spielt keine Rolle, ob Menschen dahingehend beeinflussbar sind, dass sie sich häufig an Erwartungen anderer orientieren und mit diesen übereinstimmen wollen (normativer Einfluss). Vielmehr ist in der vorliegenden Situation von Bedeutung, dass manche Menschen eher dazu neigen, sich vor dem Kauf von Produkten bei ihren Mitmenschen zu informieren (Bearden et al, 1989; Woelke & Dürager, 2011). Offensichtlich reicht dazu auch eine relativ anonyme Gruppe generierender Nutzer in Form von Likes. Dazu passt die Beobachtung von Sundar und Kollegen (2012), dass Internetnutzer insbesondere systemaggregiertem UGC folgen, da dieser aufgrund der automatischen Aggregation weniger verzerrt und objektiver wirkt. Hinzu kommt, dass derartige Inhalte inzwischen allgegenwärtig sind und Internetnutzer deren Verwendung gelernt haben und daran gewöhnt sind (Walther, Carr et al., 2011). Insofern decken sich diese Ergebnisse auch mit einer Studie von Chu und Kim (2011). Sie konnten nachweisen, dass sich stark beeinflussbare Menschen häufiger bei ihren SNS-Kontakten informieren, wenn sie Produkte kaufen.

Rezipienten, die zu normativer Beeinflussbarkeit neigen, sahen keinen besonderen Anreiz darin, sich an den Erwartungen der „likenden" Nutzer zu orientieren. Erklären lässt sich dies dadurch, dass die generierenden Mitnutzer in Form der Likes relativ anonym in Erscheinungen traten. Sie konnten maximal als „andere Facebooknutzer" angesehen werden. Voraussetzung für normativen Einfluss ist jedoch, dass die jeweiligen Gegenüber als zentral für das eigene Selbstkonzept kategorisiert werden. Nur dann orientieren sich Rezipienten auch an ihnen (Bearden & Etzel, 1982; Spears & Lea, 1992). Sofern Rezipienten nicht Facebook und vor allem nicht dessen Nutzer als zentral für das eigene Selbstkonzept ansehen, besteht aus normativer Sicht kein Grund, sich an der Nutzeranzahl zu orientieren. Möglicherweise würden sich Effekte zeigen, könnte man solche Personen herausfiltern. Eine andere Möglichkeit besteht darin, dass man statt der anonymen Likes eine Gruppe von Nutzern präsentiert, die den Rezipienten näher steht (z. B. Freundeskreis).

Interessant, aber unerwartet ist der zweite Teil der Interaktion, der für sehr gering informational beeinflussbare Menschen einen umgekehrten Effekt der Nutzeranzahl auf die Relevanzwahrnehmung ausweist. Diese Personen schätzen die Relevanz einer Botschaft geringer ein, wenn diese von einer großen Anzahl an Mitnutzern kommentiert wurde. Zu erwarten wäre, dass sie diese als ebenso relevant bzw. irrelevant wie eine Botschaft mit geringer Nutzeranzahl einschätzen. Aufgrund ihrer Persönlichkeit sollte dieser Unterschied wenig beachtenswert sein (Bearden et al., 1989). Allerdings ist es möglich, dass die Einschätzung der Botschaft als extrem irrelevant eine Art Abwehrreaktion gegenüber diesen Nutzern und ihrer großen Anzahl darstellt. Vermutlich fassen sie diese Facebooknutzer als Personen auf, die der breiten Masse folgen (12.676 Likes; Sundar et al., 2012). Als ebensolche sehen sie sich selbst nicht. Bearden und Kollegen (1989) konnten zeigen, dass informational gering beeinflussbare Menschen selbstbewusster sind und sich auch weniger an andere Menschen anpassen wollen. Insofern liegt die Vermutung nahe, dass sich diese Menschen durch ein größeres Bedürfnis nach Einzigartigkeit auszeichnen. Sie würden dann gegenüber der breiten Masse mit Abgrenzungsreaktionen reagieren, um ihre Unterschiedlichkeit und Individualität auszudrücken: Wenn das so vielen gefällt, gefällt *mir* das bestimmt nicht (Imhoff & Erb, 2009; Tian & Bearden, 2001). Eine

Werbebotschaft mit wenigen Likes erscheint dann attraktiver, da dieser bis dato noch fast niemand folgt und die Rezeption Individualität signalisiert (ebd.). Künftige Forschung könnte nicht nur die Beeinflussbarkeit einer Person als relevante Persönlichkeitsvariable miterfassen, sondern auch das generelle Streben nach Einzigartigkeit. Ruvio und Kollegen (2008) haben hierzu eine Kurzskala veröffentlicht. Festgehalten werden kann, dass sich soziale Persönlichkeitsmerkmale auch im Zusammenhang der Rezeption von Onlinewerbung und UGC als wichtig erweisen und in künftigen Studien berücksichtigt werden sollten. Die dritte Studie (vgl. 4.3) wird diesen Komplex ein zweites Mal betrachten.

Die zweite Bedingung für eine Relevanzwirkung besteht darin, dass Rezipienten die Anzahl generierender Nutzer relativ bewusst enkodieren und verarbeiten. Effekte zeigen sich nur, wenn Rezipienten sich an die Nutzeranzahl relativ genau erinnern können (Lang, 2000). Da es sich bei systemaggregiertem UGC häufig um relativ leicht verarbeitbare Informationen handelt, bedeutet dies nicht notwendigerweise die Allokation großer kognitiver Ressourcen (Sundar et al., 2012). Im Gegenteil, die Effekte stellen sich unter peripherer Verarbeitung sogar etwas stärker ein. Für das leichte, aber bewusste Verarbeiten der Anzahl spricht außerdem, dass sich kein Zusammenhang zwischen der Erinnerung und dem NFC der Rezipienten zeigt, wenn man eine punktbiseriale Korrelation zwischen beiden berechnet ($r = .01$, ns, $N = 175$). Menschen, die generell mehr kognitive Kapazität zur Encodierung und Verarbeitung von Botschaften aufwenden, erinnern sich demnach nicht wahrscheinlicher an die Nutzeranzahl.

Möglicherweise lassen sich Unterschiede in der Wahrnehmung und Verarbeitung der Nutzeranzahl eher durch unwillkürliche Aufmerksamkeitsprozesse erklären. Hier werden besonders solche Informationen wahrgenommen, die zu bestehenden Schemata passen, insbesondere wenn diese noch durch vorherige Informationsverarbeitung aktiviert sind (Wirth, 2001). Facebooknutzer, die häufig auf Likes achten und entsprechend ausgeprägte und aktivierte Schemata besitzen, sollten Likes nicht nur leichter verarbeiten können, sondern auch eher auf diese aufmerksam werden (ebd.). Da mehr als die Hälfte der Studienteilnehmer sich nicht an die Nutzeranzahl erinnern konnte, erscheint Anschlussforschung zur Wahrnehmung von systemaggregiertem UGC äußerst lohnend.

Neben Einflüssen auf Ausmaß und Richtung der Elaboration konnte die Studie außerdem nachweisen, dass UGC zentral und peripher verarbeitet werden kann. In Übereinstimmung mit dem ELM (Petty & Cacioppo, 1986) erweist sich die Art der Verarbeitung aber nicht als beliebig. Rezipienten zeigen vor allem dann positiv verzerrte Gedanken als Reaktion auf eine Werbebotschaft, wenn sie diese als relevant empfinden. In diesem Fall wurde die Botschaft zentral verarbeitet, da die gedankliche Reaktion den Effekt des UGC vermittelt. „Only when a message is processed systematically will persuasion be mediated by the favorability of issue-relevant cognitive responses. Therefore, the strength of the relationship between favorability of responses and postexposure attitudes is indicative of the extent to which recipients have engaged in systematic processing" (van Knippenberg, 1999, S. 319). Daneben verarbeiteten Rezipienten auch peripher. Dies gilt vor allem dann, wenn sie sich durch ein geringes Denkbedürfnis auszeichnen. Die Wahrnehmung der Botschaft als relevant reicht in diesem Fall nicht aus, um ihre höher liegende Motivationsschwelle bezüglich gründlichen Nachdenkens zu überschreiten (Areni, et al., 2000; vgl. auch Andrews & Shimp (1990) für ähnliche Ergebnisse). Demgegenüber verarbeiten Rezipienten mit sehr starkem Denkbedürfnis die Botschaft ausschließlich zentral. Insofern stimmen die Ergebnisse auch mit allgemeinerer Forschung zum Einfluss von Gruppenmeinungen überein. Nach einer Studie von Areni und Kollegen (2000) verarbeiten Menschen diese zentral und peripher, je nach ihrem NFC.

Dass sich die Effekte unter peripherer Verarbeitung etwas stärker zeigen, lässt sich dadurch erklären, dass der Einfluss von Kontextinformationen unter der Bedingung starker Elaboration häufig von der Verarbeitung der Botschaftsargumente abgeschwächt wird. Bei peripherer Verarbeitung spielen diese keine Rolle (Chaiken et al., 1987; Petty & Cacioppo, 1986). Zwar wurde auch die zentrale Verarbeitung durch die positive Valenz des UGC verzerrt, jedoch ist es möglich, dass der Botschaftsinhalt alleine genommen bereits zu positiven Gedanken führte. Diese lassen sich dann nur noch geringfügig verzerren. An dieser Stelle würde die in H5 angenommene Interaktion aus argumentativer Qualität der Werbebotschaft und Valenz des UGC zum Tragen kommen. Sie nimmt an, dass positiver UGC vor allem bei schwacher argumentativer Qualität der Werbebotschaft einen Unterschied in den Einstellungen bewirkt, sofern Rezipienten zentral verarbeiten. Da die wahrgenommene Qualität der Werbebotschaft nicht erfasst wurde, lässt sich an dieser Stelle darüber nur spekulieren. Die zweite Studie greift dieses Defizit auf und überprüft explizit die angenommene Interaktion.

Künftige Studien sollten außerdem den Einfluss der Nutzeranzahl in Bezug auf valenzneutralen UGC überprüfen. Beispiele für derartige Inhalte sind Klickzahlen oder Aufrufe von Videos (Walther & Jang, 2012). Im Gegensatz zu den hier untersuchten Likes signalisieren diese Inhalte nur eine Anzahl und nicht Anzahl und Valenz. Die Elaboration einer dazugehörigen Werbebotschaft sollte dementsprechend nicht stärker und verzerrt, sondern lediglich stärker ausfallen (Petty & Cacioppo, 1986). Hypothese H2 ließe sich unabhängig von Hypothese H3 überprüfen.

Eine weitere Einschränkung dieser Studie liegt in der Messung des NFC mit einer extrem verkürzten Version der Originalskala (Cacioppo & Petty, 1982), welche von 45 auf vier Items reduziert wurde. Dabei handelt es sich nach Epstein und Kollegen (1996) zwar um besonders aussagekräftige Items, jedoch erfassen diese das Konstrukt NFC nicht vollständig. Darin liegt möglicherweise auch der Grund dafür, dass sich die Interaktion aus Relevanzwahrnehmung und NFC nur annähernd signifikant zeigte. Auch dieses Defizit greift die zweite Studie durch eine umfänglichere Messung auf. In Bezug auf die abschließende Pfadmodellierung lässt sich außerdem die relativ kleine Stichprobe von 82 Teilnehmern kritisieren, welche die Replizierbarkeit der Ergebnisse zumindest etwas in Frage stellt (Holbert & Stephenson, 2002). Holbert und Stephenson (2002) schlagen vor, dass Strukturgleichungsmodellierungen mindestens 150 Teilnehmer pro Modell aufweisen sollten. Sie merken aber an, dass auch geringere Stichprobengrößen annehmbar sind. Das gilt insbesondere, wenn die Konstrukte sehr reliabel gemessen werden. Letzteres trifft auf die vorliegende Studie zu, da alle Konstrukte ein Cronbachs Alpha >.80 und viele sogar > .90 aufweisen.

4.2 Studie II

Studie I konnte bereits belegen, dass UGC im Kontext von Onlinewerbung zentral und peripher verarbeitet werden kann. Ebenso wurden entsprechende Einstellungswirkungen nachgewiesen. Zu klären bleibt, ob UGC unter der Bedingung zentraler Verarbeitung mit der inhaltlichen Qualität einer Werbebotschaft interagiert. Dementsprechend steht die Überprüfung der Hypothesen H5 und H7 im Zentrum der zweiten Studie. Hypothese H5 nimmt für hohe Elaboration an, dass positiver UGC vor allem bei schwacher argumentativer Qualität einer Werbebotschaft Einstellungsunterschiede bewirkt, während negativer UGC hauptsächlich bei starker argumentativer Qualität Einfluss ausübt. Hintergrund ist die Annahme, dass sich Einstellungen bei zentraler Verarbeitung aus der Gesamtheit aller Rezeptionsgedanken ergeben. Gedanken zum Inhalt der Botschaft spielen hierbei eine zentrale Rolle (Stiff & Mongeau, 2003). Macht sich ein Rezipient aufgrund starker Botschaftsargumente bereits viele positive Gedanken, werden sich nachfolgende Einstellungen durch positiven UGC kaum mehr verbessern lassen (Petty & Cacioppo, 1986). Das Gleiche gilt für die Verschlechterung von Einstellungen mittels negativem UGC im Fall schwacher Argumente. Hingegen sind eine Einstellungsverbesserung bei schwachen Argumenten und eine Einstellungsverschlechterung bei starken Argumenten durch positiven bzw. negativen UGC wahrscheinlich (ebd.). Im Fall peripherer Verarbeitung sollte ein unabhängiger Effekt der Valenz des UGC auftreten. Die inhaltliche Qualität einer Botschaft wird kaum bis gar nicht verarbeitet (H7). Anders als die erste Studie will die zweite Studie also auch die Wirkung von negativem UGC untersuchen. Außerdem wird überprüft, welchen Einfluss UGC überhaupt im Kontext von Onlinewerbung hat, indem Vergleiche zu Kontrollgruppen angestrebt werden. Wie eingangs im Forschungsüberblick herausgearbeitet, mangelt es an Studien, die das generelle Einflusspotential von UGC abschätzen (vgl. 2.2.3). Abschließend wird untersucht, ob beeinflusste Einstellungen anschließend Kauf- oder Empfehlungsabsichten der Rezipienten verändern (H8). Unter der Bedingung hoher Elaboration sollte dies stärker der Fall sein (H9).

4.2.1 Methode

4.2.1.1 Studiendesign und Stimulus

Aus den bereits erläuterten Gründen (vgl. 4.1.1.1) wurde auch die zweite Studie als Onlineexperiment durchgeführt. Betrachtet man die zu prüfenden Hypothesen H5 und H7, nehmen diese eine dreifache Interaktion aus Valenz des UGC, Argumentqualität und Elaborationsstärke an. Als Untersuchungsanalage ergibt sich ein 3 (negativer vs. kein vs. positiver UGC) x 2 (schwache vs. starke Argumente) x 2 (niedrige vs. hohe Elaboration) Between-Subject-Design (vgl. Tab. 11).

Tabelle 11: Versuchsanordnung von Studie II

$N = 571$		Elaboration			
		niedrig		hoch	
		Argumentqualität		Argumentqualität	
		schwach	stark	schwach	stark
UGC	negativ	$n = 48$	$n = 43$	$n = 36$	$n = 40$
	nicht vorhanden	$n = 43$	$n = 49$	$n = 46$	$n = 39$
	positiv	$n = 45$	$n = 43$	$n = 49$	$n = 40$

Vergleichbar mit dem Stimulus der ersten Studie, sahen die Teilnehmer wieder eine Werbeanzeige im Kontext von Facebook. Die Anzeige wurde mittig präsentiert, während am rechten Seitenrand zwei weitere kleine Werbeanzeigen erschienen (vgl. Abb. 7). Wie in der ersten Studie sollten diese Anzeigen die Aufmerksamkeit etwas von der interessierenden Anzeige ablenken. Der Facebookausschnitt gewinnt dadurch außerdem an Realitätsnähe. Wieder war keiner der weiterführenden Links aktiviert, um die Rezeptionsbedingungen für alle Teilnehmer konstant zu halten.

In der Anzeige wurde für eine Sonnencreme der fiktiven Marke Dermaris geworben. Das bot den Vorteil, dass keine Voreinstellungen zu der beworbenen Marke existierten. Deren Einfluss auf die Verarbeitung der Anzeige und des UGC konnte folglich ausgeschlossen werden (Petty & Cacioppo, 1986; Fiedler,

Studie II 111

1996). Die Anzeige enthielt als Visual die Sonnencreme, wobei im Hintergrund eine Strandszene zu sehen war. Außerdem erschien unter dem Bild der Sonnencreme eine kurze Beschreibung ihrer Produktvorteile. Werbung für Sonnencreme wurde gewählt, da es sich bei Sonnencreme um ein Produkt mit niedrigem bis mittlerem Involvement handelt (Bowen & Chaffee, 1974). Das sollte sowohl die Manipulation niedriger als auch hoher Elaboration ermöglichen.

Abbildung 7: Stimulus der zweiten Studie – Werbeanzeige mit starken Argumenten und negativem UGC

4.2.1.2 Manipulation der unabhängigen Variablen

Die Valenz des UGC wurde manipuliert, indem die Anzeige als Beitrag einer Facebooknutzerin präsentiert wurde. Diese empfahl die Sonnencreme entweder („Super Sonnencreme. Kann ich nur empfehlen.") oder riet von dieser ab („War enttäuscht. Kann die Sonnencreme gar nicht empfehlen"). Zur Verstärkung der Manipulation sahen die Teilnehmer unter dem Beitrag und der Anzeige noch einen weiteren Nutzerkommentar, der übereinstimmend „Yep. Richtig gute Sonnencreme." oder „Yep. Die Sonnencreme hat mich auch nicht überzeugt." lautete. Im Unterschied zum ersten Kommentar äußerte diesen Kommentar ein männlicher Nutzer, um Geschlechtereffekten vorzubeugen. In beiden Fällen war der UGC kurz gehalten sowie seine Valenz eindeutig und leicht erkennbar. Das sollte sowohl zentrale als auch periphere Verarbeitung ermöglichen (Petty et al., 1991; Petty & Wegener, 1999). Außerdem gab es eine dritte Bedingung, in der die Anzeige weder positiv noch negativ kommentiert wurde und ohne jeglichen UGC erschien. In diesem Fall erschien die Anzeige als bloßer Beitrag ohne konkreten Urheber. Ein Vergleich mit dieser Bedingung ermöglicht die Abschätzung, welchen Einfluss UGC überhaupt auf die Wahrnehmung und Wirkung von Onlinewerbung hat, anstatt nur zu überprüfen, ob Unterschiede zwischen positivem und negativem UGC bestehen.

Die Argumentqualität variierte nach der typischen Manipulation schwacher und starker Argumente von Petty und Cacioppo (1986), wobei sich die Vorgehensweise konkret an Yang und Kollegen (2006) orientierte. Ausgangspunkt war ein Pool von 50 Produkteigenschaften, die alle für den Kauf einer Sonnencreme warben. Beim Formulieren der Eigenschaften wurde sowohl auf existierende Werbung zurückgegriffen als auch eigene Ideen entwickelt. Die Sammlung der Eigenschaften geschah zusammen mit Studenten im Rahmen eines Seminars. Die Seminarteilnehmer achteten darauf, sowohl sehr überzeugende (starke) als auch weniger überzeugende (schwache) Merkmale zu entwickeln. Die erstellten Merkmale wurden anschließend in einen kurzen Onlinefragebogen eingebunden, mit der Bitte, diese auf einer 6-Punkte-Skala nach Wichtigkeit (unwichtig – wichtig) bezüglich des Kaufs von Sonnencreme zu bewerten. Die Reihenfolge war randomisiert. Am Pretest nahmen 120 Studierende teil. Davon waren 71 Prozent weiblich und das durchschnittliche Alter betrug 22 Jahre ($SD = 2.03$). Tabelle 12 und 13 geben einen Überblick zu den elf am wenigsten überzeugenden und den elf überzeugendsten Eigenschaften. Von diesen wurden jeweils sieben ausgewählt, um einen schwachen und einen starken Werbetext zu formulieren.

Studie II

Tabelle 12: Die elf unwichtigsten Eigenschaften von Sonnencreme beim Kauf dieser sortiert nach aufsteigender Wichtigkeit

Produkteigenschaft	M	SD	Verwendung im Werbetext
Gewinnspiel auf der Flasche	1.24	.73	Ja
Möglichkeit, Treuepunkte zu sammeln	1.28	.79	Ja
Empfehlungen durch Prominente	1.44	.83	Ja
Farbe der Flasche	1.87	1.10	Ja
Identifikation mit dem eigenen Geschlecht	1.95	1.22	Nein
Zugabe von Selbstbräunern	1.98	1.33	Ja
Von Sportlern getestet	2.02	1.28	Nein
Jugendliches Design	2.03	1.22	Ja
Steigerung der eigenen Beliebtheit	2.06	1.38	Nein
Verwendung durch Freunde	2.06	1.37	Nein
Anti-Aging-Effekt	2.17	1.47	Ja

Schwacher Werbetext:

„Testen Sie die neue Dermaris Sun Protect +. Die Sonnencreme gibt es jetzt im jugendlichen Design und in neuer Farbe, für zusätzliche Bräune durch Selbstbräunungseffekt. Dank innovativem Radical Control Komplex wird frühzeitigem Hautaltern vorgebeugt. Auch Tennisprofi Andre Agassi empfiehlt diese Sonnencreme. Jetzt Treuepunkte sammeln für attraktive Prämien und an unserem Sommer-Gewinnspiel teilnehmen! Dermaris Sun Protect + und die Sonne kann kommen."

Tabelle 13: Die elf wichtigsten Eigenschaften von Sonnencreme beim Kauf dieser sortiert nach absteigender Wichtigkeit

Produkteigenschaft	M	SD	Verwendung im Werbetext
Gute Hautverträglichkeit	5.57	.89	Ja
Sicherer Verschluss, kein Auslaufen	5.55	.80	Ja
Für Körper und Gesicht geeignet	5.53	.88	Ja
Wasserfest	5.45	.86	Ja
Keine bleibenden Flecken auf Textilien	5.42	.92	Ja
Sofortiger Schutz	5.37	1.06	Ja
Schnelles Einziehen	5.31	.97	Ja
Hoher Sonnenschutzfaktor	5.05	1.16	Ja
Auch für empfindliche Haut geeignet	4.94	1.23	Nein
Kein Augenbrennen	4.79	1.34	Nein
Angenehmer Duft	4.61	1.29	Nein

Starker Werbetext:

„Testen Sie die neue Dermaris Sun Protect +. Die Sonnencreme bietet sofortigen und wasserfesten Schutz für die Haut. Durch den sicheren Verschluss auch perfekt für unterwegs. Die Creme zieht schnell ein und hinterlässt keine Rückstände oder Flecken auf der Kleidung. Dermaris Sun Protect + ist sowohl für das Gesicht als auch für den Körper bestens geeignet, die Hautverträglichkeit ist dermatologisch bestätigt. Dermaris Sun Protect + und die Sonne kann kommen."

Bildet man für beide Werbetexte einen Index aus den Bewertungen der im Text verwendeten Produkteigenschaften, weisen die Produkteigenschaften im schwachen Werbetext eine durchschnittliche Wichtigkeit von 1.71 Punkten ($SD = .69$) und im starken Werbetext von 5.46 Punkten ($SD = .60$) auf. Ein t-Test für abhängige Stichproben bestätigt den Unterschied von annähernd fünf Punkten als hochsignifikant ($t(119) = -47.67, p < .001$). Die Produkteigenschaften bzw. Argumente des schwachen Werbetextes sollten deutlich weniger überzeugend wahrgenommen werden als die des starken Werbetextes. Neben einer gleichen Anzahl von Argumenten unterschieden sich die Werbetexte auch nicht in ihrer Länge.

Da die Elaboration sowohl von der Fähigkeit als auch von der Motivation der Rezipienten abhängen kann (Petty & Cacioppo, 1986), erfolgte die Manipulation der Elaboration durch beide Einflussfaktoren. In der Bedingung niedriger Elaboration wurde die Fähigkeit zur Elaboration eingeschränkt, indem der Stimulus lediglich 20 Sekunden zu sehen war. Dagegen konnte man den Stimulus in der Bedingung hoher Elaboration für 100 Sekunden betrachten. Moore, Hausknecht und Thamodaran (1986) wiesen in verschiedenen Experimenten nach, dass die kürzere Präsentation einer Werbung zu geringerer Elaboration derselben führt und diese dann peripher verarbeitet wird. Ein Pretest mit neun Studierenden ergab, dass sie die Anzeige innerhalb der 20 Sekunden lediglich kurz überfliegen konnten. Innerhalb der 100 Sekunden war ein zweimaliges und gründliches Lesen möglich.

Die Motivation der Rezipienten wurde manipuliert, indem man die Teilnehmer der Bedingung hoher Elaboration auf einen nachfolgenden Wissenstest hinwies. Nach Petty und Fleming (2000) fühlen sich Teilnehmer dann eher verpflichtet den Stimulus genau anzuschauen, da sie im Anschluss Rechenschaft darüber ablegen müssen. Außerdem schneiden Menschen in Wissenstests ungern schlecht ab (ebd.). Die Teilnehmer wurden in dieser Bedingung außerdem aufgefordert, sich die Seite „so aufmerksam wie möglich anzuschauen", was die Elaboration zusätzlich steigern sollte (Matthes, Schemer & Wirth, 2007). In der Bedingung niedriger Elaboration erfolgte keine derartige Instruktion. Die Teilnehmer waren lediglich aufgefordert, sich die nachfolgende Seite „einfach mal anzuschauen". Zusammenfassend wurde die Elaboration durch die Präsentationsdauer des Stimulus (20 Sekunden vs. 100 Sekunden) sowie eine motivierende Instruktion (nicht vorhanden vs. vorhanden) manipuliert.

4.2.1.3 Untersuchungsablauf

Der Untersuchungsablauf entspricht in großen Teilen dem Ablauf der ersten Studie. Nach allgemeinen Informationen zum Sinn und Zweck der Studie (vgl. Studie 1)[11] lasen die Teilnehmer je nach Elaborationsbedingung eine motivierende bzw. nicht motivierende Instruktion und sahen im Anschluss den Facebookausschnitt für 100 bzw. 20 Sekunden. Den Teilnehmern wurde zufällig eine der 12 Experimentalbedingungen zugewiesen (vgl. Tab. 11). Nach der Stimulusbetrachtung beantworteten die Teilnehmer zuerst Fragen zu ihrer Einstellung zur Marke Dermaris und dann zur Kauf- und Empfehlungsabsicht. Im Anschluss wurde das NFC der Personen erhoben sowie ihr Produktinvolvement und soziodemographische Merkmale. Den Teilnehmern wurde abschließend gedankt sowie die Möglichkeit gegeben, per E-Mail mehr über den Zweck der Studie zu erfahren. Die Erhebung fand von Ende Januar bis Anfang Februar 2014 statt.

4.2.1.4 Stichprobe

Die Studienteilnehmer wurden über das SoSci Panel (SoSci Panel, 2014) rekrutiert. Dabei handelt es sich um ein offenes Panel von Interviewpartnern aus Deutschland, der Schweiz und Österreich, die sozialwissenschaftliche Forschung an Universitäten und Hochschulen unterstützen. Das Panel bot sich insbesondere im Hinblick auf die Komplexität des Studiendesigns mit 12 Untersuchungsgruppen an. Um mindestens 40 Teilnehmer pro Bedingung zu erhalten, galt es mindestens 480 Teilnehmer zu rekrutieren. Mit seinen über 123.000 Teilnehmern und einer einigermaßen heterogenen Verteilung von Geschlecht und Alter unter den Teilnehmern war das SoSci Panel eine sehr passende Lösung. Insgesamt füllten 521 Teilnehmer den Fragebogen vollständig und inhaltlich sinnvoll aus. Davon waren 57 Prozent weiblich und das Durchschnittsalter betrug 35 Jahre ($SD = 13.99$). Über 90 Prozent der Teilnehmer verfügten über das Abitur oder einen höheren Bildungsabschluss. Dies lässt sich dadurch erklären, dass der Großteil der Panelteilnehmer als Student oder ehemaliger Student Panelteilnehmer wird.

---

11 Die Teilnehmer konnten dieses Mal fünf Wertgutscheine in Höhe von jeweils 20 Euro gewinnen.

4.2.1.5 Messung der Variablen

Die Einstellung zur Marke Dermaris wurde wie in der ersten Studie durch das 6-stufige semantische Differential von Spears und Singh (2004) anhand der fünf Items gemessen. Die Reliabilität war mit $\alpha = .91$ sehr zufriedenstellend ($M = 3.24$, $SD = .94$).

Dem obigen Verständnis von Einstellungen als Prädiktor von Verhaltensabsicht folgend (Ajzen, 1991), wurde Kaufabsicht ebenfalls durch ein semantisches Differential gemessen. Spears und Singh (2004) entwickelten dies explizit zur Messung von Kaufabsicht als Folge von Einstellungen. Beide semantischen Differentiale (Einstellung und Kaufabsicht) ergaben in Validierungsstudien distinkte aber stark zusammenhängende Messergebnisse (vgl. ebd.). Außerdem brachten verschiedene Autoren beide seitdem erfolgreich zur Anwendung (z. B. Amos & Spears, 2010; Cole & Greer, in Druck). Das semantische Differential zur Messung der Kaufabsicht umfasst ebenfalls fünf Items und wurde ebenso 6-stufig erfasst (z. B. kaufe wahrscheinlich nicht vs. kaufe wahrscheinlich, sehr niedrige Kaufabsicht vs. sehr hohe Kaufabsicht). Die Reliabilität war mit $\alpha = .94$ gleichermaßen zufriedenstellend ($M = 1.95$, $SD = .88$).

Zur Messung der Empfehlungsabsicht wurde das eben beschriebene Differential adaptiert und das Wort „kaufen" durch „empfehlen" ersetzt (z. B. empfehle wahrscheinlich nicht vs. empfehle wahrscheinlich, sehr niedrige Empfehlungsabsicht vs. sehr hohe Empfehlungsabsicht). Auch hier war die Reliabilität sehr gut ($\alpha = .96$, $M = 1.81$, $SD = .90$).

NFC wurde in der zweiten Studie detaillierter gemessen. Dazu wurde die NFC-Kurzskala von Bless und Kollegen (1994) verwendet, die eine deutsche Übersetzung der Originalskala von Cacioppo und Petty (1982) darstellt. Sie umfasst 16 Items. Die Skala erlaubt einerseits eine gute Differenzierung zwischen den Untersuchungsteilnehmern, andererseits aber auch eine vergleichsweise effiziente Erhebung (Bless et al., 1994). Items waren z. B. „In erster Linie denke ich, weil ich muss." oder „Ich habe es gern, wenn mein Leben voller kniffliger Aufgaben ist, die ich lösen muss." Die Skala erwies sich als reliabel ($\alpha = .82$, $M = 4.51$, $SD = .63$).

Abschließend wurde das Produktinvolvement gemessen. Die Teilnehmer sollten angeben, wie häufig sie Sonnencreme verwenden, wenn im Sommer die Sonne scheint. Nach Warrington und Shim (2000) führt hohes oder niedriges Produktinvolvement dazu, dass Produkte in relevanten Situationen mehr oder weniger genutzt werden. Genauso kann Produktinvolvement auch aus dieser Nutzung entstehen. Konsumenten weisen folglich höheres Involvement für stärker genutzte Produktkategorien auf (Zaichkowsky, 1985b). Insofern eignet sich die Nutzung von Produkten als einfach zu erfassender Indikator des

Produktinvolvements (vgl. auch Studie I). Die Teilnehmer gaben ihre Nutzungshäufigkeit 6-stufig von „nie" bis „immer" an. Mit einer mittleren Nutzung von 3.42 Punkten ($SD = 1.29$) liegt das Involvement genau im Skalenmittel. Die Elaborationswahrscheinlichkeit der Teilnehmer sollte damit weder auf ein extrem geringes noch extrem hohes Niveau festgelegt sein. Beides würde der Elaborationsmanipulation im Weg stehen.

4.2.2 Ergebnisse

Drei nicht signifikante einfaktorielle Varianzanalysen mit der Experimentalbedingung als unabhängige Variable und Alter, NFC oder Produktinvolvement als abhängige Variable belegen eine erfolgreiche Zufallsaufteilung auf die 12 Bedingungen (Alter: $F(11, 509) = .89$, ns; NFC: $F(11, 509) = 1.05$, ns; Produktinvolvement: $F(11, 509) = .74$, ns). Das Gleiche bestätigt ein nicht signifikanter χ^2-Test zwischen dem Geschlecht und den Untersuchungsbedingungen ($\chi^2 (11) = 9.76$, ns). Die Untersuchungsgruppen weisen demnach gleiche Verteilung auf, was mögliche Einflüsse durch das Alter, Geschlecht, NFC oder Produktinvolvement angeht.

Zusammengenommen postulieren die Hypothesen H5 und H7 eine dreifache Interaktion von UGC, Argumentqualität und Elaborationsstärke hinsichtlich ihrer Wirkung auf Einstellungen. Unter der Bedingung hoher Elaboration sollte sich ein von der Argumentqualität abhängiger Einfluss des UGC zeigen, wohingegen dieser bei geringer Elaboration unabhängig sein sollte. Die Interaktion wurde mittels einer 3 (negativer vs. kein vs. positiver UGC) x 2 (schwache vs. starke Argumente) x 2 (niedrige vs. hohe Elaboration) Varianzanalyse überprüft. Als abhängige Variable enthielt die Analyse Einstellungen. Die erwartete Dreifach-Interaktion erwies sich als nicht signifikant ($F(2, 509) = .45$, ns). Allerdings interagierten UGC und Argumentqualität signifikant ($F(2, 509) = 3.99$, $p < .05$, *partielles* $\eta^2 = .02$). Die Interaktion liegt entgegen Hypothese H7 sowohl unter der Bedingung niedriger als auch hoher Elaboration vor (fehlende Dreifach-Interaktion). Die Argumentqualität hatte unter beiden Elaborationsbedingungen einen moderierenden Einfluss. Mit anderen Worten führte die Manipulation der niedrigen Elaboration nicht zur gewünschten peripheren Verarbeitung. Unterschiede in der Argumentqualität wurden in beiden Bedingungen wahrgenommen. Abbildung 8 gibt nähere Auskunft über die Interaktion.

Abbildung 8: Abhängiger Effekt von UGC auf Markeneinstellung aufgegliedert nach verschiedenen Niveaus des Moderators Argumentqualität ($N = 521$)

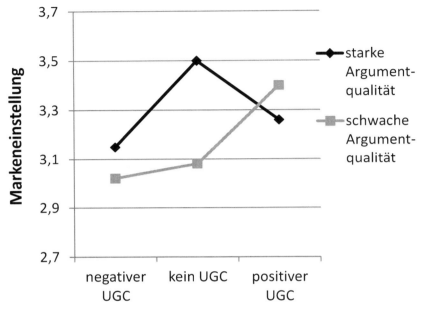

Die Interaktion weist größtenteils in die erwartete Richtung: Rezipieren Nutzer eine Werbebotschaft von schwacher argumentativer Qualität, schätzen sie das beworbene Objekt nicht (noch) negativer ein, wenn die Botschaft von negativem UGC begleitet wird ($M = 3.02$, $SD = .81$) im Vergleich zu keinem UGC ($M = 3.08$, $SD = 1.04$). Ist die Werbebotschaft hingegen von positivem UGC begleitet, führt dieser zu einer Einstellungsverbesserung ($M = 3.40$, $SD = .97$). Die Berechnung geplanter Kontraste bestätigt diese Verbesserung um .32 Skalenpunkt als signifikant ($t(264) = 2.25$, $p < .05$). Zwischen negativem UGC und keinem UGC zeigt die Berechnung keinen signifikanten Unterschied ($t(264) = .27$, ns). Betrachten Rezipienten demgegenüber eine Botschaft mit starken Argumenten, verschlechtert negativer UGC die Einstellung zum Werbeobjekt signifikant ($M = 3.15$, $SD = .81$; $t(251) = -2.51$, $p < .05$) im Vergleich zu keinem UGC ($M = 3.50$, $SD = .98$). Unerwarteterweise führt auch positiver UGC zu einer Einstellungsverschlechterung ($M = 3.26$, $SD = .94$). Die Berechnung geplanter Kontraste weist diesen Unterschied aber als nicht signifikant aus ($t(251) = -1.77$, ns).

Neben dieser Interaktion zeigt die Varianzanalyse einen signifikanten Haupteffekt von UGC ($F(1, 509) = 3.41$, $p < .05$, *partielles* $\eta^2 = .01$) sowie einen Haupteffekt der Elaborationsstärke ($F(1, 509) = 5.05$ $p < .05$, *partielles* $\eta^2 = .01$). Die eben besprochene Interaktion erübrigt die Interpretation des ersten Haupteffekts, während der Haupteffekt der Elaborationsstärke genauerer Betrachtung bedarf. Teilnehmer, welche die Werbebotschaft stark elaborierten, bewerteten die Marke signifikant schlechter ($M = 3.14$, $SD = .94$) als Niedrigelaborierende ($M = 3.32$, $SD = .94$). Auch wenn dieser Unterschied vergleichsweise gering ist, deutet er darauf hin, dass den hoch elaborierenden Teilnehmern die Betrachtungszeit zu lang war und sie entsprechend mit Abneigung und Reaktanz reagierten (Quick, Shen, Dillard, 2013). Dafür spricht auch, dass den niedrig elaborierenden Teilnehmern bereits 20 Sekunden ausreichen, um Unterschiede in der Argumentqualität festzustellen.

Davon ausgehend wurde die Interaktion aus UGC und Argumentqualität noch einmal gesondert für die niedriger elaborierenden Teilnehmer berechnet. Die kürzer andauernde Rezeption ist offensichtlich der natürlichere Rezeptionsmodus und die Ergebnisse sollten nicht durch Abwehrverhalten verzerrt sein. Auch für diese Teilnehmer zeigt sich die Interaktion aus UGC und Argumentqualität als signifikant ($F(2, 265) = 3.06$, $p < .05$, *partielles* $\eta^2 = .02$). Ein Blick auf das Interaktionsdiagramm (Abb. 9) zeigt die Moderation noch stärker in die erwartete Richtung.

Enthält eine Botschaft bereits schwache Argumente, führt negativer UGC ($M = 3.09$, $SD = .85$) zu keiner Verschlechterung der Einstellung im Vergleich zu keinem UGC ($M = 3.04$, $SD = 1.04$). Positiver UGC ($M = 3.51$, $SD = .97$) verbessert wieder die Einstellung im Vergleich zu keinem UGC. Die Berechnung geplanter Kontraste bestätigt diese Verbesserung um einen halben Skalenpunkt als signifikant ($t(133) = 2.31$, $p < .05$), während der Unterschied zwischen negativem UGC und keinem UGC nicht signifikant ausfällt ($t(133) = .27$, *ns*). Dieser Unterschied fällt allerdings signifikant aus, wenn es sich um eine Botschaft mit starken Argumenten handelt ($t(132) = -2.14$, $p < .05$). Im Vergleich zu einer Botschaft ohne UGC ($M = 3.63$, $SD = .90$) verschlechtert negativer UGC dann die Einstellungen der Rezipienten um .40 Skalenpunkte ($M = 3.23$, $SD = .82$). Mittels positiven UGC ist es hingegen nicht möglich die Einstellungen zu einer starken Werbebotschaft zu verbessern. Im Vergleich zu keinem UGC fällt die Einstellung wieder etwas schlechter aus ($M = 3.43$, $SD = .96$). Dieser Unterschied ist erneut nicht signifikant ($t(132) = -1.05$, *ns*).

Abbildung 9: Abhängiger Effekt von UGC auf Markeneinstellung aufgegliedert nach verschiedenen Niveaus des Moderators Argumentqualität für Niedrigelaborierende (N = 267)

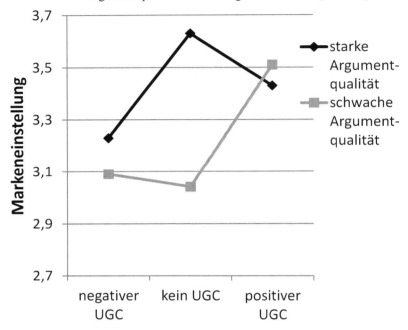

Beide Interaktionsanalysen belegen, dass positiver UGC vor allem bei schwacher Argumentqualität eine Einstellungsänderung bewirkt, während negativer UGC vor allem bei starker Argumentqualität einstellungsändernd wirkt. Dieser Effekt zeigt sich unabhängig von der Elaborationsstärke. Allerdings zeigen sich die Effekte für Rezipienten mit kürzerer Betrachtungszeit eindeutiger. Das spricht dafür, dass deren Antwortverhalten weniger bis gar nicht durch Abwehrreaktionen verzerrt ist. Hypothese H5 lässt sich anhand dieser Ergebnisse bestätigen, während der in Hypothese H7 angenommene unabhängige Einfluss des UGC unter der Bedingung niedriger Elaboration nicht bestätigt werden konnte.

Da die kürzere Betrachtungszeit die natürlichere der beiden Rezeptionssituationen darstellt, konzentriert sich die Überprüfung von H8 auf diese Teilnehmer. Folgt man Hypothese H8, sollten die gefundenen Einstellungsänderungen auch Veränderungen im Verhalten bzw. den Verhaltensabsichten der Rezipienten nach sich ziehen. Konkret wurde angenommen, dass Einstellungen den Einfluss des UGC auf Kauf- und Empfehlungsabsicht vermitteln. Wie in Studie I wurde diese moderierte Mediation regressionsanalytisch überprüft. Moderiert ist die Mediation deshalb, weil die oben berechnete Varianzanalyse gezeigt hat, dass bereits der erste Teil der Mediation – der Einfluss des UGC auf Markeneinstellungen – abhängig von der Argumentqualität ist. Insofern ist die gesamte Mediation moderiert (Hayes, 2013).

Für positiven und negativen UGC wurden separate Analysen gerechnet. UGC floss jeweils als dichotome Variable ein (kein UGC: 0; positiver bzw. negativer UGC: 1), ebenso die Variable Argumentqualität (schwache Argumente: 0; starke Argumente: 1). Die Ergebnisse sind in den Tabellen 14 – 17 dargestellt.

Tabelle 14: Ergebnisse der Regressionsanalyse zur Überprüfung des indirekten Effekts **von positivem UGC auf Kaufabsicht** vermittelt über Einstellungen und moderiert durch Argumentqualität ($N = 180$)

	Kriteriumsvariable							
Prädiktor	Markeneinstellung				Kaufabsicht			
	B^1	se	t	p	B^1	se	t	p
Konstante	3.04	.15	20.62	< .001	.51	.22	2.33	< .05
Markeneinstellung	-	-	-	-	.42	.06	6.87	< .001
Argumentqualität	.59	.20	2.93	< .01	-	-	-	-
UGC (positiv)	.47	.21	2.28	< .05	.03	.12	.26	.80
UGC x Argument.	-.67	.29	-2.31	< .05	-	-	-	-
$^1 B$: unstandardisierter Regressionskoeffizient	$R^2 = .05$ $F(3, 176) = 3.13, p < .05$				$R^2 = .22$ $F(2, 177) = 23.84, p < .001$			

Tabelle 15: Ergebnisse der Regressionsanalyse zur Überprüfung des indirekten Effekts **von positivem UGC auf Empfehlungsabsicht** vermittelt über Einstellungen und moderiert durch Argumentqualität ($N = 180$)

Prädiktor	Kriteriumsvariable							
	Markeneinstellung				Empfehlungsabsicht			
	B^1	se	t	p	B^1	se	t	p
Konstante	3.04	.14	20.62	<.001	.41	.20	2.00	<.05
Markeneinstellung	-	-	-	-	.38	.06	6.68	<.001
Argumentqualität	.59	.20	2.93	<.01	-	-	-	-
UGC (positiv)	.47	.21	2.28	<.05	.01	.11	.06	.95
UGC x Argument.	-.67	.29	-2.31	<.05	-	-	-	-

$^1 B$: unstandardisierter Regressionskoeffizient

$R^2 = .05$
$F(3, 176) = 3.13, p < .05$

$R^2 = .20$
$F(2, 177) = 22.39, p < .001$

Tabelle 16: Ergebnisse der Regressionsanalyse zur Überprüfung des indirekten Effekts **von negativem UGC auf Kaufabsicht** vermittelt über Einstellungen und moderiert durch Argumentqualität ($N = 183$)

Prädiktor	Kriteriumsvariable							
	Markeneinstellung				Kaufabsicht			
	B^1	se	t	p	B^1	se	t	p
Konstante	3.04	.14	22.02	<.001	.62	.23	2.66	<.01
Markeneinstellung	-	-	-	-	.39	.07	5.96	<.001
Argumentqualität	.59	.19	3.13	<.001	-	-	-	-
UGC (negativ)	.05	.19	.29	.77	.21	.12	1.78	.08
UGC x Argument.	-.46	.27	-1.70	.09	-	-	-	-

$^1 B$: unstandardisierter Regressionskoeffizient

$R^2 = .07$
$F(3, 179) = 4.15, p < .01$

$R^2 = .22$
$F(2, 180) = 18.41, p < .001$

Tabelle 17: Ergebnisse der Regressionsanalyse zur Überprüfung des indirekten Effekts **von negativem UGC auf Empfehlungsabsicht** vermittelt über Einstellungen und moderiert durch Argumentqualität ($N = 183$)

Prädiktor	Kriteriumsvariable							
	Markeneinstellung				Empfehlungsabsicht			
	B^1	se	t	p	B^1	se	t	p
Konstante	3.04	.14	22.02	<.001	.45	.24	1.89	.06
Markeneinstellung	-	-	-	-	.37	.07	5.57	<.001
Argumentqualität	.59	.19	3.13	<.01	-	-	-	-
UGC (negativ)	.05	.19	.29	.77	.42	.12	3.44	<.01
UGC x Argument.	-.46	.27	-1.70	.09	-	-	-	-
[1] B: unstandardisierter Regressionskoeffizient	$R^2 = .07$ $F(3, 179) = 4.15, p < .01$				$R^2 = .17$ $F(2, 180) = 19.63, p < .001$			

Die linke Hälfte der Tabellen (14-17) zeigt den bereits überprüften abhängigen Einfluss des UGC auf Einstellungen, während die rechte Hälfte in allen vier Fällen hochsignifikante ($p < .001$) und positive Einflüsse von Einstellungen auf die Kauf- oder Empfehlungsabsicht zeigt. Dies zusammengenommen deutet bereits stark auf eine vermittelnde Wirkung der Einstellungen hin.

Zusätzlich wurden die indirekten Effekte mittels Bootstrapping auf Signifikanz überprüft. Die berechneten Konfidenzintervalle zeigen für positiven UGC einen mit 95 Prozent Wahrscheinlichkeit von Null verschiedenen Effekt auf Kaufabsicht (geschätzter Effekt: .20, 95 % BC KI: .02 – .41) und Empfehlungsabsicht (geschätzter Effekt: .18, 95 % BC KI: .03 – .35), sofern schwache Argumentqualität vorliegt. Ist die Argumentqualität stark, zeigen sich keine Effekte von positivem UGC, da hier bereits keine Effekte auf den Mediator Einstellung vorliegen (vgl. Analyse zu H5). In diesem Fall (starke Argumentqualität) zeigen sich aber für negativen UGC mit 95 Prozent Wahrscheinlichkeit von Null verschiedene Effekte auf Kaufabsicht (geschätzter Effekt: -.16, 95 % BC KI: -.33 – -.03) und Empfehlungsabsicht (geschätzter Effekt: -.15, 95 % BC KI: -.33 – -.02).

Für positiven UGC lassen sich keine Effekte nachweisen, da hier bereits keine Effekte auf den Mediator Einstellung vorliegen (vgl. Analyse zu H5).

Betrachtet man die Größe der Effekte, beträgt diese knapp .20 Skalenpunkte. Rezipienten zeigen demnach eine um ca. .20 gesteigerte bzw. verringerte Kauf- und Empfehlungsabsicht, je nach Valenz des UGC und in Abhängigkeit der argumentativen Qualität. Dieser indirekte Effekt ist über Einstellungen vermittelt. Rezipieren Nutzer positiven UGC, verbessert sich ihre Einstellung und infolgedessen auch ihre Kauf- und Empfehlungsabsicht. Rezipieren Nutzer negativen UGC, führt die verschlechterte Markeneinstellung zu geringerer Kauf- und Empfehlungsabsicht. Hypothese H8 wird bestätigt.

Folgt man dem ELM, sollten die Einstellungseinflüsse auf Kauf- oder Verhaltensabsicht stärker sein, wenn Rezipienten hoch elaborieren (im Vergleich zu niedrig elaborierenden Rezipienten, H9). Vergleicht man die Korrelationskoeffizienten zwischen Einstellung und Kaufabsicht ($r = .46$, $p < .001$) sowie Einstellung und Empfehlungsabsicht ($r = .45$, $p < .001$) bei starker Elaboration mit den gleichen Koeffizienten bei niedriger Elaboration (Einstellung – Kaufabsicht: $r = .43$, $p < .001$; Einstellung – Empfehlungsabsicht: $r = .38$, $p < .001$), fallen diese im Fall starker Elaboration leicht höher aus. Ob diese Unterschiede signifikant sind, lässt sich mit einer Z-Transformation der Korrelationskoeffizienten nach Fisher berechnen (1918; vgl. auch Bortz, 1993). Sie ermöglicht die Berechnung eines Z-Wertes aus der Differenz der transformierten Koeffizienten, der dann auf Signifikanz überprüft werden kann (Field, 2009). Die Differenzen erweisen sich sowohl für die Korrelationen zwischen Einstellungen und Kaufabsicht ($Z_{Unterschied} = -.42$, ns) als auch für die Korrelationen zwischen Einstellungen und Empfehlungsabsicht ($Z_{Unterschied} = -.96$, ns) als nicht signifikant. H9 kann nicht bestätigt werden.

4.2.3 Diskussion

Die zweite Studie sollte den Nachweis erbringen, dass UGC unter der Bedingung hoher Elaboration einen von der Argumentqualität abhängigen Einfluss zeigt, während dieser unter der Bedingung niedriger Elaboration unabhängig ist. Die Ergebnisse bestätigen die angenommene Interaktion aus UGC und Argumentqualität. Sofern Internetnutzer eine Onlinewerbung so stark elaborieren, dass sie deren Argumentqualität wahrnehmen und beurteilen, bewirkt positiver UGC hauptsächlich bei schwacher argumentativer Qualität eine Einstellungsverbesserung. Für negativen UGC zeigt sich ein umgekehrter Einfluss. Dieser tritt vor allem bei starken Botschaftsargumenten auf. Die Ergebnisse stimmen mit den grundlegenden Annahmen des ELM überein (Petty & Cacioppo, 1986).

Bezogen auf die Rezeption von Onlinewerbung deuten diese Ergebnisse an, dass positiver UGC nur eine begrenzte Wirkung entfalten kann, wenn Rezipienten die Werbung hoch elaborieren. Begründen lässt sich dies damit, dass die Wahrscheinlichkeit für eine Verbesserung der Einstellung und Verhaltensabsichten mittels positiven UGC sinkt, je überzeugender die eigentliche Botschaft ist. Positive Rezeptionsgedanken aufgrund des Inhalts einer überzeugenden Botschaft lassen sich kaum mehr positiv verzerren. Genauso kann positiver UGC kaum seine Wirkung als zusätzliches Argument entfalten, wenn eine Botschaft bereits überzeugende Argumente liefert. Geht man davon aus, dass Werbebotschaften im Allgemeinen professionell erstellt sind und üblicherweise für die jeweilige Zielgruppe getestet werden (Field, 2007), sollte deren Inhalt entsprechend überzeugend sein. Allerdings merken Petty und Cacioppo (1986) an, dass die Überzeugungskraft einer Botschaft letztlich im Auge des jeweiligen Betrachters liegt und durchaus Unterschiede innerhalb einer Zielgruppe bestehen können. Die Individualisierung von Lebensstilen führt z. B. dazu, dass Zielgruppen immer schwerer zu fassen und als einheitlich zu beschreiben sind (Lönneker, 2014). Insofern muss eine als überzeugend entwickelte Werbebotschaft nicht unbedingt die gewünschte Wirkung entfalten. Positiver UGC hätte auch dann Einflusspotential und er bedeutet auf keinen Fall eine signifikant schlechtere Wirkung.

Betrachtet man negativen UGC, ist von einem großen Einflusspotential auszugehen, sofern Botschaften als überzeugend wahrgenommen werden. Der Effekt lässt sich erklären, indem negative Gedanken aufgrund von UGC positive Botschaftsgedanken herabsetzen (Petty & Cacioppo, 1986). Hinzu kommt, dass Rezipienten wahrscheinlich aufgrund des negativen UGC verunsichert werden und dem UGC dann größere Aufmerksamkeit schenken (Fiske, 1980). Aus der Forschung zur Wirkung negativer Produkt-Reviews und negativem Electronic-Word-of-Mouth sind derartige Effekte bereits bekannt (vgl. z. B. East, Hammond & Lomax, 2008; Lee, Park & Han, 2008).

Interessanterweise zeigt diese Forschung auch, dass negative Kommentare nicht notwendigerweise eine stärkere Wirkung als positive haben. Das Wirkungspotential hängt viel mehr davon ab, welche Einstellungen oder Verhaltensabsichten bereits vor der Rezeption vorhanden sind. Existieren stark positive oder negative Voreinstellungen bzw. sehr geringe oder hohe Kaufabsicht haben Kommentare kaum einen Einfluss. Bei gleicher Valenz verstärken sie maximal vorhandene Präferenzen (East et al., 2008). Diese Wirkung kann allerdings genauso wichtig sein, wie einen Einstellungswandel herbeizuführen, wenn man die allgemeinen Ziele von Werbekampagnen betrachtet (Field, 2007). Da die vorliegende Studie eine unbekannte Marke verwendete, erscheint es sinnvoll, die Ergebnisse in weiteren Studien zu replizieren und dann bekannte Marken sowie

Voreinstellungen als Moderator zu integrieren. Untersuchenswert erscheint auch die Frage, ob negativer oder positiver UGC stärker wirkt, je nachdem ob im jeweiligen Kontext gewöhnlich positive oder negative Kommentare zu lesen sind. Bedenkt man die Begrenztheit kognitiver Ressourcen, sollten Rezipienten vor allem solchen nutzergenerierten Inhalten Aufmerksamkeit schenken, die im jeweiligen Kontext ungewöhnlich erscheinen (Fiske, 1980).

Die unabhängige Wirkung von UGC im Fall peripherer Verarbeitung konnte nicht nachgewiesen werden. Selbst wenn Teilnehmer eine Werbeanzeige samt UGC für nur 20 Sekunden sahen und zudem nicht zum Betrachten des Stimulus motiviert wurden, nahmen sie Unterschiede in der Argumentqualität wahr. Offensichtlich reicht eine derart kurze Rezeptionsdauer, um den Inhalt einer Werbebotschaft zu beurteilen, die aus sechs Sätzen und rund 60 Wörtern besteht. Einen möglichen Grund liefern die mittige Platzierung und das große Bild, das die Anzeige begleitete. Bildelemente stellen nach Diekamp und Schweiger (2001) häufig die erste Fixation dar, wenn User eine neue Webseite betrachten. Durch die mittige Platzierung wird dies verstärkt. Demzufolge war die Aufmerksamkeit der Rezipienten höchstwahrscheinlich als Erstes auf die zentrale Werbeanzeige konzentriert und z. B. nicht auf die Anzeigen an der Seite. Dass die Aufmerksamkeit der Rezipienten dort erstmal verweilte und diese die Botschaft auch relativ aufmerksam lasen, lässt sich anhand einer weiteren Rezeptionsstudie vermuten (Schweiger, 2001). Hier zeigte sich, dass Internetnutzer insbesondere kurze Texte aufmerksam lesen und bei längeren Texten häufig zum Abbrechen der Rezeption neigen. Im vorliegenden Fall war die Werbebotschaft mit knapp sieben Zeilen auf den ersten Blick als kurz erkennbar. Die künstliche Rezeptionssituation dürfte außerdem dazu beigetragen haben, dass die Teilnehmer der Onlinewerbung mehr Aufmerksamkeit schenkten, als sie es für gewöhnlich tun würden. Die Nicht-Bestätigung der Hypothese wird eher auf methodische Mängel zurückgeführt und weniger auf unzureichende theoretische Annahmen.

Dafür spricht auch die Vielzahl an Studien, die im Rahmen der ELM-Forschung nachweisen konnten, dass positive oder negative Hinweisreize unabhängig vom Inhalt einer persuasiven Botschaft wirken, sofern diese peripher verarbeitet wird (Petty & Wegner, 1999). Tatsächlich dürfte dies der Normalfall sein, wenn es sich um Onlinewerbung handelt (Sundar et al., 2012). Darüber hinaus erscheint Werbung selten isoliert auf Webseiten. Setzt man an dieser Stelle an, sollten künftige Studien eine größere Anzahl an konkurrierenden Inhalten präsentieren, was einerseits eher der gewöhnlichen Onlinerezeption entspricht und andererseits in Form von Ablenkung die Fähigkeit der Elaboration reduziert (Chowdhury, Finn & Olsen, 2007). Dies hätte auch den Vorteil, dass hoch elaborierenden Rezipienten die Rezeptionszeit nicht zu lange würde und keine Langeweile und/oder Reaktanz aufkäme. Wie bereits angesprochen, waren

100 Sekunden Rezeptionsdauer im vorliegenden Kontext eindeutig zu lang. Das führte sehr wahrscheinlich dazu, dass einige Teilnehmer gelangweilt waren. Hinzu kommt, dass manche sich möglicherweise in ihrer Freiheit, den Fragebogen in ihrem Tempo auszufüllen, eingeschränkt sahen (Brehm, 1966). Entsprechend frustrierte Teilnehmer sollten dann in der anschließenden Einstellungsabfrage negativere Bewertungen abgeben (Quick et al., 2013). Das hat sich in Form des negativen Haupteffekts der Elaborationsstärke gezeigt.

Neben dem Nachweis von Einstellungseffekten zielte Studie II auch darauf ab, nachgelagerte Effekte auf das Verhalten der Rezipienten zu überprüfen. Sofern Rezipienten durch UGC in ihren Einstellungen beeinflusst werden, übertragen sich diese Effekte auch auf deren Kauf- und Empfehlungsabsicht. Einstellungen vermittelten den jeweiligen Effekt. Letzteres unterstützt die Theorie des geplanten Handelns (Ajzen, 1991). Die Stärke der gefundenen Zusammenhänge zwischen Einstellungen und Verhaltensabsichten – moderat bis stark – entspricht außerdem dem üblicherweise gemessenen Niveau (Ajzen & Fishbein, 2005). Die Annahme, dass Einstellungen nach systematischer Verarbeitung verhaltensrelevanter sind als nach peripherer Verarbeitung, hat sich nicht bestätigt. Die Kauf- und Empfehlungsabsicht der Rezipienten wurden unter beiden Verarbeitungsbedingungen annähernd gleich durch die jeweiligen Einstellungen beeinflusst. Es ist anzunehmen, dass sich die Verarbeitung der Webseite je nach Untersuchungsbedingung nur geringfügig voneinander unterschied und sich entsprechend keine Differenzen bezüglich der Verhaltensrelevanz von Einstellungen zeigten. Für eine endgültige Klärung bedarf es weiterer Forschung. Dass UGC Kauf- und Empfehlungsverhalten von Rezipienten beeinflusst, kann davon unabhängig festgehalten werden.

Betrachtet man die Größe der gefunden Effekte, unterscheidet sich die Wirkung von positivem und negativem UGC nicht (vgl. auch East et al., 2008). Beide verbessern bzw. verschlechtern Einstellungen um ca. einen halben Skalenpunkt und verändern entsprechend die Kauf- oder Empfehlungsabsicht um .20 Skalenpunkte. Im Vergleich zur isolierten Präsentation von Onlinewerbung verändert die kombinierte Präsentation von Onlinewerbung und UGC die Einstellungen der Rezipienten substantiell. UGC hat durchaus Wirkungspotential und Werbetreibende müssen sich entscheiden, ob sie sich diesem aussetzen bzw. dies für sich nutzen wollen.

Hervorzuheben ist an dieser Stelle außerdem, dass es sich bei den Urhebern des UGC jeweils um vollkommen fremde Menschen handelte. Die einzige Beziehung, die möglicherweise zu den Rezipienten existiert haben könnte, ist eine gemeinsame Mitgliedschaft bei Facebook. Insofern ist es interessant, zu wissen, dass Social-Media-Nutzer auch von unbekannten Personen in ihrer Werbewahrnehmung beeinflusst werden. Überträgt man die Ergebnisse auf die Realität, dürfte die Wirkung von UGC häufig stärker sein, da Social-Media-Nutzer vor allem Beiträge von Personen rezipieren, die sie flüchtig bis sehr gut kennen (Ren et. al., 2007). Die vorhandenen Beziehungen sollten die Effekte in diesen Fällen erhöhen. Dieser Fragestellung widmet sich die im Folgenden beschriebene Studie.

4.3 Studie III

Studie III überprüft, ob soziale Beziehungen zwischen Urhebern und Rezipienten von UGC den Einfluss des UGC moderieren. Hypothese H10 nimmt an, je stärker die jeweilige soziale Beziehung ist, desto größer ist der Einfluss von UGC. Die Stärke der Beziehung drückt sich in der Identifikation mit der jeweiligen Person oder Gruppe aus. Außerdem nimmt Hypothese H11 an, dass sich diese Moderation hauptsächlich bei stark beeinflussbaren Menschen zeigt. Stark beeinflussbare Menschen achten darauf, ob soziale Beziehungen zu den Urhebern von UGC bestehen oder nicht. Bestehen diese, sollten sie stark beeinflusst werden. Liegen keine Beziehungen vor, sollten sich kaum Einflüsse zeigen. Für gering beeinflussbare Rezipienten, sollten sich die Effekte zwischen diesen Polen bewegen. Im Vergleich zu stark beeinflussbaren Rezipienten werden sie im Falle sozialer Beziehungen weniger stark beeinflusst und im Falle nicht vorhandener Beziehungen stärker. Dieser Persönlichkeitstyp passt sich generell weniger an andere an. Er achtet aber auch weniger darauf, wer ihn beeinflusst, wenn er sozialen Druck erfährt. Folgt man Hypothese H8, sollten sich auch hier Einstellungseffekte auf die Kauf- und Empfehlungsabsicht übertragen.

4.3.1 Methode

4.3.1.1 Studiendesign und Stimulus

Die dritte Studie wurde ebenfalls als Onlineexperiment durchgeführt. Betrachtet man die zu prüfende Hypothese H10, nimmt diese eine Interaktion von UGC und der Stärke der sozialen Beziehung an. Als Untersuchungsanlage ergibt sich ein 2 (negativer vs. positiver UGC) x 2 (keine Beziehung vs. Beziehung vorhanden) Between-Subject-Design. Im Gegensatz zu Studie II war der Faktor UGC zweifach ausgeprägt. Auf eine Kontrollgruppe, die Werbung ohne UGC sieht, wurde verzichtet, denn Studie II konnte bereits zeigen, dass Werbung mit und ohne UGC unterschiedlich wahrgenommen wird. Da es sich bei Beeinflussbarkeit um ein Persönlichkeitsmerkmal handelt (H11), wurde diese nicht manipuliert. Stattdessen wurde Beeinflussbarkeit wie in Studie I gemessen und als zusätzlicher Faktor in das Modell aufgenommen.

Abbildung 10: Stimulus der dritten Studie – Werbeanzeige mit positivem UGC und kollektiver Beziehung zwischen Urheber und Rezipienten des UGC

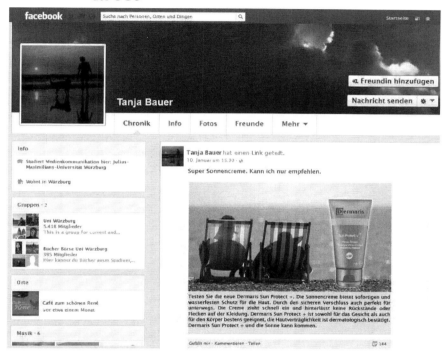

Wie in den beiden ersten Studien fiel auch in der dritten Studie die Wahl auf Facebook als eines der meist genutzten Social-Media-Angebote. Den Teilnehmern wurde im Kontext von Facebook eine Werbeanzeige präsentiert (vgl. Abb. 10). Dabei handelte es sich um dieselbe Anzeige wie in Studie II (Anzeige mit starken Argumenten). Das ersparte zum einen die Kreation einer neuen Anzeige, ermöglicht aber auch eine gewisse Vergleichbarkeit der Studien. Im Unterschied zur zweiten Studie erschien die Anzeige – sieht man von den Kommentaren in Studie II ab – nicht losgelöst von sonstigen Facebookinhalten, sondern war als Pinnwandeintrag in einem Nutzerprofil eingebunden. Auf den Pinnwänden von

Nutzern erscheinen im Allgemeinen Informationen über deren Aktivitäten, wie z. B. Statusupdates, Gruppenbeitritte oder das Teilen von Links und Seiten. Letzteres diente zur plausiblen Integration der Werbeanzeige. Die fiktive Profilinhaberin teilte auf ihrem Profil die Sonnencremewerbung als Link, versehen mit der Anzeige und einem Kommentar. Eine Frau wurde gewählt, da man absehen konnte, dass vor allem Frauen an der Studie teilnehmen würden (vgl. 4.3.1.4). Wieder war keiner der weiterführenden Links aktiviert, um die Rezeptionsbedingungen für alle Teilnehmer konstant zu halten

4.3.1.2 Manipulation der unabhängigen Variablen

Die Valenz des UGC wurde wie in der zweiten Studie manipuliert. Die Profilinhaberin empfahl die Sonnencreme entweder („Super Sonnencreme. Kann ich nur empfehlen.") oder riet von dieser ab („War enttäuscht. Kann die Sonnencreme gar nicht empfehlen"). In beiden Fällen war der UGC kurz gehalten sowie seine Valenz eindeutig und leicht erkennbar, was eine periphere Verarbeitung als vorherrschende Verarbeitung von Onlinewerbung ermöglichen sollte (Sundar et al., 2012). Die Kommentare erschienen jeweils über der Anzeige.

Die Stärke der sozialen Beziehung zwischen den Rezipienten und der Urheberin des UGC wurde mittels Profilinformationen manipuliert. Die Rezipienten waren Studierende des Studiengangs Medienkommunikation an der Universität Würzburg. Die Profilinhaberin trat einmal als Studentin der eigenen Universität (Würzburg) sowie des eignen Studienfaches (Medienkommunikation) auf und einmal als Studentin einer fremden Universität (Jena) und eines fremden Studienfaches (Physik). Die Teilnehmer sollten die UGC-Urheberin demgemäß einmal als Mitglied einer In-Group (Medienkommunikation/Universität Würzburg) und einmal als Mitglied einer Out-Group (Physik/Universität Jena) wahrnehmen. Die Universität Jena und das Studienfach Physik wurden nach Beratung mit unbeteiligten Studenten der Medienkommunikation als für sie nahezu beziehungslos ausgewählt. Die soziale Kategorisierung der Profilinhaberin wurde dadurch gefördert, dass sie auf ihrem Foto lediglich als Silhouette erkennbar war und alle sonstigen Profilinformationen nur eine Kategorisierung als Gruppenmitglied zuließen. Konkret waren die Universität, das Studienfach und der Studienort anhand verschiedener Einträge ausgewiesen. Bei der Profilinhaberin „Tanja Bauer" handelte es sich um eine fiktive Person. Auch das schemenhafte Profilfoto war keinem Teilnehmer bekannt. Ganz im Sinne von SIDE (Spears & Lea, 1992) war es den Teilnehmern lediglich möglich, die Profilinhaberin mittels kategorialer Informationen einzuordnen und zu ihr in Beziehung zu treten. Das Herstellen bzw. Verhindern sozialer Beziehungen mittels der Universitätszugehörigkeit hat sich in einer Vielzahl von Studien als starke Manipulation bewährt (vgl. z. B. Fleming & Petty, 2000; Mackie et al., 1990; Mackie, Gastardo-Conaco & Skelly, 1992). Abgesehen von der Valenz der Nutzerkommentare sowie den Profilinformationen Universität, Studienfach und Wohnort, waren die Profile exakt gleich gehalten, um Einflüsse eindeutig zurückführen zu können. Abschließend sei angemerkt, dass die Verarbeitung der Werbebotschaft sowie anhängendem UGC nicht nur theoretisch in einen sozialen Kontext eingebettet wurde, sondern mit dieser Studie auch praktisch. Die in Studie II vor allem kognitiv verarbeitet Anzeige erfuhr in der dritten Studie Erweiterung in Form eines sozialen Kontextes, was auch der tatsächlichen Rezeptionssituation eher entspricht.

4.3.1.3 Untersuchungsablauf

Der Untersuchungsablauf folgte in großen Teilen dem Ablauf der ersten beiden Studien. Nach allgemeinen Informationen zum Sinn und Zweck der Studie (vgl. Studie I[12]) sahen die Teilnehmer den beschriebenen Facebookausschnitt, wobei den Teilnehmern zufällig eine der vier Experimentalbedingungen zugeordnet wurde. Vor der Stimuluspräsentation erhielten die Teilnehmer lediglich die Anweisung, sich den nachfolgenden Ausschnitt anzuschauen und weiterzuklicken, wenn sie damit fertig waren. Die Elaboration wurde nicht manipuliert. Es ist davon auszugehen, dass die Teilnehmer die Werbung eher peripher statt zentral verarbeiteten, da das der üblichen Verarbeitungsweise von Onlinewerbung entspricht (Sundar et al., 2012). Dafür spricht auch eine durchschnittliche Betrachtungszeit der Seite von 39 Sekunden ($SD = 16.06$), wobei sich die einzelnen Bedingungen hinsichtlich der Betrachtungsdauer nicht signifikant unterschieden ($F(3, 94) = 1.32$, ns). Bedenkt man, dass die Werbung nicht wie in Studie II isoliert zu sehen war, sondern in ein Facebookprofil mit einer Reihe weiterer Information eingebettet war (vgl. Abb. 10), erscheint eine eingehende Auseinandersetzung mit der Werbung unwahrscheinlich. Nach der Stimulusbetrachtung wurden die Teilnehmer zuerst zu ihrer Markeneinstellung befragt und dann zur Kauf- und Empfehlungsabsicht. Im Anschluss gaben die Teilnehmer ihre Identifikation mit der jeweiligen Universität und dem Studienfach als Manipulationcheck an. Außerdem wurde das Persönlichkeitsmerkmal Consumer Susceptibility to Interpersonal Influence erfasst. Zum Schluss folgten das Produktinvolvement und soziodemographische Merkmale. Den Teilnehmern wurde abschlie-

---

12 Die Teilnehmer konnten sich bei dieser Studie statt der Wertgutscheine Versuchspersonenstunden als Teil ihres Studiums verbuchen lassen.

ßend gedankt sowie die Möglichkeit gegeben, per E-Mail mehr über den Zweck der Studie zu erfahren. Die Erhebung fand im April 2014 statt.

4.3.1.4 Stichprobe

Die Teilnehmer wurden als Studenten der Medienkommunikation an der Universität Würzburg rekrutiert, um eine erfolgreiche Manipulation zu gewährleisten. Die Teilnehmer waren alle mindestens ein Semester an der Universität eingeschrieben, sodass tatsächlich eine entsprechende Identifikation mit der Universität und dem Studienfach bestand (vgl. Knoll & Schramm, in Druck). 98 Studenten füllten den Fragebogen vollständig und ordnungsgemäß aus. Alle erwiesen sich als Facebooknutzer. 84 Prozent der Teilnehmer waren weiblich und ihr Durchschnittsalter betrug 20 Jahre ($SD = 1.95$). Der hohe Anteil weiblicher Teilnehmerinnen erklärt sich durch das Studienfach Medienkommunikation und ließ sich mit Hinblick auf die experimentelle Manipulation nicht vermeiden.

4.3.1.5 Messung der Variablen

Die Einstellung zur Marke Dermaris wurde wie in den ersten beiden Studien durch das 6-stufige semantische Differential von Spears und Singh (2004) anhand der fünf Items gemessen. Die Reliabilität erwies sich auch hier mit $\alpha = .91$ als sehr zufriedenstellend ($M = 3.42$, $SD = .95$).

Auch Kauf- und Empfehlungsabsicht wurden wie in der zweiten Studie als 6-stufige semantische Differentiale anhand der gleichen fünf Items wie in Studie II gemessen (Spears & Singh, 2004). Die Reliabilität war in beiden Fällen sehr gut (Kaufabsicht: $\alpha = .92$, $M = 2.40$, $SD = .86$; Empfehlungsabsicht: $\alpha = .94$, $M = 2.38$, $SD = .87$).

Die Identifikation mit der Universität und dem Studienfach wurde jeweils durch vier Items erhoben. Diese erwiesen sich bereits in der Studie von Knoll und Schramm (in Druck) als reliabel und hilfreich. Die Items entstammen teilweise der Identifikationsmessung von Walther et al. (2010) und teilweise einer Studie zur sozialen Identifikation von Simon und Massau (1991). Für die Universität Würzburg lauteten die Items z. B.: „Ich kann mich gut mit der Universität Würzburg und ihren Studenten identifizieren", „Die Universität Würzburg bedeutet mir etwas", „Ich fühle mich der Universität Würzburg stark verbunden" und „Ich fühle mich der Universität Würzburg stark zugehörig". Für die anderen Messungen wurde das Identifikationsobjekt durch die jeweils anderen Objekte ersetzt. Auch in der vorliegenden Studie erwies sich die Skala als äußerst reliabel

(Identifikation Universität: α = .97, M = 2.78, SD = 1.71; Identifikation Studienfach: α = .98, M = 2.84, SD = 1.86).

Consumer Susceptibility to Interpersonal Influence wurde wie in der ersten Studie mit der deutschen Kurzfassung der CSII-Skala von Woelke und Dürager (2011) gemessen. Die Skala zeigte mit α = .78 (M = 3.15, SD = .78) eine zufriedenstellende Reliabilität. Auch die drei Subskalen erwiesen sich größtenteils als reliabel (normative Beeinflussbarkeit durch Orientierung an Erwartungen: α = .67, M = 2.67, SD = .97; normative Beeinflussbarkeit durch Suche nach Übereinstimmung: α = .80, M = 2.68, SD = 1.17; informationale Beeinflussbarkeit: α = .72, M = 4.10, SD = .99).

Da es sich in der dritten Studie um die gleiche Werbeanzeige wie in der zweiten Studie handelte, wurde das Produktinvolvement mit dem bereits erprobten Messinstrument erhoben. Als Indikator diente wieder die Nutzungshäufigkeit von Sonnencreme an sonnigen Sommertagen auf einer 6-stufig Skala von „nie" bis „immer" (M = 3.54, SD = 1.19; vgl. auch (Zaichkowsky, 1985b). Vergleichbar mit der zweiten Studie zeigen die Teilnehmer wieder mittleres Produktinvolvement.

4.3.2 Ergebnisse

Drei nicht signifikante einfaktorielle Varianzanalysen mit der Experimentalbedingung als unabhängige Variable und Alter, CSII oder Produktinvolvement als abhängige Variable zeigen eine erfolgreiche Zufallsaufteilung auf die vier Bedingungen (Alter: $F(3, 94)$ = 1.56, ns; CSII: $F(3, 94)$ = .81, ns; Produktinvolvement: $F(3, 94)$ = 1.01, ns). Das Gleiche belegt ein nicht signifikanter χ^2-Test zwischen dem Geschlecht und den Untersuchungsbedingungen ($\chi^2 (3)$ = 2.76, ns). Die Untersuchungsgruppen sollten demnach gleiche Verteilung aufweisen, was mögliche intervenierende Einflüsse angeht.

Außerdem wurde überprüft, ob die Teilnehmer tatsächlich unterschiedlich starke Beziehungen zu der jeweiligen Urheberin des UGC aufwiesen (Manipulationcheck). Zwei einfaktorielle Varianzanalysen mit Beziehungsstärke als unabhängige Variable und der Identifikation mit der Universität oder dem Studienfach als abhängige Variable zeigen wie gewünscht signifikante und starke Unterschiede (Identifikation Universität: $F(1, 96)$ = 252.99, $p < .001$, *partielles* η^2 = .73; Identifikation Studienfach: $F(1, 96)$ = 378.86, $p < .001$, *partielles* η^2 = .80). Die Teilnehmer identifizierten sich um etwa drei Punkte stärker mit ihrer eigenen Universität (M = 4.26, SD = 1.04) und ihrem eigenen Studienfach (M = 4.53, SD = 1.08) im Vergleich zur fremden Universität (M = 1.35, SD = .75) und zum fremden Studienfach (M = 1.22, SD = .52). Eine Pearson-Korrelation zeigt außerdem, dass die Identifikation mit der Universität stark mit der Identifikation bezüglich des Studienfachs korreliert ($r = .92$, $p < .001$). Dies unterstreicht, dass die jeweilige UGC-Urheberin relativ eindeutig als Mitglied einer In- bzw. Out-Group kategorisiert werden konnte.

Hypothese H10 nahm an, dass UGC seine Rezipienten stärker beeinflusst, wenn diese eine soziale Beziehung zum jeweiligen Urheber aufweisen im Vergleich zu keiner oder einer schwächeren Beziehung. Die Hypothese wurde mittels einer 2 (negativer vs. positiver UGC) x 2 (keine soziale Beziehung vs. soziale Beziehung vorhanden) Varianzanalyse überprüft. Als abhängige Variable enthielt die Analyse Markeneinstellungen. Die Ergebnisse zeigen einen hochsignifikanten Haupteffekt des UGC ($F(1, 94) = 34.01$, $p < .001$, *partielles* $\eta^2 = .27$). Mit einer mittleren Einstellung von 3.91 Punkten ($SD = .87$) bewerteten Rezipienten der positiv kommentierten Onlinewerbung diese ca. einen Skalenpunkt besser als Rezipienten, welche die negativ kommentierte Werbung sahen ($M = 2.95$, $SD = .77$). Für die Beziehungsstärke zeigt sich kein Haupteffekt ($F(1, 94) = .11$, $p = .74$). Allerdings zeigt sich die Interaktion aus Beziehungsstärke und UGC marginal signifikant ($F(1, 94) = 3.07$, $p = .08$, *partielles* $\eta^2 = .03$). Wenn Rezipienten mit UGC-Autoren eine soziale Beziehung teilen, werden sie vom jeweiligen UGC stärker in ihren Einstellungen beeinflusst, als wenn keine soziale Beziehung vorhanden ist (vgl. Abb. 11).

Abbildung 11: Abhängiger Effekt von UGC auf Markeneinstellungen aufgegliedert nach verschiedenen Niveaus des Moderators Beziehungsstärke ($N = 98$)

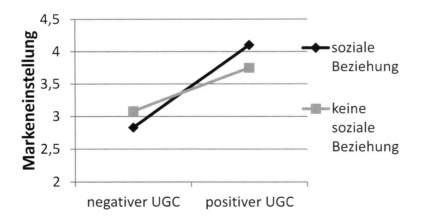

Die Einstellungsdifferenz zwischen positiv ($M = 4.10$, $SD = .82$) und negativ ($M = 2.84$, $SD = .74$) kommentierter Werbung beträgt bei vorhandener sozialer Beziehung 1.26 Punkte. Rezipieren Teilnehmer dagegen Inhalte beziehungsloser Urheber, unterscheiden sich die Einstellungen nur noch halb so stark. Die Differenz liegt hier bei .67 Punkten (positiv: $M = 3.75$, $SD = .91$; negativ: $M = 3.08$, $SD = .81$). Wichtig ist außerdem, dass soziale Beziehungen je nach Valenz des UGC sowohl zu einer Einstellungsverbesserung als auch zu einer Einstellungsverschlechterung führen (vgl. Abb. 11). Soziale Beziehungen verstärken folglich valenzunabhängig die Wirkung nutzergenerierter Inhalte. Hypothese H10 konnte auf einem Signifikanzniveau von $p < .08$ bestätigt werden.

Eine mögliche Ursache der marginal signifikanten Interaktion könnte darin liegen, dass sich die Interaktion hauptsächlich bei stark beeinflussbaren Personen zeigt. Die Interaktion wäre dann, wie in Hypothese H11 angenommen, durch Beeinflussbarkeit moderiert (moderierte Moderation). Da Beeinflussbarkeit metrisch erhoben wurde, erfolgte die Überprüfung der angenommenen Interaktion aus UGC, Beziehungsstärke und Beeinflussbarkeit regressionsanalytisch (West et al., 1996). Negativer UGC wurde dabei mit Null codiert und positiver UGC mit 1. Ebenso wurde die Bedingung „keine soziale Beziehung" mit Null codiert und das Vorhandensein einer Beziehung mit 1. Tabelle 18 zeigt die erwartete Interaktion als nicht signifikant ($p = .23$).

Tabelle 18: Ergebnisse der Regressionsanalyse zur Überprüfung des abhängigen Einflusses von UGC auf Markeneinstellungen mit Beziehungsstärke und Beeinflussbarkeit als Moderatoren ($N = 98$)

Prädiktor	Markeneinstellung			
	B^1	se	t	p
Konstante	2.26	.69	3.26	< .01
UGC	2.48	.96	2.59	< .05
Beziehungsstärke	.62	1.07	.58	.56
Beeinflussbarkeit	.26	.21	1.22	.23
UGC x Beziehungsstärke	-1.16	1.43	-.81	.42
UGC x Beeinflussbarkeit	-.56	.29	-1.93	.06
Beziehungsstärke x Beeinflussbar.	-.28	.34	-.80	.43
UGC x Beziehung. x Beeinflussbar.	.54	.45	1.22	.23

$R^2 = .31$, $F(7, 90) = 5.77$, $p < .001$
[1] B: unstandardisierter Regressionskoeffizient

Da Beeinflussbarkeit ein multidimensionales Konstrukt darstellt (Woelke & Dürager, 2011), wurde überprüft, ob möglicherweise nur eine der drei Subdimensionen eine moderierende Wirkung ausübt (vgl. auch Studie I). Die eben berechnete Regressionsanalyse wurde für alle drei Dimensionen der Beeinflussbarkeit als Moderator der Moderation wiederholt. In der Tat erweist sich die dreifache Interaktion für normative Beeinflussbarkeit durch Orientierung an Erwartungen als signifikant ($p < .05$; Tab. 19), während sie für die anderen beiden Subdimensionen nicht signifikant ausfällt (vgl. Tab. 20 & 21). Offensichtlich spielt es im vorliegenden Kontext vor allem eine Rolle, wie sehr Menschen aufgrund ihrer Persönlichkeit dazu neigen, sich an Erwartungen anderer zu orientieren.

Tabelle 19: Ergebnisse der Regressionsanalyse zur Überprüfung des abhängigen Einflusses von UGC auf Markeneinstellungen mit Beziehungsstärke und **normativer Beeinflussbarkeit durch Orientierung an Erwartungen** als Moderatoren ($N = 98$)

Prädiktor	Markeneinstellung			
	B^1	se	t	p
Konstante	2.40	.52	4.63	< .001
UGC	2.07	.69	3.00	< .05
Beziehungsstärke	.75	.71	1.07	.29
Beeinflussbarkeit (norm. Erwart.)	.25	.18	1.37	.17
UGC x Beziehungsstärke	-1.46	.99	-1.47	.15
UGC x Beeinflussbarkeit	-.49	.23	-2.11	< .05
Beziehungsstärke x Beeinflussbar.	-.38	.26	-1.47	.15
UGC x Beziehung. x Beeinflussbar.	.75	.36	2.11	< .05

$R^2 = .32$, $F(7, 90) = 6.13$, $p < .001$
[1] B: unstandardisierter Regressionskoeffizient

Tabelle 20: Ergebnisse der Regressionsanalyse zur Überprüfung des abhängigen Einflusses von UGC auf Markeneinstellungen mit Beziehungsstärke und **normativer Beeinflussbarkeit durch Suche nach Übereinstimmung** als Moderatoren ($N = 98$)

Prädiktor	Markeneinstellung			
	B^1	se	t	p
Konstante	2.89	.45	6.37	< .001
UGC	1.23	.62	1.97	.05
Beziehungsstärke	.05	.59	.08	.94
Beeinflussbarkeit (norm. Überein.)	.08	.17	.45	.65
UGC x Beziehungsstärke	.26	.86	.30	.76
UGC x Beeinflussbarkeit	-2.05	.22	-.93	.36
Beziehungsstärke x Beeinflussbar.	-.11	.21	-.53	.60
UGC x Beziehung. x Beeinflussbar.	.13	.30	.42	.67

$R^2 = .29$, $F(7, 90) = 5.34$, $p < .001$
[1] B: unstandardisierter Regressionskoeffizient

Tabelle 21: Ergebnisse der Regressionsanalyse zur Überprüfung des abhängigen Einflusses von UGC auf Markeneinstellungen mit Beziehungsstärke und **informationaler Beeinflussbarkeit** als Moderatoren ($N = 98$)

Prädiktor	Markeneinstellung			
	B^1	se	t	p
Konstante	2.24	.74	3.03	< .01
UGC	2.19	1.05	2.10	< .05
Beziehungsstärke	-.14	1.05	-.13	.89
Beeinflussbarkeit (informational)	.20	.17	1.17	.25
UGC x Beziehungsstärke	-.15	1.45	-.10	.91
UGC x Beeinflussbarkeit	-.36	.24	-1.48	.14
Beziehungsstärke x Beeinflussbar.	-.01	.25	-.01	.99
UGC x Beziehung. x Beeinflussbar.	.16	.35	.45	.65

$R^2 = .31$, $F(7, 90) = 5.66$, $p < .001$
[1] B: unstandardisierter Regressionskoeffizient

Die Art der moderierten Moderation lässt sich mit dem bereits eingeführten Pick-a-Point-Approach näher spezifizieren (vgl. 4.1.2; Hayes & Matthes, 2009). Konkret wurde die Interaktion von UGC und Beziehungsstärke auf verschiedenen Niveaus des Moderators normative Beeinflussbarkeit durch Orientierung an Erwartungen berechnet. Der Mittelwert für normative Beeinflussbarkeit diente dabei als moderates Beeinflussbarkeitsniveau, während eine Standardabweichung unter und eine Standardabweichung über dem Mittelwert geringe und hohe Beeinflussbarkeit darstellten (ebd.). Tabelle 22 sowie die Abbildungen 12, 13 und 14 geben Auskunft über die Ergebnisse.

Tabelle 22: Abhängiger Effekt von UGC auf Markeneinstellung aufgegliedert nach verschiedenen Niveaus der zwei Moderatoren Beziehungsstärke und normative Beeinflussbarkeit durch Orientierung an Erwartungen ($N = 98$)

normative Beeinfluss-barkeit	soziale Be-ziehung	geschätzter Effekt	se	t	p
„gering" = 1.68	nicht vorh.	1.24	.35	3.57	< .001
	vorhanden	1.05	.32	3.27	< .01
„moderat" = 2.67	nicht vorh.	.76	.23	3.22	< .01
	vorhanden	1.31	.24	5.43	< .001
„hoch" = 3.64	nicht vorh.	.28	.31	.90	.37
	vorhanden	1.57	.39	4.00	< .001

Rezipienten, die sich *stark* an den Erwartungen anderer orientieren (Abb. 12; Tab. 22), werden nur dann signifikant durch UGC beeinflusst, wenn eine soziale

Beziehung mit den UGC-Urhebern vorliegt. Orientieren sich Rezipienten *moderat* (Abb. 13) bis *niedrig* (Abb. 14) an den Erwartungen anderer, üben UGC-Autoren mit und ohne sozialer Beziehung Einfluss aus (vgl. Tab. 22). Dies zeigt sich auch in der Zusammenschau aller Abbildungen. Wie in H11 angenommen, nimmt die Interaktion aus UGC und Beziehungsstärke (H10) mit geringer werdender normativer Beeinflussbarkeit ab und verschwindet schließlich vollständig (vgl. Abb. 12, 13, & 14).

Abbildung 12: Abhängiger Effekt von UGC auf Markeneinstellungen aufgegliedert nach verschiedenen Niveaus des Moderators Beziehungsstärke für Rezipienten **mit hoher normativer Beeinflussbarkeit** durch Orientierung an Erwartungen

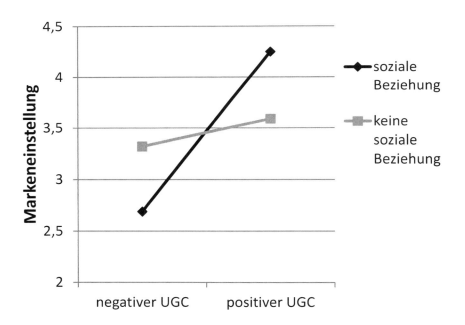

Abbildung 13: Abhängiger Effekt von UGC auf Markeneinstellungen aufgegliedert nach verschiedenen Niveaus des Moderators Beziehungsstärke für Rezipienten **mit moderater normativer Beeinflussbarkeit** durch Orientierung an Erwartungen

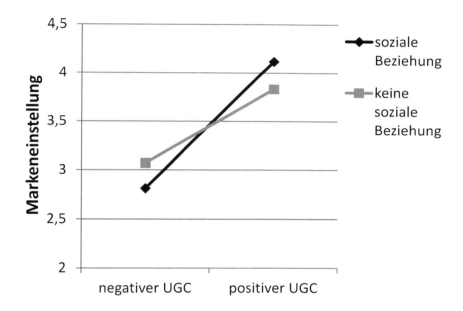

Betrachtet man die Größe der Einflüsse (Tab. 22), werden hoch beeinflussbare Rezipienten mit einer Einstellungsdifferenz von 1.57 Punkten auf der 6er-Skala am stärksten beeinflusst, sofern sie eine soziale Beziehung zum Urheber des UGC unterhalten. Ist dies nicht der Fall, existieren keine Einflüsse. Für moderat beeinflussbare Rezipienten zeigen sich insgesamt geringere Einflüsse, wobei auch diese Rezipienten stärker beeinflusst werden, wenn eine soziale Beziehung vorliegt (geschätzter Effekt: 1.31) im Vergleich zu solchen, bei denen keine Beziehung vorliegt (geschätzter Effekt: .76). Der Unterschied von .55 Skalenpunkten erweist sich als marginal signifikant ($t(90) = 1.64$, $p = .10$). Auch niedrig beeinflussbare Rezipienten zeigen insgesamt geringere Effekte (1.05 und 1.23), wobei hier kaum noch ein Unterschied je nach Beziehungsstärke auftritt ($t(90) = -.40$, ns). Zusammenfassend lässt sich festhalten, dass UGC insbesondere dann starken Einfluss ausübt, wenn Rezipienten sich aufgrund ihrer Persönlichkeit stark an den Erwartungen anderer orientieren und gleichzeitig auf UGC von Personen treffen, zu denen sie eine soziale Beziehung unterhalten. Rezipienten, die sich generell weniger an ihren Mitmenschen orientieren, unterscheiden weniger, ob sie auf Inhalte von Nutzern mit oder ohne Beziehung treffen, werden aber auch weniger stark beeinflusst. Hypothese H11 wurde für normative Beeinflussbarkeit durch Orientierung an Erwartungen bestätigt.

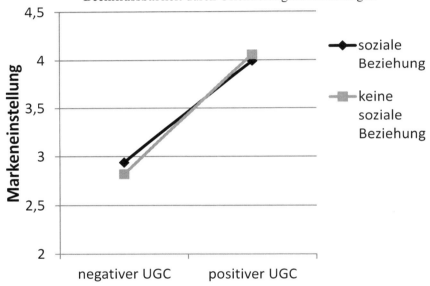

Abbildung 14: Abhängiger Effekt von UGC auf Markeneinstellungen aufgegliedert nach verschiedenen Niveaus des Moderators Beziehungsstärke für Rezipienten **mit geringer normativer Beeinflussbarkeit** durch Orientierung an Erwartungen

Abschließend galt es zu testen, ob sich die gefundenen Einstellungseffekte auch auf die Kauf- und Empfehlungsabsichten der Rezipienten übertragen (H8). Da sich bereits der erste Teil der Mediation (Effekt von UGC auf Einstellungen) als durch Beziehungsstärke und normative Beeinflussbarkeit moderiert erwiesen hat, ist die gesamte Mediation als moderiert anzusehen (Preacher, Rucker & Hayes, 2007). Die moderierte Mediation wurde regressionsanalytisch geprüft, wobei die eingeflossenen dichotomen Prädiktoren, UGC und Beziehungsstärke, ihre Codierung beibehielten. Die Ergebnisse finden sich in den Tabellen 19 und 23. Tabelle 19 zeigt den bereits überprüften moderierten Einfluss von UGC auf Einstellungen, während Tabelle 23 sowohl für Kaufabsicht als auch für Empfehlungsabsicht hochsignifikante Effekte der Einstellung auf ebendiese Variablen ausweist ($p < .001$).

Tabelle 23: Ergebnisse der Regressionsanalysen zur Überprüfung des indirekten Effekts von UGC auf Kauf- und Empfehlungsabsicht vermittelt über Markeneinstellungen ($N = 98$)

Prädiktor	Kaufabsicht			
	B^1	se	t	p
Konstante	.67	.29	2.34	< .05
Markeneinstellung	.56	.09	6.19	< .001
UGC	-.41	.17	-2.38	< .05
$R^2 = .29$, $F(2, 95) = 19.56$, $p < .001$				
Prädiktor	Empfehlungsabsicht			
	B^1	se	t	p
Konstante	.88	.31	2.88	< .05
Markeneinstellung	.48	.10	5.01	< .001
UGC	-.32	.18	-1.74	.09
$R^2 = .21$, $F(2, 95) = 12.98$, $p < .001$				

[1] B: unstandardisierter Regressionskoeffizient

Zusammengenommen legen der Effekt von UGC auf die Markeneinstellung (Tab. 19) sowie die Effekte von Markeneinstellung auf beide Verhaltensabsichten eine Mediation nahe (Tab. 23). Diese wurde zusätzlich mittels Bootstrapping und der Berechnung von Konfidenzintervallen um die indirekten Effekte abgesichert ($m = 5.000$; 99 % BC KI; Hayes, 2013). Für beide indirekten Effekte zeigen sich Konfidenzintervalle die oberhalb von Null liegen (Tab. 24 & 25). Die Effekte können folglich als positiv und mit einer Wahrscheinlichkeit von 99 Prozent als von Null verschieden angesehen werden. Einzig bei stark beeinflussbaren Rezipienten, die keine soziale Beziehung zum UGC-Autor hatten, enthalten die Konfidenzintervalle jeweils Null. Dies entspricht den Ergebnissen zu Hypothese H11. Hier hat sich bereits gezeigt, dass diese Rezipienten nicht in ihren Markeneinstellungen beeinflusst werden und damit auch keine indirekten Effekte zu erwarten sind.

Die Größe der Effekte schwankt für die Kaufabsicht je nach Niveau der Moderatoren zwischen .42 und .88 Punkten (vgl. Tab 24). Hinsichtlich der Empfehlungsabsicht liegen die Effektgrößen mit .37 bis .76 Punkten etwas niedriger (vgl. Tab 25). Außerdem zeigen sich jeweils signifikante bzw. marginal signifikante direkte Effekte von UGC auf Kauf- ($B = -.41$) oder Empfehlungsabsicht ($B = -.32$; Tab. 23), wobei diese negativ ausfallen. Zur Bestimmung des totalen Effekts von UGC auf Verhaltensabsichten müssen diese vom jeweiligen indirekten Effekt subtrahiert werden. Hintergrund ist, dass sich der totale oder gesamte

Effekt einer Variable aus ihrem indirekten und direkten Effekt zusammensetzt (Hayes, 2013). Für Kaufabsicht ergeben sich totale Effekte von bis zu .47 Punkten, während diese bei Empfehlungsabsicht bis zu .42 Punkte erreichen. Es lässt sich festhalten, dass Markeneinstellungen auch in dieser Studie den Einfluss von UGC auf Kauf- und Empfehlungsabsicht vermitteln, sofern UGC Markeneinstellungen beeinflusst. Die stärksten Änderungen in der Kauf- und Empfehlungsabsicht zeigen sich bei stark beeinflussbaren Rezipienten, die UGC von einem kollektiv verbundenen Autor rezipieren. Im Vergleich zu Onlinewerbung, die negativ kommentiert ist, zeigen sie bei positiv kommentierter Werbung eine um ca. einen halben Skalenpunkt gesteigerte Kauf- und Empfehlungsabsicht.

Tabelle 24: Indirekter Effekt von UGC auf Kaufabsicht vermittelt über Markeneinstellungen aufgegliedert nach verschiedenen Niveaus der zwei Moderatoren Beziehungsstärke und normative Beeinflussbarkeit durch Orientierung an Erwartungen ($N = 98$)

normative Beeinflussbarkeit	soziale Beziehung	geschätzter Effekt	se	99 % Bias Corrected Bootstrap Konfidenzintervall
„gering" = 1.68	nicht vorh.	.70	.21	.18 – 1.29
	vorhanden	.59	.20	.16 – 1.22
„moderat" = 2.67	nicht vorh.	.42	.14	.10 – .88
	vorhanden	.73	.19	.28 – 1.28
„stark" = 3.64	nicht vorh.	.15	.18	-.29 – .71
	vorhanden	.88	.29	.06 – 1.69

Tabelle 25: Indirekter Effekt von UGC auf Empfehlungsabsicht vermittelt über Markeneinstellungen aufgegliedert nach verschiedenen Niveaus der zwei Moderatoren Beziehungsstärke und normative Beeinflussbarkeit durch Orientierung an Erwartungen($N = 98$)

normative Beeinflussbarkeit	soziale Beziehung	geschätzter Effekt	se	99 % Bias Corrected Bootstrap Konfidenzintervall
„gering" = 1.68	nicht vorh.	.60	.20	.17 – 1.24
	vorhanden	.50	.16	.15 – 1.02
„moderat" = 2.67	nicht vorh.	.37	.14	.07 – .83
	vorhanden	.63	.17	.23 – 1.16
„stark" = 3.64	nicht vorh.	.13	.17	-.22 – .68
	vorhanden	.76	.27	.07 – 1.63

4.3.3 Diskussion

Ziel der dritten Studie war es, den sozialen Kontext der Werberezeption stärker in die Analyse der Werbewirkung zu integrieren. Im Zusammenhang sozialer Medien tritt dieser vor allem in Form sozialer Beziehungen unter den Nutzern in Erscheinung. Soziale Medien werden explizit zu deren Aufbau und Pflege verwendet (Ren et al., 2007). Folgt man Theorien zu sozialem Einfluss (z. B. Kelman, 1961; Tajfel & Turner, 1979), sollten soziale Beziehungen den Einfluss von UGC verstärken, sobald sie zwischen Urhebern und Rezipienten vorliegen. Die Ergebnisse bestätigen diese Vermutung. Internetnutzer ändern stärker ihre Einstellungen in Richtung der Valenz von UGC, wenn sie eine Beziehung zu den jeweiligen Autoren unterhalten. Im vorliegenden Kontext fiel die Einstellungsänderung dann knapp doppelt so groß aus. Mit Einstellungsdifferenzen von mehr als einem Skalenpunkt auf der gemessenen 6er-Skala handelt es sich hierbei um substantielle Wirkungen. Außerdem zeigt sich die verstärkende Wirkung sowohl für negativen als auch für positiven UGC.

An dieser Stelle bietet sich ein Vergleich mit Studie II an, in der dieselbe Werbung ohne UGC bewertet wurde. Fasst man diese Bewertung als Kontrollgruppe bzw. Referenzgröße auf, liegt sie mit einem Wert von 3.5 Punkten (vgl. Studie II; Abb. 8) ziemlich genau in der Mitte der in Studie III gemessenen Einstellungsunterschiede (vgl. Abb. 11). Diese differieren für Rezipienten mit sozialer Beziehung zwischen 4.10 und 2.84 Punkten (Mitte: 3.47) und für Rezipienten ohne soziale Beziehung zwischen 3.75 und 3.08 Punkten (Mitte: 3.41). Daraus lässt sich vorsichtig folgern, dass das Hinzufügen von UGC zu Onlinewerbung deren Wirkung gleich stark verschlechtert oder verbessert und nicht etwa negativer UGC eine stärkere Wirkung entfaltet als positiver UGC. Außerdem fallen diese Veränderungen etwa im gleichen Umfang größer aus, wenn der jeweilige Effekt durch eine soziale Beziehung verstärkt wird. Soziale Beziehungen entfalten demzufolge eine valenzunabhängige Wirkung. Zusammen mit der geringen Betrachtungszeit (vgl. 4.3.1.3) sprechen die etwa gleich starken positiven wie negativen Effekte außerdem dafür, dass die Werbung peripher verarbeitet wurde. Bei zentraler Verarbeitung hätte der Einfluss des positiven UGC aufgrund der starken Argumentqualität geringer ausfallen müssen (vgl. Ergebnisse von Studie II).

Dass der Interaktionseffekt trotz der deutlichen Wirkungsunterschiede nur marginal signifikant ausfällt, mag einerseits an der zusätzlichen Moderation durch Beeinflussbarkeit liegen (vgl. H11). Andererseits spielt sicher auch die geringe Stichprobengröße von 98 Teilnehmern eine Rolle. Die einzelnen Bedingungen kamen so auf 22 bis 26 Teilnehmer, was den Nachweis signifikanter Effekte selbst im Falle größerer Gruppenunterschiede erschwert (Field, 2009). Da die Teilnehmer alle demselben Studiengang entstammen sollten und zudem noch keine theoretischen Kenntnisse vom Untersuchungsgegenstand haben durften, war es nicht möglich, mehr Teilnehmer zu rekrutieren. Künftige Studien könnten sich nur auf die Universität als gemeinsame soziale Gruppe beziehen (Mackie et al., 1990), um so den Kreis potentieller Teilnehmer zu erhöhen. Eine weitere Möglichkeit besteht darin, noch allgemeiner zwischen z. B. Männern und Frauen als soziale Gruppe zu unterscheiden. Fleming und Petty (2000) konnten nachweisen, dass Produktendorsements von gleichgeschlechtlichen Fürsprechern zu stärkeren Einstellungsänderungen führen als Befürwortung durch gegengeschlechtliche Personen. Bedingung war jeweils, dass sich die Rezipienten stark mit ihrem Geschlecht identifizierten. Es ist nicht unwahrscheinlich, dass sich solche Effekte auch hinsichtlich der Wirkung von UGC in sozialen Medien zeigen.

Hierzu passt auch, dass sich die Effekte für absolut unbekannte UGC-Autoren zeigten, Rezipienten also alleine auf Basis gemeinsamer kollektiver Beziehungen stärker beeinflusst wurden. Insofern stellen die Ergebnisse eine Bestätigung der bereits von Walther et al. (2010) oder Knoll und Schramm (in Druck) gefundenen Effekte dar. Sie betonen die Bedeutung von Gruppenbeziehungen bzw. -identitäten als Moderator von Medieneinflüssen in Social Media. Neben der untersuchten Zugehörigkeit zu einer Organisation (Universität) und den angesprochenen Geschlechtereffekten, sind außerdem Effekte gemeinsamer regionaler Herkunft (z. B. Berlin), gemeinsamer Interessen (z. B. Fußball) oder gemeinsamer Mitgliedschaft in sozialen Medien denkbar. Da solche Informationen insbesondere auf SNS sichtbar sind (Baym, 2011), bieten diese Seiten in der

Hinsicht das größte Einflusspotential. Daneben sollte man nicht den Einfluss interpersonaler Beziehungen unterschätzen, die in dieser Studie ausgeklammert wurden. Zum einen verkehren Nutzer sozialer Medien vor allem mit Menschen, die sie persönlich kennen (Sassenberg, 2011), zum anderen gibt es erste Hinweise auf die verstärkende Wirkung interpersonaler Beziehungen (Knoll & Schramm, in Druck). Insbesondere das Zusammenspiel interpersonaler und kollektiver Beziehungen sollte künftig stärker untersucht werden, da in sozialen Medien häufig beide Beziehungsarten parallel vorliegen. Die Erkenntnislage über ihr Zusammenwirken ist noch vergleichsweise begrenzt (ebd.).

Neben der Wirkung sozialer Beziehungen gab die Studie auch Aufschluss darüber, welche Rolle die Persönlichkeit von Nutzern bei der Rezeption von UGC spielt. Vorherige Studien konnten bereits nachweisen, dass UGC umso stärker wirkt, je ausgeprägter die sozialen Beziehungen zwischen Urhebern und Rezipienten sind. Sie ließen dabei aber die Persönlichkeit als zusätzlichen Moderator außer Acht (z. B. Knoll & Schramm, in Druck; Walther et al., 2010). Sie zu integrieren erscheint sinnvoll, da vergangene Forschung vielfach bestätigt hat, dass Menschen je nach ihrer Persönlichkeit soziale Einflüsse unterschiedlich stark zulassen (Bearden et al., 1989; McQuire, 1968). Demgemäß zeigen die Ergebnisse, dass stark beeinflussbare Rezipienten die größten Einstellungswirkungen in Richtung der nutzergenerierten Inhalte aufweisen. Dies aber nur, wenn sie soziale Beziehungen zu den Autoren der Inhalte unterhalten. Liegen derartige Beziehungen nicht vor, besteht kein Anreiz, den Erwartungen anderer zu entsprechen, da diese anderen irrelevante Dritte darstellen. Menschen orientieren sich nicht wahllos an den Erwartungen anderer Mitmenschen, sondern versuchen vor allem jene Erwartungen zu erfüllen, die sozial verbundene Personen oder Gruppen an sie richten (Kelman, 1961). Indem sie ihre Reaktionen an anderen orientieren, handeln sie gemäß der Beziehungen und halten sie so aufrecht. Sofern stark beeinflussbare Rezipienten nicht danach streben, zu bestimmten bezugslosen Rezipienten neue Beziehungen aufzubauen, besteht im Falle eines beziehungslosen Gegenübers kein Anlass für derartige Anpassungsreaktionen.

Demgegenüber neigen weniger stark beeinflussbare Rezipienten in geringerem Maße dazu, den Erwartungen anderer zu entsprechen. Sie akzeptieren in geringerem Maße deren Einfluss. Sofern sie Einfluss akzeptieren, ist die Frage, ob soziale Beziehungen zum Einflussnehmenden existieren, von untergeordneter Bedeutung. Erklären lässt sich dieser Umstand damit, dass diese Menschen generell weniger darauf achten, was andere Menschen tun und damit auch weniger darauf achten, *wer* etwas tut (Bearden et al., 1989; Bearden & Rose, 1990). Die Ergebnisse belegen, dass gering beeinflussbare Rezipienten ihre Einstellungen gleichermaßen an Nutzern mit und ohne sozialer Beziehung orientieren, dies aber in geringerem Ausmaß.

Auffällig ist, dass wieder nicht die allgemeine Beeinflussbarkeit einer Person ausschlaggebend ist, sondern eine der drei Subdimensionen moderierend wirkt. Im Unterschied zur ersten Studie (Dimension der informationalen Beeinflussbarkeit) handelt es sich diesmal um normative Beeinflussbarkeit durch Orientierung an Erwartungen. Deren Ausbleiben wurde in Studie I damit erklärt, dass Nutzer nur dann unterschiedlich stark normativ beeinflusst werden, wenn sie sich mit dem jeweiligen Gegenüber identifizieren können. So besteht überhaupt ein Anreiz, nach sozialer Akzeptanz zu streben. Während diese Identifikationsmöglichkeit im Fall der anonymen Facebook-Likes (Studie I) kaum gegeben war, bietet Studie III mit ihrer In-Group – Out-Group Manipulation genügend Identifikationspotential. Entsprechend zeigen Menschen, die sich mehr oder weniger stark an den Erwartungen anderer orientieren, auch unterschiedliche Einstellungsänderungen. Hier wäre auch denkbar gewesen, dass Menschen je nach informationaler Beeinflussbarkeit unterschiedlich reagieren. Insbesondere von stark informational beeinflussbaren Rezipienten wäre zu erwarten gewesen, dass sie UGC-Autoren, die ihrer In-Group entstammen, als relativ ähnlich ansehen und folglich als besonders valide Informationsquelle empfinden (Turner, 1991). Ein besonders starker Einfluss zeigte sich für diese Rezipienten jedoch nicht.

Eine mögliche Ursache könnte in der Art des beworbenen Produkts liegen. Im Unterschied zur ersten Studie (Handyvertrag) handelte es sich in der dritten Studie (Sonnencreme) um ein Produkt mit deutlich niedrigerem Involvement (Bowen & Chaffee, 1974). Im Vergleich sollte Sonnencreme von deutlich niedrigerer Relevanz für die Rezipienten sein. Möglicherweise bestand bei der Sonnencremewerbung generell kein Bedürfnis, valide Informationen über das Produkt zu sammeln. Folglich spielte es auch keine Rolle, ob dieses Bedürfnis bei manchen Menschen aufgrund ihrer Persönlichkeit mehr oder weniger stark ausgeprägt ist. Dazu passen die Ergebnisse einer Studie von Park und Lessig (1977). Sie zeigen, dass Menschen vor allem dann informationalen Einfluss zulassen bzw. aktiv danach suchen, wenn es sich um den Kauf von High-Involvement-Produkten im Vergleich zu weniger involvierenden Produkten handelt. Untersuchte Situationen waren z. B. der Kauf eines Autos oder Fernsehers im Vergleich zum Kauf von Dosenfrüchten oder Bier. In den letzten beiden Fällen ist das Bedürfnis nach validen Realitätsinformationen deutlich geringer und entsprechend ist rein informationaler Einfluss eher unwahrscheinlich. Hingegen ist normativer Einfluss hier durchaus möglich, indem man durch den Kauf eines bestimmten Bieres oder einer bestimmten Sonnencrememarke den Erwartungen anderer entsprechen will.

Der entscheidende Unterschied liegt in den Bedürfnissen, die den jeweiligen Einfluss ermöglichen. Während im Falle des informationalen Einflusses der jeweilige Einstellungsgegenstand selbst sowie Unsicherheit bezüglich dieses Gegenstands ein Verlangen nach Informationssuche auslösen, ist es im Falle des normativen Einflusses die jeweilige Person oder Gruppe, von der man akzeptiert werden will. Der eigentliche Einstellungsgegenstand bzw. die konkrete Einstellung ist hier weniger entscheidend (Kelman, 1961). Es ist daher möglich, dass die Rezipienten der stärker involvierenden Mobilfunkwerbung mehr daran interessiert waren, valide Informationen über das Produkt zu sammeln, um sich darauf aufbauend eine Einstellung zu bilden. Im Gegensatz dazu bestand im Fall der weniger involvierenden Sonnencreme kaum Anlass, sich über die Gültigkeit der beworbenen Produktvorteile zu informieren. Die prominente und eindeutige Kategorisierung der UGC-Autoren als Mitglieder einer In-Group bzw. Out-Group führte hier aber dazu, dass normativ stark beeinflussbare Rezipienten sich mehr oder weniger stark an den Erwartungen der Gruppenmitglieder orientierten.

Augenscheinlich spielt die Art des beworbenen Produkts eine Rolle in der Entstehung unterschiedlicher sozialer Einflüsse und damit für die moderierende Wirkung der individuellen Beeinflussbarkeit. Künftige Studien sollten diesen Faktor stärker integrieren. Dieser Faktor könnte auch erklären, warum weder in der ersten noch in der dritten Studie die Dimension der normativen Beeinflussbarkeit durch Suche nach Übereinstimmung eine Rolle spielt. Keines der beworbenen Produkte und keine der beworbenen Marken erscheint besonders prädestiniert, Gruppenzugehörigkeit durch entsprechende Einstellungen und Verhaltensabsichten zu signalisieren. Insbesondere die verwendeten Marken können als fiktive Marken noch nicht mit einer bestimmten Gruppe assoziiert sein und eine Verwendung damit schwerlich Gruppenzugehörigkeit signalisieren. Künftige Studien sollten etablierte Marken integrieren, die diese Suche nach Übereinstimmung fördern.

Eine weitere Limitierung besteht darin, dass der moderierende Einfluss sozialer Beziehungen nur für eine eher periphere Verarbeitung von Onlinewerbung und UGC untersucht wurde und weniger für deren zentrale Verarbeitung. Auch wenn andere Studien in ähnlichen Kontexten eine vergleichbare Moderation nahelegen (vgl. z. B. Fleming & Petty, 2000; van Knippenberg & Wilke, 1992), steht deren Bestätigung im Kontext nutzergenerierter Inhalte noch aus. Ebenso wurde nicht überprüft, ob UGC einen größeren Einfluss auf die Relevanzwahrnehmung einer Werbebotschaft hat, wenn soziale Beziehungen zu den Urhebern der Inhalte bestehen. Eine vom Autor betreute Abschlussarbeit liefert allerdings erste Hinweise in die vermutete Richtung (Bartenschlager, 2014). Wie in der vorliegenden Studie präsentierte Bartenschlager (2014) ihren Teilnehmern experimentell verschiedene Facebookprofile samt auf der Pinnwand geteilter Onlinewerbung. Ebenso wurde die soziale Beziehung (schwach vs. stark) zu den jeweiligen Profilinhabern variiert. Rezipienten nahmen dann Unterschiede in der argumentativen Qualität der Werbebotschaft deutlicher wahr, wenn diese von einer stark verbundenen Person geteilt wurde im Vergleich zu einer kaum verbundenen Person. Nach dem ELM werden Unterschiede in der argumentativen Qualität einer Botschaft umso eher wahrgenommen, je höher die Elaboration ist. Insofern sollten die Studienteilnehmer die Werbebotschaft im Falle der verbundenen Person stärker elaboriert haben. Der Effekt war mit $p = .11$ jedoch nur annähernd marginal signifikant und bedarf weiterer Untersuchung.

Abschließend sei angermerkt, dass sich Hypothese H8 abermals bestätigen ließ. Auch in der dritten Studie beeinflusste UGC die Kauf- und Empfehlungsabsicht der Rezipienten, wobei die Effekte wie in Studie II durch Einstellungen vermittelt wurden. Da bereits der Einstellungseffekt von der Beziehungsstärke zu den Urhebern des UGC sowie von der Beeinflussbarkeit der Rezipienten moderiert war, zeigte sich auch der gesamte indirekte Effekt auf Kauf- und Empfehlungsabsicht als moderiert. Stark beeinflussbare Rezipienten äußerten eine um einen halben Skalenpunkt gesteigerte bzw. verminderte Kauf- und Empfehlungsabsicht, sofern sie eine Beziehung zum jeweiligen Urheber des UGC unterhielten. Weniger stark beeinflussbare Nutzer zeigten entsprechend geringere Effekte, unterschieden mit abnehmender Beeinflussbarkeit aber auch weniger, ob ihnen die kommentierende Person sozial verbunden war oder nicht.

5 Fazit und Ausblick

5.1 Zusammenfassung der Ergebnisse

Zu Beginn der Arbeit stand die Frage, welchen Einfluss UGC im Kontext von Onlinewerbung auf deren Rezeption und Wirkung hat. Ziel war es, diesen Einfluss theoretisch zu modellieren und empirisch zu überprüfen. Dazu wurde in Anlehnung an das ELM (Petty & Cacioppo, 1986) ein Verarbeitungs- und Wirkungsmodell aufgestellt. Dieses spezifiziert einerseits, auf welche Art und Weise UGC die Wirkung von Onlinewerbung beeinflussen kann, und erlaubt andererseits Aussagen über Konsequenzen hinsichtlich Einstellungen und Verhalten. Die eher klassische ELM-Modellierung erfuhr Erweiterung, indem Informationsverarbeitungs- sowie Einstellungsbildungsprozesse in einen sozialen Kontext eingebettet wurden. Das geschah mit Hilfe verschiedener Theorien zu sozialem Einfluss (Kelman, 1961; Spears & Lea, 1992; Tajfel & Turner, 1979; Turner et al., 1987). Die finale Modellierung ist in Abbildung 15 dargestellt (vgl. S. 154). Hier ist auch zu sehen, welche der Hypothesen sich bestätigt (✓), teilweise bzw. mit Einschränkungen bestätigt (~✓) oder nicht bestätigt haben (×).

Bestätigt hat sich die grundsätzliche Annahme des ELM, dass Variablen den Persuasionsprozess auf dreierlei Art und Weise beeinflussen können (Petty & Cacioppo, 1986). UGC wird als eine solche Variable aufgefasst. Konkret wurden dessen Valenz sowie die Anzahl der generierenden Nutzer als Einflussfaktoren untersucht. Während die Modellierung für Valenz einen Einfluss auf die Richtung der Verarbeitung und Einstellungsänderung annimmt, sollte die Nutzeranzahl einen Einfluss auf die Intensität der Verarbeitung und Einstellungsänderung haben. Entsprechend zeigt sich als erste Einflussmöglichkeit, dass UGC als Relevanzindikator für Werbebotschaften wirken kann (vgl. Studie I). Hier spielt die Anzahl der generierenden Nutzer die entscheidende Rolle. Je mehr Nutzer Inhalte zu einer Werbung generiert haben, d. h. eine Werbung z. B. kommentiert, „geliked" oder mit anderen Nutzern geteilt haben, desto relevanter wird diese angesehen. Die Einschätzung als relevanter zieht eine stärkere (und verzerrtere) Elaboration nach sich. Diese Ergebnisse stimmen mit Forschung zu UGC-Einflüssen aus anderen Onlinekontexten, wie der Nachrichtenrezeption, überein (Knobloch-Westerwick et al., 2005; Messing & Westwood, in Druck). Hier zeigt sich ebenfalls, dass Inhalte relevanter eingeschätzt und intensiver genutzt werden, wenn anhängender UGC eine intensive Nutzung durch andere Rezipienten signalisiert. Es scheint sich um einen allgemein gelernten Evaluierungsmechanismus zu handeln, der sich für viele Internetnutzer als erfolgreich und effizient erwiesen hat, um Aufmerksamkeitsressourcen zu verteilen (Wirth, 2001). Neu ist an den Erkenntnissen die Tatsache, dass nicht alle Menschen die gleichen Schlüsse aus derartigen Relevanzindikatoren ziehen. Die jeweilige Persönlichkeit wirkt als entscheidender Moderator: Nur stark beeinflussbare Menschen schätzen eine Werbebotschaft mit höherer Anzahl generierender Nutzer als relevanter ein. Für moderat beeinflussbare Rezipienten zeigen sich gar keine Einflüsse, während gering beeinflussbare Nutzer eine Werbebotschaft mit geringerer Nutzeranzahl als relevanter einschätzen. Es wird vermutet, dass sich letztere durch ein größeres Bedürfnis nach Einzigartigkeit auszeichnen und dann Inhalte als persönlich weniger relevant erachten, wenn diese bereits durch viele andere Nutzer rezipiert wurden (Tian & Bearden, 2001). Im Sinne der Nachrichtenwerttheorie (Galtung & Ruge, 1965) kann man zudem annehmen, dass der Botschaft mit den wenigen Likes – aufgrund der augenscheinlich geringen Nutzung – ein größerer Neuigkeitswert zugeschrieben wird. Folglich scheint sie relevanter und nutzungswürdiger (Wirth & Weber, 2013). Auch diese Inhalte dürften für Menschen, die nach Einzigartigkeit streben, die attraktiveren sein.

Als zweite Möglichkeit der Einflussnahme erweist sich die Wirkung von UGC als zusätzliches Argument bzw. durch Verzerrung der Elaboration. Sowohl in Studie I als auch in Studie II zeigt sich, dass bei zentraler Verarbeitung einer Werbebotschaft UGC die Wirkung der Botschaft in Richtung seiner Valenz beeinflusst. Negativer UGC zieht negativere Einstellungen zum beworbenen Objekt nach sich, während positiver UGC zu einer Einstellungsverbesserung führt. Wie bereits ausgeführt (vgl. 3.2.2) ist es schwer möglich, zu beantworten, ob diese Resultate eher aufgrund einer verzerrenden Primingwirkung des UGC entstehen oder aufgrund von dessen Wirkung als weiteres Argument für oder gegen das jeweilige Werbeobjekt. Am wahrscheinlichsten ist, dass beide Prozesse zusammenwirken. UGC und dessen Valenz können meist relativ schnell erfasst werden und insofern besteht die Möglichkeit, dass die nachfolgende Verarbeitung einer Werbebotschaft affektiv geprimed ist (Forgas, 1995). Während oder nach der Verarbeitung einer Werbebotschaft können nutzergenerierte Inhalte abermals aufgegriffen werden und würden dann als zusätzliches Argument wirken (Petty & Cacioppo, 1986).

Eindeutig nachgewiesen werden konnte, dass die vom UGC verursachten Einstellungswirkungen bei zentraler Verarbeitung durch die gedankliche Reaktion der Rezipienten vermittelt werden (vgl. Studie I). Ganz im Sinne des Cognitive-Response-Ansatzes bedingt die gedankliche Reaktion auf eine Werbebotschaft nachfolgende Einstellungen (Greenwald, 1968). Wichtig ist, dass dabei alle Gedanken, die sich ein Nutzer während der Rezeption macht und die das jeweilige Werbeobjekt und -mittel betreffen, anschließende Einstellungen beeinflussen. Diese lassen sich folglich sowohl auf die Botschaft selbst als auch auf Kontexteffekte bzw. deren Zusammenwirken zurückführen (Petty & Cacioppo, 1986). Demgemäß zeigt sich, dass die Wirkung von UGC zumindest teilweise durch die inhaltliche Qualität einer Werbebotschaft begrenzt ist. Wirkt eine Werbebotschaft bereits aufgrund starker inhaltlicher Argumente überzeugend, kann positiver UGC die Einstellungen kaum zusätzlich verbessern. Es zeigt sich ein Deckeneffekt. Das Gleiche gilt für die Verschlechterung von Einstellungen mittels negativem UGC im Fall einer inhaltlich weniger überzeugenden Botschaft. Hier zeigt sich ein entgegengesetzter Bodeneffekt. Letztendlich entfaltet UGC seine Wirkung unter zentraler Verarbeitung hauptsächlich, wenn seine Valenz der inhaltlichen Überzeugungskraft einer Werbebotschaft entgegenwirkt. Die Wirkung schwacher Werbebotschaften lässt sich mittels positivem UGC verbessern, während negativer UGC die Wirkung starker Botschaften herabsetzt.

Werden nutzergenerierte Inhalte als periphere Hinweisreize verarbeitet, der dritten Einflussmöglichkeit, sollte die inhaltliche Qualität einer Werbebotschaft keine moderierende Rolle spielen. Rezipienten konzentrieren sich in diesem Fall aufgrund mangelnder Motivation und/oder Fähigkeit auf leicht zu verarbeitende Informationen, häufig im Kontext der Botschaft. Der Inhalt spielt weniger eine Rolle. Dieser inhaltsunabhängige Einfluss konnte nicht belegt werden, da alle Rezipienten in Studie II die Botschaft eher zentral als peripher verarbeiteten und nicht zentral oder peripher. Die letzte Studie lässt dennoch eine derartige Wirkung vermuten. Eine vergleichsweise kurz rezipierte und zuvor als inhaltlich stark getestete Werbebotschaft zog im Falle von positivem bzw. negativem UGC etwa gleich starke Einstellungsverbesserungen bzw. Verschlechterungen nach sich. Würde hier ein abhängiger Einfluss vorliegen, müsste die Einstellungsverschlechterung aufgrund der inhaltlichen Überzeugungskraft der Werbebotschaft stärker ausfallen als die Einstellungsverbesserung (Petty & Cacioppo, 1986). Im letzten Fall käme es zum angesprochenen Deckeneffekt.

Abgesehen davon, ob UGC als peripherer Hinweisreiz eine abhängige oder unabhängige Wirkung entfaltet, konnte in Studie I gezeigt werden, dass UGC überhaupt als peripherer Hinweisreiz wirken kann. Mangelt es Rezipienten an Motivation zu hoher Elaboration einer Werbebotschaft, leiten sie Einstellungen direkt aus ihrer Wahrnehmung der nutzergenerierten Inhalte ab. In diesem Fall vermitteln die Rezeptionsgedanken nicht den Einfluss des UGC, da sich Rezipienten diese Gedanken nicht oder nur in sehr geringerem Ausmaß machen. Außerdem nimmt der periphere Einfluss von UGC zu, je geringer die Motivation (und/oder Fähigkeit) der Rezipienten. Im Sinne des ELM zeigt sich in der ersten Studie, je geringer das Denkbedürfnis der Rezipienten ist und je geringer dadurch ihre Motivation zur Elaboration ist, desto stärker verarbeiten sie UGC peripher.

Wie in Abbildung 15 dargestellt, übt der soziale Kontext der Informationsverarbeitung und Einstellungsbildung eine moderierende Rolle aus (vgl. S. 154). Je stärker die sozialen Beziehungen zu den Urhebern von UGC sind, desto eher werden Rezipienten durch ihn beeinflusst. Urheber und Rezipient müssen sich dabei nicht persönlich kennen und können relativ anonym auftreten (Spears & Lea, 1992). Es reicht bereits die Wahrnehmung der gemeinsamen Mitgliedschaft in einer Gruppe, um derartige Verstärkungseffekte hervorzurufen. Da sich Nutzer sozialer Medien aufgrund der dort präsentierten Informationen meist irgendeiner Gruppe zuordnen lassen und Menschen im Allgemeinen nach sozialer Kategorisierung ihrer Umwelt streben, sind derartige Effekte sehr wahrscheinlich. Entscheidend ist, wie sehr sich die Rezipienten mit der jeweiligen Gruppe identifizieren (Ellemers & Haslam, 2012). Außerdem wird angenommen, dass sich die Effekte verstärken, wenn Urheber und Rezipient sich persönlich kennen und neben einer kollektiven Beziehung auch eine interpersonale Beziehung vorliegt (z. B. Freund; Knoll & Schramm, in Druck). Auch dann ist die Identifikation mit dem jeweiligen Gegenüber entscheidend (Kelman, 1961).

Im Gegensatz zu vorherigen Arbeiten zu sozialen Einflüssen nutzergenerierter Inhalte wurde außerdem die Rolle der Rezipientenpersönlichkeit spezifiziert (Sassenberg, 2011). Menschen werden nicht uniform durch UGC beeinflusst, sondern reagieren je nach Persönlichkeit unterschiedlich stark. Die größten Einflüsse in Richtung der nutzergenerierten Inhalte zeigen stark beeinflussbare Personen. Das sind Menschen, die sich häufig bei ihren Mitmenschen informieren, wenn es um den Kauf oder die Verwendung von Marken geht (Studie I), oder stark danach streben, die Erwartungen ihrer Mitmenschen zu erfüllen (Studie III; Bearden et al., 1989). Ist bei Nutzern letztere Neigung ausgeprägt, lassen sie sich nur von solchen Mitnutzern beeinflussen, zu denen sie eine soziale Beziehung haben. Nur dann lohnt es sich, deren Erwartungen zu erfüllen, um in der jeweiligen Gemeinschaft akzeptiert zu sein (Turner, 1991). Nutzer, die weniger nach der Erfüllung von Erwartungen streben, werden durch UGC weniger stark beeinflusst. Sie werden allerdings auch von solchen Mitnutzern beeinflusst, zu denen sie keine soziale Beziehung haben. Hintergrund ist, dass diese Menschen generell weniger darauf achten, was ihr Umfeld macht und wer dort etwas macht (Bearden et al., 1989; Bearden & Rose, 1990).

Letztendlich sind Werbetreibende vor allem an konativen Wirkungen interessiert. Die Studien bestätigen mehrfach, dass sich die gefundenen Einstellungseffekte auch auf Verhaltensabsichten der Rezipienten übertragen. Im Sinne der Theorie des geplanten Handelns (Ajzen, 1991), die Verhaltensabsichten durch Einstellungen bestimmt sieht, lassen sich jeweils moderate bis starke Zusam-

Zusammenfassung der Ergebnisse 153

menhänge zwischen Einstellungen und Kauf- oder Empfehlungsabsicht finden (Studie II; III). Einstellungen erweisen sich außerdem in allen Fällen als Mediator der gefundenen konativen Wirkungen. Die Einstellungseffekte fallen dabei immer größer aus. Dies lässt sich damit erklären, dass Verhaltensabsichten nicht nur durch Einstellungen bedingt sind, sondern auch durch wahrgenommene subjektive Normen und die Kontrollierbarkeit des jeweiligen Verhaltens. Beide können begrenzende Wirkungen ausüben (Ajzen, 1991). Nicht bestätigt werden konnte die Annahme, dass zentral erarbeitete Einstellungen Verhaltensabsichten stärker vorhersagen als peripher gewonnene Einstellungen (Petty & Cacioppo, 1986). Es wird weniger die theoretische Grundlage angezweifelt, dass höhere Elaboration zu einer stärken Verknüpfung von Einstellungsobjekt und Einstellung führt und diese dann eine stärkere Verhaltenswirksamkeit nach sich zieht (Fazio et al., 1982), als vielmehr die Ursache in der konkreten Studie vermutet. Wie bereits angesprochen haben sich vermeintlich niedrig und hoch elaborierende Rezipienten in Studie II kaum in ihrer Elaborationsstärke unterschieden. Entsprechend treten auch keine differentiellen Effekte hinsichtlich der Verhaltenswirksamkeit von Einstellungen auf.

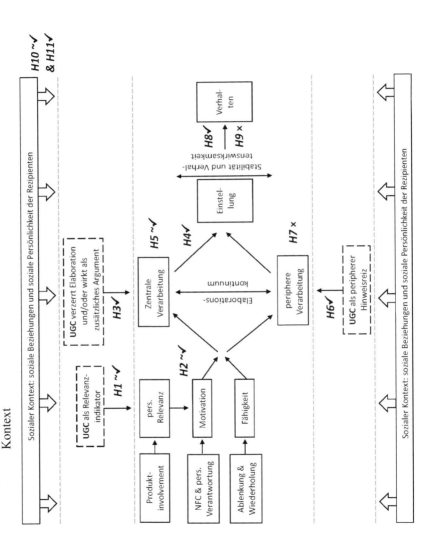

Abbildung 15: Nutzergenerierte Inhalte als multiple Einflussvariablen im Persuasionsprozess und ihr sozialer Kontext

5.2 Evaluation des aufgestellten Modells

Das aufgestellte und geprüfte Modell soll nun anhand verschiedener Gütekriterien evaluiert werden, an denen Theorien oder Modelle im Allgemeinen gemessen werden (Donges, Leonarz, Meier, 2005; Weber, 2003; Wottawa, 1988). Darunter fallen seine Strukturierungsfähigkeit, seine Erklärungs- und Prognosefähigkeit, seine Verträglichkeit mit bisherigen Theorien, seine Übertragbarkeit auf andere Gegenstandsbereiche und seine Fruchtbarkeit in Bezug auf weitere Forschung.

5.2.1 Strukturierungsfähigkeit

Widmet man sich einem noch wenig beforschten Untersuchungsgegenstand wie UGC und Onlinewerbung, hat ein Modell zuallererst strukturierende und beschreibende Funktion (Weber, 2003). Der Untersuchungsgegenstand erfuhr grundlegend Strukturierung, indem der eigentliche Persuasionsprozess – Verarbeitung einer persuasiven Botschaft und daraus resultierende Einstellungen und Verhaltensabsichten – von den darauf einwirkenden Einflussmöglichkeiten des UGC und dem umgebenden sozialen Kontext getrennt wurde. Dies geschah analytisch wie bildlich (vgl. Abb. 15). Die Anordnung der einzelnen Modellkomponenten von links nach rechts als zeitlicher Prozess trägt außerdem zur Gliederung bei.

Strukturiert man einen Untersuchungsgegenstand, stellt das jeweilige Modell immer eine von mehreren möglichen Beobachtungsperspektiven dar (Weber, 2003). Wichtig ist, dass die spezifische Perspektive das Wesentliche der Forschungsfrage herausstellt und weniger Wesentliches reduziert bzw. weglässt (Diekmann, 2005). Das Modell erfüllt insofern dieses Gebot, als dass die drei Einflussmöglichkeiten des UGC, nach denen in der Forschungsfrage gefragt wird, prominent herausgestellt werden. Außerdem enthält das Modell alle grundlegenden Elemente des ELM, anhand derer die einzelnen Einflussmöglichkeiten spezifiziert werden (Petty & Briñol, 2012). Das Modell entspricht ganz bewusst nicht der ursprünglichen Darstellung des ELM als Entscheidungsmodell („Wenn X dann Y, wenn nicht X dann Z"), die Petty und Cacioppo (1986) zur Schematisierung ihrer sieben Postulate gewählt haben. Stattdessen ist es als kausales Wirkungsmodell konzipiert. Während Petty und Cacioppo (1986) stärker betonen, wann welche Route der Verarbeitung eingeschlagen wird und was die jeweiligen Resultate davon sind, legt das vorliegende Modell den Fokus darauf, mögliche Einflüsse von UGC im Verlauf der Werberezeption herauszustellen. Die Darstellung als kausales Wirkungsmodell bietet den Vorteil, auf einen Blick erfassen zu können, an welcher Stelle UGC den Persuasionsprozess beeinflussen kann und welche Rolle er dabei jeweils einnimmt. Außerdem wird deutlich, welche kausalen Zusammenhänge zwischen Variablen angenommen und untersucht werden. Das erleichtert insgesamt das Modellverständnis (Diekmann, 2005). Die einzelnen Pfeile des Pfadmodells stellen demzufolge Einflüsse von Variablen auf andere Variablen oder auf Beziehungen zwischen Variablen dar. Letzteres gilt für die Blockpfeile des sozialen Kontextes, der moderierend wirkt.

5.2.2 Erklärungs- und Prognosefähigkeit

Weiterhin sollten theoretische Modelle einen Untersuchungsgegenstand nicht nur beschreiben und strukturieren, sondern auch das Zustandekommen bestimmter Ereignisse erklären können (Wottawa, 1988). Das Modell und die zugrundeliegenden Ausführungen liefern zum einen Erklärungen dafür, warum Einstellungen und Verhaltensabsichten je nach Ausprägung nutzergenerierter Inhalte variieren. Mit Hilfe des ELM (Petty & Cacioppo, 1986) und der Theorie des geplanten Handelns (Ajzen, 1991) wird grundsätzlich erklärt, wie Einstellungen und Verhaltensabsichten aufgrund von Werbebotschaften entstehen oder verändert werden können. In beiden Fällen handelt es sich um empirisch bewährte Theorien, die ihre Erklärungskraft schon häufig unter Beweis gestellt haben (Schuman et al., 2012; Ajzen & Fishbein, 2005). Darauf aufbauend wird aus dem dritten Postulat des ELM abgeleitet, welchen Einfluss UGC auf diesen Persuasionsprozess nehmen kann und damit seine Wirkung auf Einstellungen und Verhaltensabsichten erklärt. Außerdem liefert das Modell Erklärungen dafür, dass je nach sozialem Kontext Effekte auf Einstellung und Verhalten besonders stark bzw. schwach sind. Anhand verschiedener Theorien zu sozialem Einfluss kann die Bedeutung sozialer Beziehungen zwischen Urhebern und Rezipienten des UGC nachvollzogen werden. Die individuelle Beeinflussbarkeit wird als weiterer Moderator hergeleitet.

Der Prognosewert einer Theorie oder eines Modells zeigt sich letztendlich in der empirischen Bewährung. Blickt man auf die Überprüfung der Hypothesen, weist die theoretische Modellierung eine hohe Übereinstimmung mit der empirischen Realität auf. Lediglich zwei der elf aufgestellten Hypothesen (H7 und H9) fanden gar keine empirische Bestätigung. Allerdings sei angemerkt, dass nicht alle der neun restlichen Hypothesen vollständige Bestätigung fanden. Für den Prognosewert des Modells spricht außerdem, dass moderierende Bedingungen spezifiziert werden. Es ist folglich nicht nur möglich, vorherzusagen, dass bestimmte Veränderungen von Einstellungen oder Verhaltensweisen eintreten, sondern auch, wie stark deren Intensität ist und unter welchen Bedingungen sie zu erwarten sind. Als relevante Moderatoren treten die inhaltliche Qualität der

Werbebotschaft, soziale Beziehungen zu den Urhebern von UGC und die individuelle Beeinflussbarkeit der Rezipienten auf. Dabei handelt es sich in allen Fällen um Faktoren, die von Werbetreibenden entweder direkt beeinflusst werden können, oder aber durch Markforschung erhoben werden können. In jedem Fall können sie zur Prognose von Einstellungs- und Verhaltenseffekten herangezogen werden. Die Ergebnisse der einzelnen Studien lassen zudem eine ungefähre Abschätzung der Stärke potentieller Wirkungen zu. Einschränkend ist angemerkt, dass sich der finale Prognosewert des vorliegenden Modells erst nach mehrmaliger Anwendung in unterschiedlichen Kontexten feststellen lässt und die Übertragung des Modells auf andere Kontexte zumindest diskutiert werden sollte (vgl. 5.2.4).

5.2.3 Verträglichkeit

Die Frage nach der Verträglichkeit einer Theorie beschäftigt sich mit der Abschätzung, inwiefern Neumodellierungen oder theoretische Erweiterungen an bisher Bewährtes anknüpfen oder dieses in Frage stellen (Wottawa, 1988). Damit einher geht die Frage, ob sich Theorien, die im Zusammenhang klassischer Medien entwickelt wurden, überhaupt auf neue Medienwelten übertragen lassen (Schramm & Knoll, 2014; Walther, 2009). Wendet man ältere Theorien auf neuere Phänomene an, besteht immer die Gefahr, Neues zu übersehen oder als zu ähnlich im Vergleich mit Älterem zu betrachten. Knüpft man andererseits nicht an etablierte Theorien an, besteht das Risiko, dort Unterschiede zu sehen, wo möglicherweise keine sind. Die Folge ist, dass man Kontinuität im menschlichen Umgang mit Medien übersieht (Gulbrandsen & Just, 2011). Die vorliegende Arbeit versuchte diesem Problem auf zwei Wegen zu begegnen.

Erstens wurde bereits durch die Forschungsfrage festgelegt, dass es weniger um die Untersuchung neuer Technologien geht, die möglicherweise neue Theorien erfordern, als vielmehr um die menschliche Nutzung und Verarbeitung dieser Technik. „It is much more to do with what people are doing with the technology than the technology itself", stellen auch Campbell und Kollegen (2011a, S. 87) in ihrer Untersuchung von Nutzerkommentaren fest. Sofern sich Nutzer in ihren physischen wie psychischen Gegebenheiten nicht grundlegend verändern, ist davon auszugehen, dass sich bekannte Rezeptions- und Wirkungsprozesse auch auf die Verarbeitung und Wirkung von Social Media übertragen lassen. Dies spricht für eine Anwendung etablierter Theorien.

Das bedeutet zweitens aber nicht, dass diese unverändert übernommen werden müssen. Im Gegenteil, es zeichnet eine gute Theorie gerade aus, dass sie theoretische Erweiterungen anstößt. So werden Forscher neu auftretenden Phänomenen gerechter (Wottawa, 1988). In der vorliegenden Arbeit geschah dies durch die bisher wenig praktizierte Verbindung von Zwei-Prozess-Modellen mit Theorien zu sozialem Einfluss (van Knippenberg, 1999). Die nach dem ELM modellierte Verarbeitung und Wirkung persuasiver Botschaften wurde erweitert, sodass sich soziale Beziehungen zwischen Urhebern und Rezipienten von UGC in den Persuasionsprozess integrieren lassen. Nach bestem Wissen des Autors stellt diese Arbeit die erste dar, die diese Theoriekombination im Kontext sozialer Medien verfolgt. Zwar haben bereits in den 1990er Jahren verschiedene Psychologen versucht, diese Perspektive stärker in ihrem Fach zu verankern (vgl. im Überblick Fleming & Petty, 2000; van Knippenberg, 1999), allerdings hat die Forschung dazu kurz darauf nachgelassen. Dies mag daran liegen, dass es damals kaum massenmediale Persuasionskontexte gab, in denen soziale Beziehungen eine so entscheidende Rolle spielten, dass deren Integration unbedingt notwendig erschien. Ganz anders stellt sich die Lage in sozialen Medien dar und könnte dieser Theoriekombination weiteren Aufwind verleihen. Hierfür spricht auch, dass es der Persuasionsforschung generell an integrativen Ansätzen mangelt (Chaiken, Wood & Eagly, 1996).

Insofern stellt die Lösung auf das eben formulierte Problem – Kontinuität durch etablierte Theorien vs. Entdeckung neuer Zusammenhänge mittels neu entwickelter Theorien – eine neue bzw. erneute Kombination existierender Theorien dar. Das ermöglicht einerseits das Erkennen von Kontinuität und fördert die Anschlussfähigkeit der Forschung. Anderseits wird man auch den besonderen Eigenschaften von Social Media gerecht. Es besteht außerdem geringe Gefahr, zu phänomenorientiert zu forschen und damit Ergebnisse zu produzieren, die durch die technologische Entwicklung rasch obsolet werden (Spears et al., 2011). Bezüglich der theoretischen Verträglichkeit des aufgestellten Modells lässt sich schließlich resümieren, dass diese zweifelsfrei vorliegt. Zum einen wurde das Modell aus angestammten und etablierten Theorien der Kommunikationswissenschaft wie Psychologie abgeleitet, zum anderen fand das Modell starke empirische Bestätigung im Kontext neuer Medien.

5.2.4 Übertragbarkeit

Spannend ist auch die Frage nach der Übertragbarkeit auf einen breiteren Gegenstandsbereich. Die bisherige Überprüfung beschränkt sich auf Markenwerbung in Facebook. Gemessen an der stark verbreiteten Nutzung stellt Facebook einen breiten Gegenstandsbereich dar (Busemann, 2013), jedoch existieren neben Facebook weitere Social-Media-Angebote. Außerdem lässt sich mit Hinblick auf die rasche Entwicklung der Onlinekommunikation schwer vorhersagen, wie lange Facebook in dieser Form noch existiert. Auch hinsichtlich des Kommunikationsgegenstands existieren noch einige weitere Typen persuasiver Kommunikation in sozialen Medien. Beispiele sind politische Werbung (Wladarsch, Neuberger, Brockmann & Stieglitz, 2014), Werbung für Non-Governmental-Organisations (Waters & Jones, 2011) oder Gesundheitskommunikation (Park et al., 2011).

Für eine Übertragbarkeit auf andere Medien und Kommunikationsgegenstände spricht, dass die Modellierung dazu entwickelt wurde, Einflüsse jeglicher nutzergenerierter Inhalte auf Onlinewerbung abzubilden. Entsprechend handelt es sich bei den Modellvariablen um relativ allgemeine, psychologische und mediale Faktoren, die auf alle genannten Kontexte zutreffen. Allein das Produktinvolvement müsste je nach Gegenstandsbereich durch politisches Involvement (Reinemann & Zerback, 2013) oder die persönliche Betroffenheit durch eine Krankheit ersetzt werden (Rossmann & Ziegler, 2013). Weiterhin spricht für die Übertragbarkeit, dass das ELM als Kernstück der vorliegenden Modellierung für unterschiedlichste Gegenstandbereiche geeignet ist. Es hat sich in einer Vielzahl von Kontexten bewährt (Klimmt, 2011; Wirth & Kühne, 2013). Ebenso fanden der Social-Identity-Ansatz (Ellemers & Haslam, 2011) sowie der Ansatz Kelmans (Kelman, 2006) in unterschiedlichsten Bereichen empirische Bestätigung.

Gegen eine einfache Übertragung spricht, dass anderen Persuasionskontexten genauso wie anderen Medien Eigenheiten innewohnen, die durch das vorliegende Grundmodell nicht abgedeckt sind. Zum Beispiel deckt die bisherige Modellierung nur die Valenz des UGC als eher groben inhaltlichen Faktor ab. Zweifellos kann UGC stark variieren, was dessen Inhalt und Detailreichtum betrifft. Je nach inhaltlicher Ausprägung können Nutzerkommentare z. B. als Fallbeispiele (detaillierte Einzelfallschilderungen) wahrgenommen werden (Peter, Rossmann & Keyling, 2014) und eine entsprechend starke persuasive Wirkung nach sich ziehen (Zillmann, Perkins & Sundar, 1992). Möglicherweise treten nutzergenerierte Inhalte künftig auch mehr in Form audiovisuellen Materials auf, was deren Wirkung ebenfalls verändern könnte (Fennis & Stroebe, 2010). Derartige Überlegungen bedeuten jedoch nicht zwangsläufig, dass „stets neue Theorien entwickelt werden [müssen]. Vielmehr kann auf das bestehende Zwei-Prozess-Framework zurückgegriffen und dieses an die Spezifika des neuen Gegenstands angepasst werden" (Wirth & Kühne, 2013, S. 328). Um das Beispiel der Fallbeispiele aufzugreifen, könnte man zuerst überlegen, an welcher Stelle detailliertere Einzelfallschilderungen einen Einfluss auf den Persuasionsprozess nehmen können. Dem Modell folgend sollten diese vor allem unter der Bedingung zentraler Verarbeitung ihre typische Wirkung entfalten. Nutzer setzten sich nur dann ausreichend mit dem jeweiligen Inhalt auseinander. Es ist anzunehmen, dass sie aufgrund ihrer Lebhaftigkeit die Wirkung von UGC als zusätzliches Argument verstärken (Gibson & Zillmann, 1994). Man könnte also die Lebhaftigkeit von Nutzerschilderungen als zusätzlichen Faktor integrieren, der insbesondere die Wirkung von UGC als Argument unterstützen sollte.

In diesem Sinne ist die vorgeschlagene Modellierung ausdrücklich als erweiterbar zu verstehen. Je nach Medien- und Persuasionskontext können weitere Rezipienten-, Medien- und soziale Kontextfaktoren integriert werden. Genau in dieser Integrationsfähigkeit liegt die Stärke der Zwei-Prozess-Modelle und damit auch des vorliegenden Ansatzes (Wirth & Kühne, 2013). Eine Übertragung auf andere Kontexte ist insgesamt gut möglich. Je nach Medien- und Persuasionskontext empfiehlt es sich, weitere Einflussvariablen in das Modell mit aufzunehmen.

5.2.5 Fruchtbarkeit

Daran knüpft direkt der Punkt der Fruchtbarkeit an, d. h. inwiefern das Modell in der Lage ist, weitere Forschung anzustoßen. Blickt man auf die eben angesprochene Integrationsfähigkeit, sollte sie der Fruchtbarkeit förderlich sein. Künftiger Persuasionsforschung in sozialen Medien wird ein grundlegender Rahmen zur Verfügung gestellt. Dieser ist vergleichsweise offen gestaltet, sodass sich an verschiedenen Stellen Anknüpfungspunkte bieten (vgl. Fallbeispiele). Außerdem lassen die Ergebnisse der vorliegenden Studien einige Fragen offen, da sich Wirkungen zum Teil anders als vermutet gezeigt haben. Bereits dies gibt Anlass zu weiterer Forschung (vgl. auch 6.3). Auch wenn gewisse förderliche Voraussetzungen gegeben scheinen, ist es aus heutiger Sicht unmöglich, vorherzusagen, wie fruchtbar das aufgestellte Modell für künftige Forschung ist. In der Regel lassen sich derartige Aussagen erst nach einigen Jahren bzw. Jahrzehnten treffen (Wottawa, 1988).

5.3 Allgemeine methodische Kritik und Limitierungen

An dieser Stelle werden methodische Einschränkungen besprochen, die alle Studien betreffen. Spezielle Einschränkungen einzelner Studien finden sich in der Diskussion der jeweiligen Studie.

Die Ergebnisse sind mit Einschränkungen verbunden, da sie entweder direkt auf studentischen Stichproben basieren oder zumindest auf Teilnehmern, die im universitären Umfeld rekrutiert wurden. Die Teilnehmer waren dadurch eher weiblich, jünger und höher gebildet im Vergleich zur Normalbevölkerung. Das trifft insbesondere auf die letzte der drei Studien zu. Im Hinblick auf die Überprüfung der angenommenen Kausalzusammenhänge mittels Experimenten stellt dies keinen Nachteil dar. Hier ist nur entscheidend, dass die Teilnehmer zufällig auf die unterschiedlichen Untersuchungsbedingungen verteilt werden (Huber, 2000; Kühne, 2010). Daschmann (2004) nimmt sogar an, dass convenient samples für die experimentelle Überprüfung von Kausalannahmen von Vorteil sind. Da die Teilnehmer meist systematisch aus einem Personenkreis stammen, sind sie sich hinsichtlich dritter Variablen vergleichsweise ähnlich. Deren Konstanthalten über die unterschiedlichen Versuchsbedingungen hinweg ist so bereits bei relativ kleinen Fallzahlen möglich. Unterschiede in abhängigen Variablen lassen sich eindeutiger auf die jeweilige Manipulation zurückführen. Daschmann (2004) merkt aber auch an, dass die gewonnen Erkenntnisse dann streng genommen nur für den jeweiligen Personenkreis gelten. Trepte und Wirth (2004) schlagen vor, im ersten experimentellen Durchlauf mit studentischen Stichproben zu arbeiten, um die interne Validität zu erhöhen. „In Replikationen sollte dann jedoch eine Optimierung der externen Validität angezielt werden, indem die Experimente mit natürlichen Stichproben wiederholt werden" (S. 67). Dafür sprechen auch die Ergebnisse von Metaanalysen, die zeigen, dass sich Erkenntnisse aus studentischen Studien oftmals nicht eins zu eins auf nichtstudentische Populationen übertragen lassen (Peterson, 2001). Eine Übertragung ist allerdings weniger ein Problem, wenn anzunehmen ist, dass sich die untersuchten Wahrnehmungs- und Informationsverarbeitungsprozesse nicht grundsätzlich zwischen Studierenden und der restlichen Bevölkerung unterscheiden (Trepte & Wirth, 2004). Persönliche Eigenschaften, wie Alter, Geschlecht oder Bildung, moderieren die gefundenen Einflüsse in diesem Fall nicht (Oakes, 1972). Auch wenn entsprechende Nachweise ausstehen, ist davon in den vorliegenden Studien eher auszugehen. Allen untersuchten Phänomenen liegen basale sozialpsychologische Prozesse zu Grunde, deren Existenz bereits für breite Bevölkerungsteile bestätigt wurde (Ellemers & Haslam, 2012; Petty & Wegner, 1999). Vollständige Gewissheit liefern letztlich nur Replikationsstudien (Trepte & Wirth, 2004).

Eingeschränkt sind die Ergebnisse auch dahingehend, dass in jeder Studie jeweils nur ein Produkttyp bzw. Werbeobjekt getestet wurde. Dabei handelte es sich um Produkte mit eher niedrigem bis mittlerem Involvement (Bowen & Chaffee, 1974). Es ist nicht auszuschließen, dass sich die gefundenen Effekte bei High-Involvement-Produkten anders zeigen. Zum Beispiel ist es eher unwahrscheinlich, dass UGC im Kontext einer Autowerbung gleichermaßen als peripherer Hinweisreiz wirkt, wie im Kontext einer Sonnencremewerbung. Das höhere Involvement sollte im ersten Fall mehr zentrale als periphere Verarbeitung nach sich ziehen und UGC würde infolgedessen eher als Argument wirken (Petty et al., 1983). Im Zuge des Forschungstands wurde außerdem berichtet, dass UGC stärkeren Einfluss ausübt, wenn es sich um hedonistische im Vergleich zu funktionalen Produkten handelt (Chang et al., 2012). Zwar fand die vorliegende Arbeit auch für funktionale Produkte (Handyvertrag; Sonnencreme) soziale Einflüsse, diese könnten bei hedonistischen Produkten aber noch stärker sein. Hinzu kommt, dass es sich in allen Fällen um unbekannte Marken handelte. Dies spielt insofern eine Rolle, als dass Konsumenten für bekannte Marken differenziertere und umfassendere Schemata besitzen (Kent & Allen 1994). Da diese reichhaltigeren Schemata Wahrnehmung und Informationsverarbeitung erleichtern, könnte dies eine tiefere Verarbeitung nach sich ziehen. Die Folge wären stärkere Einstellungseffekte. Gleichzeitig lässt sich argumentieren, dass bereits existierende Markenschemata schwerer zu verändern sind als wenig bis nicht existente kognitive Strukturen (Taylor & Crocker 1981). Dies würde einen geringeren Einstellungseffekt bedeuten. Die Bekanntheit von Marken ist außerdem im Hinblick auf Aufmerksamkeits- und Wahrnehmungsprozesse von Relevanz. Bekanntere Marken werden insbesondere in nicht-werblichen Umfeldern (z. B. Profil auf einer SNS) wahrscheinlicher wahrgenommen als unbekannte Marken (Brennan & Babin, 2004; DeLorme & Reid, 1999). Erklären lässt sich dies dadurch, dass die Verarbeitung vornehmlich auf den „eigentlichen" Inhalt des jeweiligen Medienangebots konzentriert ist, bekannte Marken aber unwillkürlich Aufmerksamkeit auf sich ziehen können. Letzteres lässt sich mit dem höheren Aktivierungspotential der dazugehörigen Schemata begründen (Matthes, 2014). Um derartige Effekte aufzuspüren, sollten künftige Studien sowohl andere Produkttypen untersuchen, als auch bekannte Marken als Werbeobjekte integrieren.

Daran schließt die Untersuchung weiterer Social-Media-Angebote an. Auch wenn es sich bei Facebook (Busemann, 2013) und YouTube (Koch & Liebholz, 2014) um die derzeit am meisten genutzten Social-Media-Angebote handelt, existieren daneben noch andere Angebote. Ein Beispiel wäre Google$^+$, das inzwischen auf weltweit 300 Millionen aktive Nutzer kommt (McGee, 2013). In bisherigen Studien fand es kaum Beachtung (Knoll, in Druck). Interessant sind diese Angebote deshalb, da sie hinsichtlich der Kommentierung und Weiterverbreitung von Onlinewerbung ähnliche Grundfunktionen aufweisen, mit Facebook aber keineswegs deckungsgleich sind (Boulton, 2011). Relevant ist die Untersuchung anderer Angebote auch, da Nutzer diese aus unterschiedlichen Motiven rezipieren. Die jeweiligen Motive beeinflussen wiederum Verarbeitung und Wirkung der dortigen Inhalte. In Bezug auf YouTube überwiegt z. B. die gezielte Suche nach Information und Unterhaltung, was dazu führt, dass Werbung dort als besonders nützlich empfunden und rezipiert wird, sofern sie diese Bedürfnisse erfüllt (Dao et al., 2014). Eine aktuelle Befragung zeigt, dass auch nutzergenerierte Inhalte zur Erfüllung dieser Bedürfnisse beitragen können, was wiederum die Werbewirkung verbessern sollte (Knoll et al., 2013).

Einher mit der Untersuchung anderer Medien sollte auch die Untersuchung anderer nutzergenerierter Inhalte gehen. Die vorliegenden Studien haben sich auf einfache Kommentare und aggregierte Nutzerinformationen beschränkt. Deren Wirkung könnten künftige Studien z. B. miteinander vergleichen. Daneben könnte man die Wirkung audiovisueller Inhalte untersuchen, wie es bereits im Bereich des Consumer-Generated-Advertising der Fall ist (Steyn et al., 2011). Eine mögliche Folge von audiovisuellem UGC ist, dass dieser fesselnder und involvierender wirkt als textbasierter UGC. Rezipienten wären möglicherweise zu stark von der eigentlichen Onlinewerbung abgelenkt und würden diese nicht mehr verarbeiten (Wang & Day, 2007). Sinnvoll ist auch eine nähere Betrachtung des Inhalts. Neben positiver oder negativer Valenz können nutzergenerierte Inhalte auch eher ausgeglichen sein und sowohl negative als auch positive Anteile aufweisen (Tang et al., 2014). Eine denkbare Konsequenz wäre, dass derartige Inhalte keine Wirkung ausüben. Genauso können Voreinstellungen dazu führen, dass vor allem diejenigen Anteile rezipiert werden und wirken, die den Vorsteinstellungen entsprechen (Petty & Cacioppo, 1986).

Betrachtet man die Untersuchungssituation der drei Studien, fällt die Stimulusrezeption vor dem heimischen Computer positiv auf. Statt die Werbung unter künstlichen Laborbedingungen zu verarbeiten, nahmen die Probanden zu Hause in ihrer gewohnten Umgebung und an ihrem eigenen Computer teil. Bezüglich der Rezeptionssituation sind die Untersuchungsergebnisse extern valider und lassen sich eher verallgemeinern (Reips, 2002; 2007). Das trifft weniger auf die Art und Weise der Rezeption zu. Diese zeichnete sich dadurch aus, dass den Teilnehmern die jeweilige Onlinewerbung relativ isoliert präsentiert wurde. Außerdem waren die einzelnen Bestandteile der präsentierten Seite nicht anklickbar, wie es Nutzer sonst gewohnt sind (z. B. weiterführende Links). Beides diente dazu, die interne Validität der Experimente zu steigern. Die Teilnehmer sollten in ihren jeweiligen Bedingungen eine möglichst ähnliche Rezeption aufweisen, sodass sich etwaige Unterschiede in der Verarbeitung und Wirkung möglichst eindeutig auf die jeweilige Manipulation zurückführen lassen (Trepte & Wirth, 2004). Zu überlegen ist, ob künftige Studien ihren Rezipienten mehr Freiräume einräumen wollen. Sie könnten die Stimuli in einen größeren Zusammenhang von Webseiten einbinden, in dem Nutzer frei navigieren können. Nachteil ist hier, dass sich Nutzer höchstwahrscheinlich in ihrer Navigation und dem, was sie sehen, unterscheiden. Dies erschwert das eindeutige Zurückführen der Effekte auf die Manipulation. Ausgleichen lässt sich dieser Nachteil zumindest teilweise, indem man individuelle Rezeptionsverläufe mittels Logfileanalyse nachvollzieht und jedem Teilnehmer seinen Verlauf zuordnet (Reips & Stieger,

2004). Das bietet auch den Vorteil, Verhaltenseffekte tatsächlich messen zu können. Zwar korrelieren Verhaltensabsichten stark mit Verhalten (Frey et al., 1993), sie sind streng genommen aber immer nur ein Indikator für tatsächliches Verhalten, an dem Werbetreibende wie Persuasionsforscher letztendlich interessiert sind. Man könnte z. B. messen, ob Rezipienten nicht nur die Absicht haben, eine Botschaft weiterzuempfehlen, sondern dies direkt tun, indem sie diese mit Freunden teilen. Erste Studien verfolgen derartige Ansätze im Bereich von Social-Media-Werbung. Sie messen z. B. Klicks auf Werbebanner (Li et al., 2012), die Rezeptionsdauer von Werbeclips (Pashkevich et al., 2012) oder ganz allgemein die Betrachtung von Onlinewerbung (Chatterjee, 2011). Ist das Verhalten der jeweiligen Nutzer für Dritte unmittelbar nachvollziehbar und auf einen konkreten Nutzer zurückführbar (z. B. Teilen eines Videos), besteht außerdem die Möglichkeit für Compliance, der dritten Form des sozialen Einflusses in der Onlinekommunikation (Sassenberg & Jonas, 2007). Nutzer würden z. B. ein Video teilen, weil sie sich von der Gemeinschaft, mit der sie das Video teilen, Belohnungen erhoffen bzw. deren Bestrafung vermeiden wollen (Kelman, 1961). Auch dieser Aspekt ließe sich bei tatsächlicher Verhaltensmessung untersuchen.

5.4 Implikationen

In der Einleitung wurden unterschiedlichste Interessensgruppen angeführt, die vom Thema der vorliegenden Arbeit betroffen sind. Einige können vermutlich von der vorliegenden Arbeit profitieren. Um den Kreis zu schließen, werden für sie nun abschließende Implikationen formuliert.

5.4.1 Für Wissenschaftler

Wissenschaftler dürfte zunächst interessieren, dass sich das entwickelte Modell empirisch bewährt hat, wenn es um die Untersuchung von UGC im Kontext von Onlinewerbung geht. Die theoretische Basis – das ELM sowie Theorien zu sozialem Einfluss – konnten in ihren grundsätzlichen Annahmen bestätigt werden. Hier ist insbesondere erwähnenswert, dass UGC als Relevanzindikator, als peripherer Hinweisreiz und als Argument bzw. in Form verzerrter Elaboration wirken kann. Die jeweilige Wirkung verstärkt sich mit zunehmender Beziehungsstärke zwischen Urhebern und Rezipienten des UGC. Letzteres ist entscheidend, da sozialer Austausch und Nutzerbeziehungen kennzeichnend für Social Media sind. Mit dieser Prominenz sind sie auch nur in sozialen Medien vertreten (Ebersbach et al., 2011). Folglich entsteht aus der Verfügbarkeit und Sichtbarkeit von Nutzerbeziehungen ein ganz eigenes Wirkungspotential. Dieses ist in klassischen Medien nicht vorhanden, da Rezipienten dort nicht öffentlich und massenmedial verbreitet miteinander interagieren können. Künftige Studien sollten Nutzerbeziehungen möglichst als Einflussvariable integrieren, um so dem Gegenstand vollumfänglich gerecht zu werden. Ebenfalls empfiehlt es sich, die Persönlichkeit von Rezipienten einzubinden, da Nutzer je nach ihrer Beschaffenheit unterschiedlich auf die Kommunikation ihrer Mitnutzer reagieren. Das erscheint auch deshalb relevant, da Persönlichkeitsmerkmale bisher wenig Beachtung fanden, wenn es um die Erklärung sozialer Einflüsse in der Onlinekommunikation ging (Sassenberg, 2011).

Relevant ist für Wissenschaftler außerdem eine Reihe von Fragen, welche die vorliegenden Studien produziert haben oder nicht beantworten konnten. Das betrifft z. B. alle nicht bestätigten Hypothesen. Es konnte weder gezeigt werden, dass UGC unter der Bedingung peripherer Verarbeitung unabhängig vom Inhalt einer Werbebotschaft wirkt, noch gab es Hinweise darauf, dass zentral verarbeiteter UGC verhaltenswirksamer ist. Letzteres dürfte auch Werbetreibende interessieren. Ebenso bietet sich der unerwartete und umgekehrte Effekt der Nutzeranzahl für schwach beeinflussbare Rezipienten in Studie I zu weiterer Forschung an. Offensichtlich interpretieren Rezipienten aggregierte Nutzerinformationen, die auf den ersten Blick eindeutig erscheinen (z. B. Likeanzahl), unterschiedlich und ziehen gegenteilige Schlüsse daraus. Diese Ergebnisse bieten nicht nur für Persuasionsforscher Brisanz, sondern scheinen insbesondere für den Bereich Selective-Exposure relevant. Hier wird schon seit längerem beforscht, welchen Einfluss aggregierte Nutzerinformationen auf die Auswahl von Medieninhalten haben (Knobloch-Westerwick et al., 2005). Bisher wird davon ausgegangen, dass eine größere Menge an aggregierten Nutzern auch eine wahrscheinlichere Selektion eines Medieninhalts nach sich zieht (Messing & Westwood, in Druck). Im Licht der vorliegenden Erkenntnisse muss das nicht gleichermaßen für alle Nutzer gelten. Hinzu kommt, dass nur etwa die Hälfte der Nutzer diese Relevanzindikatoren wahrgenommen haben. Hier könnten Eye-Tracking-Studien nützliche Erkenntnisse liefern (Blake, 2013)

Erforschenswert ist auch das Zusammenspiel interpersonaler und kollektiver Beziehungen in der Verursachung sozialer Einflüsse. Obwohl Social-Media-Nutzer häufig über beide Beziehungen miteinander verbunden sind (z.B. Student und Freund), existiert hierzu wenig Forschung (Sassenberg & Scholl, 2011). Aus der Psychologie ist einerseits bekannt, dass Menschen sich besonders für ein gemeinsames Ziel engagieren, wenn sowohl interpersonale als auch kollektive Beziehungen vorliegen (ebd.). Andererseits vermuten Walther und Parks (2002), dass sich der positive Effekt einer kollektiven Beziehung aufhebt, wenn man jemanden als persönlich bekannt wahrnimmt. Menschen handeln dann vornehmlich auf Basis dieser interpersonalen Beziehung, so die Autoren. Diese auf den ersten Blick widersprüchliche Erkenntnislage sollte weiter aufgeklärt werden.

Abschließend sei darauf hingewiesen, dass sich die Untersuchung nutzergenerierter Inhalte zweifellos auch in anderen Persuasionskontexten lohnt. Bereits im letzten Bundestagswahlkampf hat sich gezeigt, dass Social Media in der politischen Kommunikation eine immer größere Rolle spielen und dort auch zur politischen Werbung eingesetzt werden (Wladarsch et al., 2014). Ebenso lassen sich soziale Medien zur Gesundheitskommunikation einsetzen (Paek et al., 2013). Ein aktueller Review zeigt, dass in diesem Kontext insbesondere die Rolle nutzergenerierter Inhalte noch ungeklärt ist (Chou, Prestin, Lyons & Wen, 2013).

5.4.2 Für Werbetreibende

Aus Perspektive der Werbetreibenden kann zweifellos festgehalten werden, dass sie einen Teil ihrer Markenkontrolle verlieren, sofern sie sich entscheiden, in sozialen Medien zu werben (Campbell et al, 2011a; Christodoulides, Jevons & Bonhomme, 2012). Das sollten sie dann in Erwägung ziehen, wenn sie dort ihre jeweilige Zielgruppe sowie ihre jeweiligen Kommunikationsziele erreichen können (Knoll, 2014). Entscheiden sich Werbetreibende für Social-Media-Werbung geben sie insofern einen Teil der Kontrolle an Konsumenten oder Rezipienten ab, als dass diese die jeweilige Werbung mit anderen Nutzern teilen können und durch UGC inhaltlich erweitern oder verändern können. Die vorliegende Arbeit zeigt, dass der Kontrollverlust gleichermaßen positive wie negative Einflüsse auf die Wirkung der Werbung haben kann. Rezipienten bewerten Marken z. B. besser oder schlechter und kaufen diese wahrscheinlicher oder weniger wahrscheinlich. Zum Teil wird der Kontrollverlust dadurch abgemildert, dass auch die eigentliche Werbebotschaft eine starke Wirkung auslöst und zumindest bei zentraler Verarbeitung nur bedingt durch UGC beeinflusst wird. Allerdings zeigt sich auch, dass insbesondere sehr überzeugende Werbebotschaften, welche die Maxime für Werbetreibende sein sollten, weniger überzeugend werden, wenn in deren Kontext negativer UGC auftaucht.

Genauso lässt sich die Wirkung von Werbebotschaften verbessern, wenn diese von positiven Inhalten umgeben sind oder von einer großen Anzahl an Nutzern rezipiert wurden. Ist dies durch aggregierte Nutzerinformationen sichtbar, schätzen zumindest stark beeinflussbare Rezipienten die Botschaft als relevanter ein und verarbeiten diese zentraler. Das kann stärkere Verhaltenseffekte nach sich ziehen (Petty & Cacioppo, 1986). Beabsichtigen Werbetreibende eine derartige Verbesserung durch UGC, bieten Brand Pages einen guten Ausgangspunkt für Kommunikationskampagnen. Nutzer, die diese Seiten abonniert haben, zeichnen sich durch eine positive Einstellung gegenüber der Marke aus und zählen häufig zu den treuesten Kunden (Nelson-Field et al., 2012). Sie eignen sich als Markenbotschafter, da sie Inhalte wahrscheinlicher mit anderen Nutzern teilen und/oder kommentieren. Die in diesem Bereich führenden Marken verfügen alleine im deutschen Markt über mehrerer Millionen solcher Fans (Amazon: 3.20 Mio.; stylefruits: 2.56 Mio.; McDonald's: 2.54 Mio.; socialbakers, 2014). Eine Typologie weist die sogenannten Fan-actics als besonders passend aus. Sie zeichnen sich dadurch aus, dass sie Inhalte häufig an andere Nutzer weiterverbreiten und außerdem meist über einen großen Bekannten- und Freundeskreis in SNS verfügen (Wallace et al., 2014). Im Durchschnitt werden etwa 80 weitere Nutzer über einen Fan einer Markenseite erreicht (Lipsman et al., 2012). Werbetreibende machen sich so soziale Beziehungen unter ihren Konsumenten zu Nutze. Studie III hat gezeigt, dass sich damit die Wirkung von Kommunikation verstärken lässt.

Auch wenn es sich bei Fans von Markenseiten, um die treuesten der Kunden handelt, sollten Werbetreibende immer bedenken, dass sie soziale Medien nicht primär nutzen, um als Markenbotschafter zu fungieren. Auch bei ihnen stehen Beziehungsaufbau und -pflege, Unterhaltung und Information im Vordergrund (Ebersbach et al., 2011). Sofern Werbetreibende diese Bedürfnisse mit ihrer Werbung erfüllen, z. B. durch provokante oder besonders neue Inhalte, besteht eine hohe Wahrscheinlichkeit, dass Rezipienten entsprechend positive Inhalte kreieren und Kampagnen weiterverbreiten (Daugherthy et al., 2008). Erwarten Rezipienten außerdem, dass Unternehmen oder Organisationen auf ihre Inhalte reagieren, sollte das möglichst zeitnah erfolgen (Chernatony, 2001). Diese sollten sich aber keinesfalls als normale Nutzer ausgeben, da Rezipienten dies meist schnell merken und dann entsprechend negativ reagieren (Campbell et al., 2011a).

Für Werbetreibende ist auch interessant, dass eine große Anzahl an Likes oder Followern nicht zwangsläufig Relevanz und Wichtigkeit signalisiert. Das dürfte insbesondere solche Unternehmen interessieren, die inzwischen dazu übergehen, Facebook-Likes, Twitter-Follower oder Youtube-Zuschauer zu kaufen, um ihr Image aufzubessern und die eigene Bedeutung zu steigern (Paukner & Ratzesberger, 2013). Marktforschungsstudien gehen davon aus, dass 15 Prozent der Likes auf Facebook gekauft sind (Bak & Keßler, 2012). Gerade Marken, deren Kunden großen Wert auf Individualität legen, sollten hier vorsichtig sein. Derartige Käufe führen außerdem dazu, dass Konsumenten bezüglich der Glaubwürdigkeit von UGC verunsichert werden und die Inhalte ihre einzigartige Wirkung verlieren (Zhao, Yang, Narayan & Zhao, 2013). Seitenbetreiber wie Interessensverbände beschäftigen sich inzwischen intensiv mit diesem Phänomen und erarbeiten Möglichkeiten, diese „gefälschten" Inhalte aufzudecken sowie rechtlich gegen sie vorzugehen (Lappas, 2012; Malbon, 2013; Mukherjee, Liu & Glance, 2012).

Abschließend besteht für Werbetreibende die Möglichkeit, Synergien zwischen klassischen und sozialen Medien zu nutzen. Die Forschung zeigt, dass viele Fernsehzuschauer inzwischen parallel zu ihrem Fernsehkonsum soziale Medien nutzen und dabei auch Beiträge zu Fernsehinhalten erstellen (Dinter & Pagel, 2014). Über entsprechende Apps, die das Fernsehsignal aufzeichnen, ist es z. B. möglich, weiterführende Informationen zu einem gesehenen TV-Spot auf dem Smartphone oder Tablet zu erhalten. Diese Inhalte können dann wiederum mit anderen geteilt werden (Buschow, Schneider, Carstensen, Heuer & Schoft, 2013). Die Reichweitenstärke des Fernsehens als Push-Medium lässt sich so mit den Vorzügen sozialer Medien als Pull-Medium verbinden. Fernsehzuschauer werden zu Multiplikatoren von Werbebotschaften in sozialen Medien (Dinter & Pagel, 2014).

5.4.3 Für Social-Media-Betreiber

Bedenkt man die eingangs verdeutlichte Abhängigkeit sozialer Medien von Werbeeinnahmen, liegt es in deren Interesse, Kunden möglichst effektive Werbemöglichkeiten zu bieten. Nach den Ergebnissen der vorliegenden Arbeit stellt die Verbesserung von Werbewirkung mittels UGC eine solche Option dar. Auch der Branchenriese Facebook scheint hier großes Potential zu sehen. Er hat 2014 angekündigt, überall dort UGC im Kontext von Werbung zu ermöglichen, wo dies durchführbar ist (Nieva, 2014). Dessen Wirkung ließe sich dahingehend optimieren, dass Betreiber der Medien nicht nur UGC parallel zu Werbung präsentieren, sondern auch soziale Informationen über den oder die jeweiligen Urheber. Diese Informationen müssten auf den jeweiligen Rezipienten abgestimmt sein. Anstatt relativ anonymer Likes könnte man z. B. zeigen, wie vielen Münchnern eine Werbung gefällt, wenn der jeweilige Rezipient selbst aus München ist und sich unter den „likenden" Nutzern andere Münchner befinden. Je stärker sich der jeweilige Nutzer mit München identifiziert, desto stärker sollte die Wirkung der Likes sein. Genauso ließen sich kollektive Beziehungen über gemeinsame Interessen (z. B. Fußball oder Mountainbiken), das Geschlecht, das Alter oder den Beruf herstellen (z. B. „325 anderen Studenten gefällt dieser Beitrag"; Walker Naylor, Lamberton & West, 2012). Die nötigen Nutzerinformationen könnten die Betreiber aus gesammelten Nutzerdaten ableiten, die sie bereits jetzt zum Targeting von Werbung verwenden. Entsprechend wäre nicht nur die präsentierte Werbung auf die jeweiligen Nutzer abgestimmt, sondern auch dazugehöriger

UGC bzw. soziale Informationen. Beides würde die Relevanz der Inhalte erhöhen und hätte insofern auch für Rezipienten einen Vorteil.

Als Konsequenz der veränderten Werbemöglichkeiten lohnt es sich für Social-Media-Betreiber auch über veränderte Abrechnungsmodi nachzudenken, um sich so von der Konkurrenz abzugrenzen. Neben der aktuell vorherrschenden Festlegung von Werbepreisen nach Cost-per-Thousand-Impressions oder Cost-per-Click, könnten Seitenbetreiber verstärkt Abrechnungsmodi über Cost-per-Action oder Cost-per-Engagement ermöglichen (Theobald, 2014). Werbetreibende würden z. B. immer dann bezahlen, wenn ein Nutzer UGC im Kontext von Onlinewerbung erstellt oder Fan einer Marke wird (Kelley, Jugenheimer & Sheelan, 2012). Aus Sicht der Werbetreibenden müsste sich die Art der Bezahlung je nach Werbeziel wählen lassen (z. B. Steigerung der Bekanntheit: Cost-per-Thousand oder Steigerung der Marken-Nutzer-Interaktion: Cost-per-Action). Das sollte sowohl die Kontrolle des Werbeerfolgs als auch den Return-on-Investment steigern (Frey-Vor, Siegert & Stiehler, 2008; Unger, Fuchs & Michel, 2013). Als Serviceleistung könnten Seitenbetreiber auch Auswertungen darüber anbieten, welcher Nutzertyp besonders häufig UGC erstellt oder Anzeigen mit Freunden teilt.

Bei all diesen Maßnahmen zur Steigerung der Attraktivität von Werbeplätzen sollten die Seitenbetreiber nicht die Nutzer aus dem Auge verlieren. Letztlich basiert ihr Geschäftsmodell nicht auf dem Verkauf der Werbeplätze selbst, sondern vielmehr auf dem Verkauf von Kontakt- und Interaktionschancen mit gewissen Zielgruppen (Unger et al., 2013). Diese bieten sich nur, wenn die jeweiligen Seiten entsprechend genutzt werden. Am Beispiel von studiVZ oder MySpace ist deutlich zu sehen, dass die Nutzung rapide nachlassen kann, wenn das jeweilige Angebot nicht mehr die Bedürfnisse der Nutzer erfüllt bzw. eine Alternative diese besser erfüllt. Insofern gilt es insbesondere bei der Optimierung der Werbemöglichkeiten die Bedürfnisse der Nutzer im Blick zu behalten, da die Rezeption von Werbung nicht zu den primären Nutzungsmotiven zählt (Busemann, 2013). Ebenso wichtig ist es, die Datenschutzbedenken der Nutzer ernstzunehmen, sofern Nutzerdaten zur zielgruppenspezifischen Präsentation von Werbung verwendet werden. Unsicherheit über die Verwendung der eigenen Daten fördert zum einen den Austritt aus sozialen Medien (Stieger, Burger, Bohn & Voracek, 2013), zum anderen führt sie dazu, dass Rezipienten negativer gegenüber präsentierter Werbung eingestellt sind (Taylor et al., 2011; Yang & Liu, 2014).

5.4.4 Für Nutzer

Auch für Nutzer bergen die Ergebnisse relevante Implikationen. „The idea that one can change other people's perceptions, get them to buy a product or get a company to change course is an important motivator [for people creating brand-related UGC]" (Muntinga et al., 2011, S. 37). Davon ausgehend sollten die vorliegenden Ergebnisse Nutzer weiter dazu motivieren, UGC zu erstellen. Sie zeigen, dass ihre Inhalte in der Lage sind, Wahrnehmungen und Verhaltensabsichten Dritter zu beeinflussen. Sie können dadurch an der Entwicklung von Unternehmen oder Organisationen teilhaben. Je nach Art des UGC spielt der einzelne Produzent dabei eine kleinere oder größere Rolle. Für soziale Medien typisch wird sich vor allem dann eine starke Wirkung zeigen, wenn viele Nutzer zusammenarbeiten (Schenk & Scheiko, 2011). Hintergrund ist, dass Rezipienten ihre Einstellungen und Verhaltensabsichten sowohl auf den Inhalt als auch auf die Anzahl der generierenden Nutzer gründen.

Erstellen Nutzer UGC, sollten sie sich auch der Konsequenzen und Verantwortung bewusst sein, die aus dem potentiellen Einfluss der Inhalte erwächst. Je nach Plattform können einzelne Kommentare ein Millionenpublikum erreichen (z. B. YouTube). Dieses kann die Inhalte einfach nur wahrnehmen, aber auch selbst mit entsprechenden Inhalten reagieren. Insofern sind Produzenten nutzergenerierter Inhalte immer auch selbst der Kommentierung und Bewertung durch dritte Nutzer ausgesetzt. Dies soll Nutzer keineswegs davon abhalten, überhaupt Inhalte zu erstellen – davon lebt die Rezeption sozialer Medien – vielmehr sollten sie sich überlegen, welche Inhalte sie erstellen. Die (gefühlte) Anonymität und Distanz der Nutzer führt teilweise dazu, dass sie Dinge äußern, die sie in Face-to-Face-Situationen nicht äußern würden (Döring, 2008). Vor dem Hintergrund, dass insbesondere junge Nutzer stark in sozialen Medien vertreten sind, sollten Schulen den Umgang mit sozialen Medien unbedingt in die Ausbildung allgemeiner Medienkompetenz aufnehmen. Die Bundeszentrale für politische Bildung gibt hier beispielsweise Hilfestellung (Marcks, 2012).

5.5 Ausblick

Blättert man in der Arbeit zum Forschungsstand zurück (vgl. 2.2), schließt dieser mit einem Zitat von Steyn und Kollegen (2011), das den (damaligen) Forschungsstand sehr gut beschreibt: „The question remains as to what effect consumer-generated content has on the effectiveness of online advertisements" (S. 139). Auch wenn die Frage nach der Lektüre dieser Arbeit nicht vollständig verschwindet, kennt der Leser zumindest einen Teil der Antwort: Er weiß, dass

UGC überhaupt einen Einfluss auf die Wirkung von Onlinewerbung hat. Er weiß, dass dieser Einfluss aus Sicht von Werbetreibenden sowohl zu einer Verbesserung als auch zu einer Verschlechterung der Werbewirkung führen kann. Er weiß, dass die Wirkung der eigentlichen Werbung nicht vollständig „überschrieben" wird, sondern diese häufig mit nutzergenerierten Inhalten interagiert. Außerdem weiß er um die Bedeutung sozialer Beziehungen unter den Nutzern, die diesen Einfluss verstärken oder abschwächen, genauso wie die Rezipientenpersönlichkeit. Zu guter Letzt hat er eine Vorstellung von den zugrunde liegenden Rezeptions- und Wirkungsprozessen, die anhand eines entwickelten Persuasionsmodells erklärt wurden.

Zugleich macht dieses Wissen deutlich, welche Forschungslücken weiterhin bestehen (vgl. Diskussion der Studien bzw. 5.3 & 5.4.1). Oftmals ermöglichen erst die eben beschriebenen Erkenntnisse die Entdeckung dieser Lücken. Denn „mit dem Wissen nimmt das Nichtwissen in gleichem Grade zu, oder vielmehr das Wissen des Nichtwissens" (Friedrich Schlegel zitiert nach Knischek, 2011, S. 25). Insofern besitzt das Zitat von Steyn et al. (2011) auch nach Fertigstellung dieser Arbeit Gültigkeit, wenn auch in abgemilderter Form. Außerdem verfügt der Leser nun über spezifischeres Wissen um konkrete Forschungslücken. Beides sollte künftige Forschungsarbeit motivieren.

Wirft man einen Blick in die Zukunft, werden soziale Medien mittelfristig kaum an Bedeutung verlieren, sondern eher gewinnen. Dafür sprechen zum einen die Nutzungsentwicklung der vergangenen Jahre und zum anderen die eingangs dargestellte aktuelle Nutzung der Medien (Busemann, 2013; van Eimeren & Frees, 2014). Zudem nehmen verschiedene Prognosen übereinstimmend an, dass sowohl die Nutzung von als auch die Werbeausgaben für soziale Medien in den nächsten fünf Jahren weiter ansteigen werden, wenn auch mit abnehmenden Zuwachsraten (eMarkerter, 2013; Miglani, 2014). Relativ gesichert ist auch, dass soziale Medien in ihren charakteristischen Eigenschaften bestehen bleiben, solange sich die Bedürfnisse der Nutzer nicht grundlegend ändern (vgl. 2.1.1). Das bedeutet keineswegs, dass sich die Angebote und deren Nutzung nicht weiterentwickeln. Im Gegenteil, bereits jetzt ist z. B. erkennbar das soziale Medien zunehmend mobil genutzt werden. Weitere Zuwächse in deren Verwendung kommen vor allem über mobile Nutzung zustande (van Eimeren & Frees, 2014). Das lässt sich auch daran ablesen, dass Facebook inzwischen zwei Drittel seiner Werbeeinnahmen über Anzeigen auf mobilen Endgeräten erwirtschaftet (Rushe, 2014). Dieser Trend der mobileren und flexibleren Nutzung führt sehr wahrscheinlich dazu, dass mehr und mehr Offline-Lebensbereiche zumindest das Potential haben, an soziale Medien angeschlossen zu werden, um unmittelbar in diesen thematisiert zu werden (vgl. Social TV). Für Werbetreibende, Social-Media-Betreiber und Nutzer birgt diese Entwicklung gleichermaßen Chancen wie Risiken. Aus Sicht der Werbetreibenden lassen sich über mobile Nutzung z. B. leichter Synergien zwischen Online- und Offlinewerbeträgern herstellen oder Werbung noch präziser auf die jeweiligen Rezeptionssituationen abstimmen. Gleichzeitig empfinden Nutzer mobile Werbung, die mittels Geodaten auf aktuelle Lebenssituationen abgestimmt ist, verständlicherweise als Eindringen in ihre Privatsphäre. Aus Sicht der Wissenschaft macht dieser Konflikt deutlich, dass die aktuelle wie künftige Entwicklung sozialer Medien weiteren Forschungsbedarf hervorrufen wird. Soziale Medien werden auch im Bereich der Wissenschaft mittelfristig eher an Bedeutung gewinnen als verlieren. In diesem Sinne hofft der Verfasser, dass seine Arbeit Bezugspunkt und Anstoß für weitere Forschung ist.

Literaturverzeichnis

Aiken, L. S., & West, S. G. (1991). *Multiple regression: Testing and interpreting interactions*. Newbury Park: SAGE.

Ajzen, I. (1991). The theory of planned behavior. *Organizational Behavior and Human Decision Processes, 50,* 179–211.

Ajzen, I., & Fishbein, M. (2005). The influence of attitudes on behavior. In D. Albarracin, B. T. Johnson, & M. P. Zanna (Hrsg.), *The handbook of attitudes* (S. 173–221). New York: Psychology Press.

Alarcón-del-Amo, M.-D.-C., Lorenzo-Romero, C., & Gómez-Borja, M.-Á. (2011). Classifying and profiling social networking site users: A latent segmentation approach. *Cyberpsychology, Behavior, and Social Networking, 14,* 547–553.

Albarracin, D., Johnson, B. T., Zanna, M. P., & Kumkale, G. T. (2005). Attitudes: Introduction and scope. In D. Albarracin, B. T. Johnson, & M. P. Zanna (Hrsg.), *The handbook of attitudes* (S. 3–20). New York: Psychology Press.

Alhabash, S., McAlister, A. R., Hagerstrom, A., Quilliam, E. T., Rifon, N. J., & Richards, J. I. (2013). Between likes and shares: Effects of emotional appeal and virality on the persuasiveness of anticyberbullying messages on Facebook. *Cyberpsychology, Behavior, and Social Networking, 16,* 175–182.

Amos, C., & Spears, N. (2010). Generating a visceral response. The effects of visceral cues in weight loss advertising. *Journal of Advertising, 39,* 25–38.

Andersen, S. M., & Chen, S. (2002). The relational self: An interpersonal social-cognitive theory. *Psychological Review, 109,* 619–645.

Andrews, J. C., & Shimp, T. A. (1990). Effects of involvement, argument strength, and source characteristics on central and peripheral processing of advertising. *Psychology & Marketing, 7,* 195–214.

Apsler, R., & Sears, D. (1968). Warning, personal involvement, and attitude change. *Journal of Personality and Social Psychology, 9,* 162–166.

Arbuckle, J. L. (2013). *IBM SPSS Amos 22 user's guide.* Online verfügbar unter ftp://public.dhe.ibm.com/software/analytics/spss/documentation/amos/22.0/en/Manuals/IBM_SPSS_Amos_User_Guide.pdf

Areni, C. S., Ferrell, M. E., & Wilcox, J. B. (2000). The persuasive impact of reported group opinions on individuals low vs. high in need for cognition: Rationalization vs. biased elaboration? *Psychology & Marketing, 17,* 855–875.

Asendorpf, J. B., & Neyer, F. J. (2012). *Psychologie der Persönlichkeit*. Berlin, Heidelberg: Springer.

Axsom, D., Yates, S., & Chaiken, S. (1987). Audience response as a heuristic cue in persuasion. *Journal of Personality and Social Psychology, 53,* 30–40.

Bak, P. M., & Keßler, T. (2012). Mir gefällt's, wenn's euch gefällt! Konformitätseffekte bei Facebook. *Journal of Business and Media Psychology, 3,* 23–30.

Baker, W. E. (1999). When can affective conditioning and mere exposure directly influence brand choice. *Journal of Advertising, 28,* 31–46.

Ballstaedt, S.P., Mandl, H., Schnotz, W., & Tergan, S.O. (1981). *Texte verstehen, Texte gestalten.* München: Urban & Schwarzenberg.

Bartenschlager, P. (2014). *Gefällt dir? Gefällt mir! – Der soziale Einfluss von nutzergenerierten Inhalten auf die Elaboration von Onlinewerbung.* Unveröffentlichte Bachelorarbeit an der Universität Würzburg.

Baym, N. K. (2011). Social networks 2.0. In M. Consalvo & C. Ess (Hrsg.), *The handbook of internet studies* (S. 384–405). Malden, MA: Wiley-Blackwell.

Bearden, W. O., & Etzel, M. J. (1982). Reference group influence on product and brand purchase decisions. *Journal of Consumer Research, 9,* 183–194.

Bearden, W. O., & Netemeyer, R. G. (2006). *Handbook of marketing scales. Multi-item measures for marketing and consumer behavior research.* Thousand Oaks, CA: SAGE.

Bearden, W. O., & Rose, R. L. (1990). Attention to social comparison information: An individual difference factor affecting consumer conformity. *Journal of Consumer Research, 16,* 461–471.

Bearden, W. O., Netemeyer, R. G., & Teel, J. E. (1989). Measurement of consumer susceptibility to interpersonal influence. *Journal of Consumer Research, 15,* 473–481.

Bearden, W. O., Netemeyer, R. G., & Teel, J. E. (1990). Further validation of the consumer susceptibility to interpersonal influence scale. In M. E. Goldberg, G. Gorn & R. W. Pollay (Hrsg.), *Advances in consumer research volume 17* (S. 770–776). Provo, UT: Association for Consumer Research.

Berners-Lee, T., & Fischetti, M. (2010). *Weaving the web: The original design and ultimative destiny of the World Wide Web by its inventor.* New York: Harper Business.

Berthon, P. R., Pitt, L. F., Plangger, K., & Shapiro, D. (2012). Marketing meets web 2.0, social media, and creative consumers: Implications for international marketing strategy. *Business Horizons, 55,* 261–271.

Berthon, P. R., Pitt, L. F., & DesAutels, P. (2011). Unveiling videos: Consumer-generated ads as qualitative inquiry. *Psychology & Marketing, 28,* 1044–1060.

Beuth, P., & Kühl, E. (2014, 12. März). Du bist aber groß geworden. 25 Jahre World Wide Web. *Zeit.* Online verfügbar unter http://www.zeit.de/digital/internet/2014-03/www-25-jahre-geschichte-meilensteine

Birnbaum, M. H. (2004). Human research and data collection via the internet. *Annual Review of Psychology, 55,* 803–832.

Blake, C. (2013). Eye-Tracking. Grundlagen und Anwendungsfelder. In W. Möhring & D. Schlütz (Hrsg.), *Handbuch standardisierte Erhebungsverfahren in der Kommunikationswissenschaft* (S. 367–388). Wiesbaden: Springer VS.

Bless, H., Wänke, M., Bohner, G., Fellhauer, R., & Schwarz, N. (1994). Need for cognition: eine Skala zur Erfassung von Engagement und Freude bei Denkaufgaben. *Zeitschrift für Sozialpsychologie, 25,* 147–154.

Bommert, H., Weich, K.-W., & Dirksmeier, C. (1995). *Rezipientenpersönlichkeit und Medienwirkung.* Münster: Lit.

Borchers, N. S. (2014). *Werbekommunikation.* Wiesbaden: Springer Fachmedien.
Bortz, J. (1993). *Statistik für Sozialwissenschaftler.* Berlin: Springer.
Boulton, C. (2011). Google+ strategy vs. Facebook shaping up with brand pages. *eWeek, 28,* 13–14.
Bowen, L., & Chaffee, S. H. (1974). Product involvement and pertinent advertising appeals. *Journalism & Mass Communication Quarterly, 51,* 613–621.
Brehm, J. W. (1966). *A theory of psychological reactance.* New York: Academic Press.
Brennan, I., & Babin, L. A. (2004). Brand placement recognition: The influence of presentation mode and brand familiarity. *Journal of Promotion Management, 10,* 185–202.
Brewer, M. B., & Gardner, W. (1996). Who is this "we"? Levels of collective identity and self representations. *Journal of Personality and Social Psychology, 71,* 83–93.
Brock, T. C., & Green, M. C. (Hrsg.). (2005). *Persuasion. Psychological insights and perspectives.* Thousand Oaks, CA: SAGE.
Brosius, H. B., Koschel, F., & Haas, A. (2009). *Methoden der empirischen Kommunikationsforschung. Eine Einführung.* Wiesbaden: VS Verlag.
Burger, J. M. (2010). Participants are people too: Introduction to the special issue on individual differences and social influence. *Social Influence, 5,* 149–151.
Burkart, R. (2002). *Kommunikationswissenschaft. Grundlagen und Problemfelder. Umrisse einer interdisziplinären Sozialwissenschaft.* Wien: Böhlau.
Buschow, C., Schneider, B., Carstensen, L., Heuer, M., & Schoft, A. (2013). Social TV in Deutschland – Rettet soziale Interaktion das lineare Fernsehen? *Medienwirtschaft, 10,* 24–32.
Busemann, K. (2013). Wer nutzt was im Social Web? Ergebnisse der ARD/ZDF-Onlinestudie 2013. *Media Perspektiven, o. Jg.*(7–8), 391–399.
Cacioppo, J. T., & Petty, R. E. (1981). Social psychological procedures for cognitive response assessment: The thought-listing technique. In T. V. Merluzzi, C. R. Glass, & M. Genest (Hrsg.), *Cognitive assessment* (S. 309–342). New York: Guilford Press.
Cacioppo, J. T., & Petty, R. E. (1982). The need for cognition. *Journal of Personality and Social Psychology, 42,* 116–131.
Cacioppo, J. T., von Hippel, W., & Ernst, J. M. (1997). Mapping cognitive structures and processes through verbal content: The thought-listing technique. *Journal of Consulting and Clinical Psychology, 65,* 928–940.
Cacioppo, J. T., Petty, R. E., & Kao, C. F. (1984). The efficient assessment of need for cognition. *Journal of Personality Assessment, 48,* 306–307.
Cacioppo, J. T., Petty, R. E., & Morris, K. J. (1983). Effects of need for cognition on message evaluation, recall, and persuasion. *Journal of Personality and Social Psychology, 45,* 805–813.
Cacioppo, J.T., Petty, R.E., Kao, C. F., & Rodriguez, R. (1986). Central and peripheral routes to persuasion: An individual difference perspective. *Journal of Personality and Social Psychology, 51,* 1032–1043.
Campbell, C., Cohen, J., & Ma, J. (2014). Speaker's box: Advertisements just aren't advertisements anymore: A new typology for evolving forms of online "advertising". *Journal of Advertising Research, 54,* 7–10.

Campbell, C., Pitt, L. F., Parent, M., & Berthon, P. R. (2011a). Understanding consumer conversations around ads in a Web 2.0 world. *Journal of Advertising, 40*, 87–102.

Campbell, C., Pitt, L. F., Parent, M., & Berthon, P. R. (2011b). Tracking back-talk in consumer-generated advertising: An analysis of two interpretative approaches. *Journal of Advertising Research, 51*, 224–238.

Chaiken, S. (1987). The heuristic model of persuasion. In M. P. Zanna, J. M. Olson, & C. P. Herman (Hrsg.), *Social influence: The Ontario symposium* (S. 3–39). Mahwah, NJ: Lawrence Erlbaum.

Chaiken, S., Liberman, A., & Eagly, A. H. (1989). Heuristic and systematic information processing within and beyond the persuasion context. In J. S. Uleman & J. A. Bargh. (Hrsg.), *Unintended thought* (S. 212–252). New York: Guilford Press.

Chaiken, S., Wood, W., & Eagly, A. H. (1996). Principles of persuasion. In T. E. Higgins & A. W. Kruglanski (Hrsg.), *Social psychology. Handbook of basic principles.* (S. 702–742). New York: Guilford Press.

Chang, K. T. T., Chen, W., & Tan, B. C. Y. (2012). Advertising effectiveness in social networking sites: Social ties, expertise, and product type. *IEEE Transactions on Engineering Management, 59*, 634–643.

Chatterjee, P. (2011). Drivers of new product recommending and referral behaviour on social network sites. *International Journal of Advertising, 30*, 77–101.

Chen, S., & Chaiken, S. (1999). The heuristic-systematic model in its broader context. In S. Chaiken & Y. Trope (Hrsg.), *Dual-process theories in social psychology* (S. 73–96). New York: Guilford Press.

Cheong, H. J., & Morrison, M. A. (2008). Consumers' reliance on product information and recommendations found in UGC. *Journal of Interactive Advertising, 8*, 38–49.

Chi, H. H. (2011). Interactive digital advertising vs. virtual brand community: Exploratory study of user motivation and social media marketing responses in Taiwan. *Journal of Interactive Advertising, 12*, 44–61.

Cho, C. (1999). How advertising works on the WWW. Modified elaboration likelihood model. *Journal of Current Issues and Research in Advertising, 21*, 33–50.

Chong, E., & Xie, B. (2011). The use of theory in social studies of Web 2.0. *Proceedings of the 44th Hawaii International Conference on System Sciences.* IEEE Computer Society.

Chou, W. Y. S., Prestin, A., Lyons, C., & Wen, K.-Y. (2013). Web 2.0 for health promotion: Reviewing the current evidence. *American Journal of Public Health, 103*, 9–18.

Chowdhury, R. M., Finn, A., & Olsen, G. D. (2007). Investigating the simultaneous presentation of advertising and television programming. *Journal of Advertising, 36*, 85–96.

Christodoulides, G., Jevons, C., & Bonhomme, J. (2012). Memo to marketers: Quantitative evidence for change – How user-generated content really affects brands. *Journal of Advertising Research, 52*, 53–64.

Chu, S.-C. (2011). Viral advertising in social media: Participation in Facebook groups and responses among college-aged users. *Journal of Interactive Advertising, 12*, 30–43.

Chu, S.-C., & Kim, Y. (2011). Determinants of consumer engagement in electronic word-of-mouth (eWOM) in social networking sites. *International Journal of Advertising, 30,* 47–75.

Cialdini, R. B. (2009). *Die Psychologie des Überzeugens.* Bern: Huber.

Cohen, A., Stotland, E., & Wolfe, D. (1955). An experimental investigation of need for cognition. *Journal of Abnormal and Social Psychology, 51,* 291–294.

Cole, J. T., & Greer, J. D. (in Druck). Brand journalism: The effect of frame, source, and involvement. *Journalism & Mass Communication Quarterly.*

Collins, A. M., & Loftus, E. F. (1975). A spreading-activations theory of semantic processing. *Psychological Review, 82,* 407–428.

D'Rozario, D., & Choudhury, P. K. (2000). Effect of assimilation on consumer susceptibility to interpersonal influence. *Journal of Consumer Marketing, 17,* 290–307.

Dao, W. V. T., Le, A. N. H., Cheng, J. M. S., & Chen, D. C. (2014). Social media advertising value. The case of transitional economies in southeast asia. *International Journal of Advertising, 33,* 271–294.

Darke, P. R., Chaiken, S., Bohner, G., Einwiller, S., Erb, H.-P., & Hazlewood, J. D. (1998). Accuracy motivation, consensus information, and the law of large numbers: Effects on attitude judgment in the absence of argumentation. *Personality and Social Psychology Bulletin, 24,* 1205–1215.

Daschmann, G. (2004). Labordaten versus Felddaten – Theoretische Überlegungen und ein empirisches Beispiel zu den Implikationen der Verwendung studentischer Versuchsgruppen in Laborexperimenten. In W. Wirth, E. Lauf & A. Fahr (Hrsg.), *Forschungslogik und -design in der Kommunikationswissenschaft. Einführung, Problematisierungen und Aspekte der Methodenlogik aus kommunikationswissenschaftlicher Perspektive* (S. 88–114). Köln: Herbert von Halem Verlag.

Daugherty, T., Eastin, M. S., & Bright, L. (2008). Exploring consumer motivations for creating user-generated content. *Journal of Interactive Advertising, 8,* 16–25.

DeLorme, D. E., & Reid, L. N. (1999). Moviegoers' experiences and interpretations of brands in films revisited. *Journal of Advertising, 28,* 71–95.

Deublein, A. (2014). *Die Macht sozialer Einflüsse –Rezipientenpersönlichkeit und Anzahl kommentierender Internetnutzer als Einflussfaktoren auf die Verarbeitungstiefe von kommentierter Onlinewerbung.* Unveröffentlichte Bachelorarbeit an der Universität Würzburg.

Deutsch, M., & Gerard, H. B. (1955). A study of normative and informational social influences upon individual judgment. *Journal of Abnormal and Social Psychology, 51,* 629–636.

Dickey, I. J., & Lewis, W. F. (2011). An overview of digital media and advertising. In M. S. Eastin, T. Daugherty, & N. M. Burns (Hrsg.), *Handbook of research on digital media and advertising. User generated content consumption* (S. 1–31). Hershey, PA: Information Science Reference.

Diekamp, O., & Schweiger, W. (2001). Zur Wahrnehmung von Webseiten – Ergebnisse einer Rezeptionsstudie mit dem Mouse-Tracking-Verfahren. In K. Beck & W. Schweiger (Hrsg.), *Attention please! Online-Kommunikation und Aufmerksamkeit* (S.197–214). München: Reinhard Fischer.

Diekmann, A. (2005). *Empirische Sozialforschung. Grundlagen, Methoden, Anwendungen.* Reinbek bei Hamburg: Rowohlt.
Dillard, J. P., & Shen, L. (2013). *The SAGE handbook of persuasion. Developments in theory and practice.* Los Angeles, CA. SAGE.
Dinter, B., & Pagel, S. (2014). Werbekommunikation und digitalen Medienumfeldern – Hybrid TV, Social TV, & Co. In H. Schramm & J. Knoll (Hrsg.), *Innovation der Persuasion. Die Qualität der Werbe- und Markenkommunikation in neuen Medienwelten* (S. 158–176). Köln: Herbert von Halem Verlag.
Donges, P., Leonarz, M., & Meier, W. E. (2005). Theorien und theoretische Perspektiven. In H. Bonfadelli, O. Jarren & G. Siegert (Hrsg.), *Einführung in die Publizistikwissenschaft* (S. 103–146). Bern: Haupt Verlag.
Döring, N. (2008). Social identity model of deindividuation effects (SIDE). In C. N. Krämer, S. Schwan, D. Unz, & M. Suckfüll (Hrsg.), *Medienpsychologie. Schlüsselbegriffe und Konzepte* (S. 298–304). Stuttgart: Kohlhammer.
Döring, N. (2010). Sozialkontakte online: Identitäten, Beziehungen, Gemeinschaften. In W. Schweiger & K. Beck (Hrsg.), *Handbuch Online-Kommunikation* (S. 159–183). Wiesbaden: VS Verlag.
Drèze, X., & Hussherr, F. X. (2003). Internet advertising: Is anybody watching? *Journal of Interactive Marketing, 17,* 8–23.
Eagly, A. H., & Chaiken, S. (1993). *The psychology of attitudes.* Fort Worth, Tex: Harcourt Brace Jovanovich College Publishers.
Eagly, A. H., & Chaiken, S. (2005). Attitude research in the 21st century. The current state of knowledge. In D. Albarracin, B. T. Johnson, & M. P. Zanna (Hrsg.), *The handbook of attitudes* (S. 743–768). New York: Psychology Press.
East, R., Hammond, K., & Lomax, W. (2008). Measuring the impact of positive and negative word of mouth on brand purchase probability. *International Journal of Research in Marketing, 25,* 215–224.
Eastman, S. T., & Ferguson, D. A. (2013). *Media programming. Strategies and practices.* Boston: Wadsworth.
Ebersbach, A., Glaser, M., & Heigl, R. (2011). *Social web.* Konstanz: UVK.
Ehrenberg, A. S. (1988). *Repeat-buying: Facts, theory and applications.* London, UK: Oxford University Press.
Ellemers, N., & Haslam, S. A. (2012). Social identity theory. In P. A. M. van Lange, A. W. Kruglanski, & E. T. Higgins (Hrsg.), *Handbook of theories of social psychology* (S. 379–398). Los Angeles, CA: SAGE.
eMarketer (2013, 18. Juni). *Social networking reaches nearly one in four around the world.* Online verfügbar unter http://www.emarketer.com/Article/Social-Networking-Reaches-Nearly-One-Four-Around-World/1009976
eMarketer (2014, 11. September). *YouTube owns nearly 20% share of US digital video ads.* Online verfügbar unter http://www.emarketer.com/Article/YouTube-Owns-Nearly-20-Share-of-US-Digital-Video-Ads/1011191/1
Epstein, S., Pacini, R., Denes-Raj, V., & Heier, H. (1996). Individual differences in intuitive-experiential and analytical-rational thinking styles. *Journal of Personality and Social Psychology, 71,* 390–405.

Erb, H. P., & Bohner, G. (2007). Social influence and persuasion. Recent theoretical developments and integrative attempts. In K. Fiedler (Hrsg.), *Social communication* (S. 191–221). New York: Psychology Press.

Ertimur, B., & Gilly, M. C. (2012). So whaddya think? Consumers create ads and other consumers critique them. *Journal of Interactive Marketing, 26*, 115–130.

Fabrigar, L. R., MacDonald, T. K., & Wegener, D. T. (2005). The structure of attitudes. In D. Albarracin, B. T. Johnson, & M. P. Zanna (Hrsg.), *The handbook of attitudes* (S. 79–124). New York: Psychology Press.

Fahr, A. (2014). Persönlichkeit. In C. Wünsch, H. Schramm, V. Gehrau, & H. Bilandzic (Hrsg.), *Handbuch Medienrezeption* (S. 129–143). Baden-Baden: Nomos.

Fazio, R. H., Chen, J. M., McDonel, E. C., & Sherman, S. J. (1982). Attitude accessibility, attitude-behavior consistency, and the strength of the object-evaluation association. *Journal of Experimental Social Psychology, 18*, 339–357.

Fennis, B., & Stroebe, W. (2010). *The psychology of advertising.* Hove: Psychology Press.

Fiedler, K. (1996). Die Verarbeitung sozialer Informationen für Urteilsbildung und Entscheidungen. In W. Stroebe, M. Hewstone, & G. M. Stephenson (Hrsg.), *Sozialpsychologie. Eine Einführung* (S. 143–175). Berlin: Springer.

Field, A. (2009). *Discovering statistics using SPSS.* Los Angeles, CA: SAGE.

Field, P. (2007). Learning from case studies of effectiveness. In G. J. Tellis & T. Amber (Hrsg.), *The SAGE handbook of advertising* (S. 199–214). Thousand Oaks, CA: SAGE.

Fisher, R. A. (1918). The Correlation between relatives on the supposition of mendelian inheritance. *Transactions of the Royal Society of Edinburgh, 52,* 399–433.

Fiske, S. (1980). Attention and weight in person perception. The impact of negative and extreme behavior. *Journal of Personality and Social Psychology, 38*, 889–906.

Flanagin, A. J., & Metzger, M. J. (2000). Perceptions of internet information credibility. *Journalism & Mass Communication Quarterly, 77*, 515–540.

Flanagin, A. J., & Metzger, M. J. (2013). Trusting expert- versus user-generated ratings online: The role of information volume, valence, and consumer characteristics. *Computers in Human Behavior, 29*, 1626–1634.

Fleming A. M. (2009). Group-based brand relationships and persuasion. In D. J. MacInnis, C. W. Park, & J. R. Priester (Hrsg.), *Handbook of brand relationships* (S. 151–169). Armonk, NY: M.E. Sharpe.

Fleming A. M., & Petty, R. E. (2000). Identity and persuasion. An elaboration likelihood approach. In D. J. Terry & M. A. Hogg (Hrsg.), *Attitudes, behavior, and social context. The role of norms and group membership* (S. 171–200). Mahwah, NJ: Lawrence Erlbaum.

Forehand, M. R., Deshpandé, R., & Reed, A., II. (2002). Identity salience and the influence of differential activation of the social self-schema on advertising response. *Journal of Applied Psychology, 87*, 1086–1099.

Forgas, J. P. (1995). Mood and judgment: The affect infusion model (AIM). *Psychological Bulletin, 117*, 39–66.

Frey, D., Stahlberg, D., & Gollwitzer, P. M. (1993). Einstellungen und Verhalten: Die Theorie des überlegten Handelns und die Theorie des geplanten Verhaltens. In D. Frey & M. Irle (Hrsg.), *Theorien der Sozialpsychologie* (S. 361–398). Bern: Huber.

Frey-Vor, G., Siegert, G., & Stiehler, H. J. (2008). *Mediaforschung*. Konstanz: UVK.

Früh, W. (2001). *Inhaltsanalyse. Theorie und Praxis*. Konstanz: UVK.

Früh, W. (2002). *Unterhaltung durch das Fernsehen. Eine molare Theorie.* Konstanz: UVK.

Früh, W. (2004). Die Interpretationsbedürftigkeit von Kausalität oder: Woher kommen die Ursachen? In W. Wirth, E. Lauf & A. Fahr (Hrsg.), *Forschungslogik und -design in der Kommunikationswissenschaft. Band 1: Einführung, Problematisierungen und Aspekte der Methodenlogik aus kommunikationswissenschaftlicher Perspektive* (S. 13–38). Köln: Herbert von Halem Verlag.

Früh, W., & Schönbach, K. (1982). Der dynamisch-transaktionale Ansatz. Ein neues Paradigma der Medienwirkungen. *Publizistik, 27*, 74–88.

Galtung, J., & Ruge, M. H. (1965). The structure of foreign news. The presentation of the Congo, Cuba and Cyprus crises in four norwegian newspapers. *Journal of Peace Research, 2,* 64–90.

Gangadharbatla, H. (2012). Social media and advertising. In S. Rodgers & E. Thorson (Hrsg.), *Advertising theory* (S. 402–416). New York: Routledge.

Gibson, R., & Zillmann, D. (1994). Exaggerated versus representative exemplification in news reports: Perception of issues and personal consequences. *Communication Research, 21*, 603–624.

Gironda, J. T., & Korgaonkar, P. (2014). Understanding consumers' social networking site usage. *Journal of Marketing Management, 30*, 571–605.

Giudice, K. D. (2010). Crowdsourcing credibility: The impact of audience feedback on Web page credibility. *Proceedings of the American Society for Information Science and Technology, 47*, 1–9.

Goldsmith, R. E., & Horowitz, D. (2006). Measuring motivations for online opinion seeking. *Journal of Interactive Advertising, 6*, 3–14.

Goodwin, V. L., Whittington, J. L., Murray, B., & Nichols, T. (2011). Moderator or mediator? The role of trust in the transformational leadership paradigm. *Journal of Managerial Issues, 23*, 409–425.

Greenwald, A. G. (1968). Cognitive learning, cognitive response to persuasion, and attitude change. In A. G. Greenwald, T. C. Brock, & T. M. Ostrom (Hrsg.), *Psychological foundations of attitudes* (S. 147–169). New York: Academic Press.

Gulbrandsen, I. T., & Just, S. N. (2011). The collaborative paradigm: towards an invitational and participatory concept of online communication. *Media, Culture & Society, 33*, 1095–1108.

Ha, L. (2008). Online advertising research in advertising journals: A review. *Journal of Current Issues and Research in Advertising, 30*, 31–48.

Haugtvedt, C. P., & Kasmer, J A. (2008). Attitude change and persuasion. In C. P. Haugtvedt, P. M. Herr & F. R. Kardes (Hrsg.), *Handbook of consumer psychology* (S. 419–435). New York: Psychology Press.

Haugtvedt, C. P., Petty, R. E., & Cacioppo, J. T. (1992). Need for cognition and advertising: Understanding the role of personality variables in consumer behavior. *Journal of Consumer Psychology, 1*, 239–260.
Hayes, A. (2013). *Introduction to mediation, moderation, and conditional process analysis. A regression-based approach.* New York: Guilford Press.
Hayes, A. F., & Matthes, J. (2009). Computational procedures for probing interactions in OLS and logistic regression: SPSS and SAS implementations. *Behavior Research Method, 41*, 924–936.
Heffler, M., & Möbus, P. (2014). Fernsehwerbung dominiert den Werbemarkt. Der Werbemarkt 2013. *Media Perspektiven, o. Jg.*(6), 314–324.
Hermans, C. M., Schaefer, A. D., & Haytko, D. (2007). A cross-national examination of the dimensionality of the consumer susceptibility to interpersonal influence scale. *International Journal of Business Research, 7*, 186–191.
Hewstone, M., & Martin, R. (2012). Social influence. In M. Hewstone, W. Stroebe, & K. Jonas (Hrsg.), *An introduction to social psychology* (S. 235–272). London: BPS Blackwell.
Higgins, E. T., & Kruglanski, A. K, (1996). Knowledge activation, accessibility, applicability, and salience. In: Higgins, E. T. (Hrsg.) *Social psychology. Handbook of basic principles* (S. 133–168). Guilford Press: New York.
Hoffmann, A. O. I., & Broekhuizen, T. L. J. (2009). Susceptibility to and impact of interpersonal influence in an investment context. *Journal of the Academy of Marketing Science, 37*, 488–503.
Hogg, M. A. (2006). Social identity theory. In P. J. Burke (Hrsg.), *Contemporary social psychological theories* (S. 111–136). Stanford, CA: Stanford Social Sciences.
Holbert, R. L., & Stephenson, M. T. (2002). Structural equation modeling in the communication sciences, 1995–2000. *Human Communication Research, 28*, 531–551.
Hovland, C. I., Janis, I. L., & Kelley, H. H. (1953). *Communication and persuasion. Psychological studies of opinion change.* New Haven: Yale University Press.
Hovland, C. I., Lumsdaine, F. D., & Sheffield, F. D. (1949). *Experiments on mass communication and persuasion.* Princeton: Princeton University Press.
Hoy, M. G., & Milne, G. (2010). Gender differences in privacy-related measures for young adult Facebook users. *Journal of Interactive Advertising, 10*, 28–45.
Hu, L., & Bentler, P. M. (1999). Cutoff criteria for fit indexes in covariance structure analysis: Conventional criteria versus new alternatives. *Structural Equation Modeling: A Multidisciplinary Journal, 6*, 1–55.
Huang, Y., Wang, L., & Shi, J. (2012). How attachment affects the strength of peer influence on adolescent consumer behavior. *Psychology & Marketing, 29*, 558–567.
Huber, O. (2000). *Das psychologische Experiment. Eine Einführung.* Bern: Huber.
Imhoff, R., & Erb, H.-P. (2008). What motivates nonconformity? Uniqueness seeking blocks majority influence. *Personality and Social Psychology Bulletin, 35*, 309–320.
istrategylabs (2014, 15. Januar). *3 million teens leave Facebook in 3 years: The 2014 Facebook demographic report.* Online verfügbar unter http://istrategylabs.com/ 2014/01/3-million-teens-leave-facebook-in-3-years-the-2014-facebook-demographic-report/
Kahneman, D. (1973). *Attention and effort*. Englewood Cliffs, NJ: Prentice-Hall.

Kaplan, A. M., & Haenlein, M. (2010). Users of the world, unite! The challenges and opportunities of social media. *Business Horizons*, *53*, 59–68.

Karasawa, M. (1991). Toward an assessment of social identity: The structure of group identification and its effects on in-group evaluations. *British Journal of Social Psychology*, *30*, 293–307.

Keller, K. L. (2003). *Strategic brand management. Building, measuring, and managing brand equity.* Upper Saddle River, NJ: Prentice Hall.

Kelley, L. D., Jugenheimer, D. W., & Sheelan, K. B. (2012). *Advertising media planing. A brand management approach.* Amonk, NY: M. E. Sharpe.

Kelly, L., Kerr, G., & Drennan, J. (2010). Avoidance of advertising in social networking sites: The teenage perspective. *Journal of Interactive Advertising*, *10*, 16–27.

Kelman, H. C. (1961). Processes of opinion change. *Public Opinion Quarterly*, *25*, 57–78.

Kelman, H. C. (2006). Interests, relationships, identities: Three central issues for individuals and groups in negotiating their social environment. *Annual Review of Psychology*, *57*, 1–26.

Kent, R. J., & Allen, C. T. (1994). Competitive interference effects in consumer memory for advertising: The role of brand familiarity. *Journal of Marketing, 58*, 97–105.

Khang, H., Ki, E.-J., & Ye, L. (2012). Social media research in advertising, communication, marketing, and public relations, 1997-2010. *Journalism & Mass Communication Quarterly*, *89*, 279–298.

Kiesler, S., Siegel, J., & McGuire, T. (1984). Social psychological aspects of computer-mediated communications. *American Psychologist, 39,* 1123–1134.

Kim, J., & McMillan, S. J. (2008). Evaluation of internet advertising research: A bibliometric analysis of citations from key sources. *Journal of Advertising*, *37*, 99–112.

Kim, M. S., & Hunter, J. E. (1993). Attitude-behavior relations: A meta-analysis of attitudinal relevance and topic. *Journal of Communication, 43*, 101–142.

Kirmani, A., & Shiv, B. (1998). Effects of source congruity on brand attitudes and beliefs: The moderating role of issue-relevant elaboration. *Journal of Consumer Psychology, 7,* 25–47.

Klimmt, C. (2011). *Das Elaboration-Likelihood-Modell.* Baden-Baden: Nomos.

Knischek, S. (2011). *Lebensweisheiten berühmter Philosophen. 4000 Zitate von Aristoteles bis Wittgenstein.* Hannover: Humboldt.

Knobloch-Westerwick, S., Sharma, N., Hansen, D. L., & Alter, S. (2005). Impact of popularity indications on readers' selective exposure to online news. *Journal of Broadcasting & Electronic Media*, *49*, 296–313.

Knoll, J., & Töpfer, S. (2014, Januar). *Die Masse macht's – Zum Einfluss der Anzahl kommentierender Internetnutzer auf die Wirkung von kommentierter Onlinewerbung.* Vortrag auf der Jahrestagung der DGPuK-Fachgruppe „Rezeptions- und Wirkungsforschung". 23.01-25.01.2014, Hannover.

Knoll, J. (2014). Onlinewerbung und nutzergenerierte Inhalte – Ein Forschungsüberblick. In H. Schramm & J. Knoll (Hrsg.), *Innovation der Persuasion. Die Qualität der Werbe- und Markenkommunikation in neuen Medienwelten* (S. 75–89). Köln: Herbert von Halem Verlag.

Knoll, J. (in Druck). Advertising in social media. A review of empirical evidence. *International Journal of Advertising.*

Knoll, J., & Schramm, H. (in Druck). Advertising in social network sites – Investigating the social influence of user-generated content on online advertising effect. *Communications – The European Journal of Communication Research*.

Knoll, J., Proksch, R., & Schramm, H. (2013, November). *Warum wir uns anschauen, was andere Leute über Werbung sagen – Rezeptionsmotive nutzergenerierter Inhalte im Zusammenhang von Onlinewerbung*. Vortrag auf der Jahrestagung der Ad-hoc-Gruppe Werbekommunikation der Deutschen Gesellschaft für Publizistik- und Kommunikationswissenschaft (DGPuK), 28.-30.11.2013, Berlin.

Koch, W., & Liebholz, B. (2014). Bewegtbildnutzung im Internet und Funktionen von Videoportalen im Vergleich zum Fernsehen. Ergebnisse der ARD/ZDF-Onlinestudie 2014. *Media Perspektiven, o. Jg.*(7–8), 397–407.

Krishnamurthy, S., & Dou, W. (2008). Note from the guest editors: Advertising with user-generated content: A framework and research agenda. *Journal of Interactive Advertising, 8*, 1–4.

Kropp, F., Lavack, A. M., & Silvera, D. H. (2005). Values and collective self-esteem as predictors of consumer susceptibility to interpersonal influence among university students. *International Marketing Review, 22*, 7–33.

Kühne, R. (2010). Dem Zufall auf der Spur: Zur Verwendung statistischer Testverfahren bei Convenience-Samples und Vollerhebungen. In N. Jackob, T. Zerback & O. Jandura (Hrsg*.), Das Internet als Forschungsinstrument und -gegenstand in der Kommunikationswissenschaft* (S. 227–245). Köln: Herbert von Halem Verlag.

Laczniak, R. N., & Muehling, D. D. (1993). The relationship between experimental manipulations and tests of theory in an advertising message involvement context. *Journal of Advertising, 22*, 59–74.

Lang, A. (2000). The limited capacity model of mediated message processing. *Journal of Communication, 50*, 46–70.

Lang, A. (2009). The limited capacity model of motivated mediated message processing. In R. Nabi & M. B. Oliver (Hrsg.), *The SAGE handbook of mass media processes and effects* (S. 193–204). Los Angeles: SAGE.

Lappas, T. (2012). Fake reviews: The malicious perspective. In D. Hutchison et al. (Hrsg.), *Lecture notes in computer science. Natural language processing and information systems* (S. 23–34). Berlin, Heidelberg: Springer.

Lawrence, B., Fournier, S., & Brunel, F. (2013). When companies don't make the ad: A multimethod inquiry into the differential effectiveness of consumer-generated advertising. *Journal of Advertising, 42*, 292–307.

Lee, E.-J., & Jang, Y. J. (2010). What do others' reactions to news on internet portal sites tell us? Effects of presentation format and readers' need for cognition on reality perception. *Communication Research, 37*, 825–846.

Lee, E.-J., & Sundar, S. S. (2010). Human-computer-interaction. In C. R. Berger, M. E. Roloff, & D. R. Roskos-Ewoldsen (Hrsg.), *The handbook of communication science* (S. 507–523). Los Angeles, CA: SAGE.

Lee, J., Park, D. H., & Han, I. (2008). The effect of negative online consumer reviews on product attitude: An information processing view. *Electronic Commerce Research and Applications, 7*, 341–352.

Lewis, R. A., & Reiley, D. H. (2011). *Does retail advertising work? Measuring the effects of advertising on sales via a controlled experiment on Yahoo!* Online verfügbar unter http://www.davidreiley.com/papers/DoesRetailAdvertisingWork.pdf

Li, H. (2011). The interactive web: Toward a new discipline. *Journal of Advertising Research, 51,* 13–26.

Li, H., Edwards, S. M., & Lee, J. H. (2002). Measuring the intrusiveness of advertisements: Scale development and validation. *Journal of Advertising, 31,* 37–47.

Li, Y.-M., Lee, Y.-L., & Lien, N.-J. (2012). Online social advertising via influential endorsers. *International Journal of Electronic Commerce, 16,* 119–154.

Lipsman, A., Mudd, G., Rich, M., & Bruich, S. (2012). The power of "like": How brands reach (and influence) fans through social-media marketing. *Journal of Advertising Research, 52,* 40–50.

Liu-Thompkins, Y. (2013). Seeding viral content: The role of message and network factors. *Journal of Advertising Research, 52,* 465–478.

Lönneker, J. (2014). Zielgruppe war gestern – Mit Verfassungsmarketing zur strategischen Einordnung von Kauf- und Konsumverhalten. In M. Halfmann (Hrsg.), *Zielgruppen im Konsumentenmarketing* (S. 227–240). Wiesbaden: Springer Gabler.

Mabry, E., & Porter, L. (2010). Movies and Myspace. The effectiveness of official web sites versus online promotional contest. *Journal of Interactive Advertising, 10,* 1–15.

Mackie, D. M., Gastardo-Conaco, M. C., & Skelly, J. J. (1992). Knowledge of the advocated position and the processing of in-group and out-group persuasive messages. *Personality and Social Psychology Bulletin, 18,* 145–151.

Mackie, D. M., Worth, L. T., & Asuncion, A. G. (1990). Processing of persuasive ingroup messages. *Journal of Personality and Social Psychology, 58,* 812–822.

Maio, G. R., & Haddock, G. (2010). *The psychology of attitudes and attitude change.* Los Angeles, CA: SAGE.

Malbon, J. (2013). Taking fake online consumer reviews seriously. *Journal of Consumer Policy, 36,* 139–157.

Maletzke, G. (1963). *Psychologie der Massenkommunikation.* Hamburg: Verlag Hans-Bredow-Institut.

Marcks, S. (2012, 5. September). Facebook mit Chancen und Risiken bewusst umgehen. *Bundeszentrale für politische Bildung.* Online verfügbar unter http://www.bpb.de/lernen/unterrichten/unterricht-am-whiteboard/135488/facebook

Mardia, K. V. (1970). Measures of multivariate skewness and kurtosis with applications. *Biometrika, 57,* 519–530.

Markus, H. R. (1977). Self-schemata and processing information about the self. *Journal of Personality and Social Psychology, 25,* 63–78.

Markus, H. R., & Wurf, E. (1987). The dynamic self-concept: Social psychological perspective. *Annual Review of Psychology, 38,* 299–337.

Matthes, J. (2014). Kognition. In: C. Wünsch, H. Schramm, V. Gehrau & H. Bilandzic (Hrsg.), *Handbuch Medienrezeption* (S. 13–28). Baden-Baden: Nomos.

Matthes, J., Schemer, C., & Wirth, W. (2007). More than meets the eye. Investigating the hidden impact of brand placements in television magazines. *International Journal of Advertising, 26,* 477–503.

McGee, M. (2013). Google+ hits 300 million active monthly "in-stream" users, 540 million across google. *Marketing Land*. Online verfügbar unter http://marketingland.com/google-hits-300-million-active-monthly-in-stream-users-540-million-across-google-63354

McGuire, W. J. (1968). Personality and susceptibility to social influence. In E. F. Borgatta & W. F. Lambert (Hrsg.). *Handbook of personality theory and research* (S. 1130–1187). Chicago: Rand McNally.

Messing, S., & Westwood, S. J. (in Druck). Selective exposure in the age of social media: Endorsements trump partisan source affiliation when selecting news online. *Communication Research*.

Metzger, M. J., Flanagin, A. J., & Medders, R. B. (2010). Social and heuristic approaches to credibility evaluation online. *Journal of Communication, 60,* 413–439.

Meyer, D. J. C., & Anderson, H. C. (2000). Preadolescents and apparel purchasing: Conformity to parents and peers in the consumer socialization process. *Journal of Social Behavior & Personality, 15,* 243–257.

Miglani, J. (2014). Forrester research social media forecast, 2014 to 2019 (US). *Forrester*. Online verfügbar unter https://www.forrester.com/Forrester+Research+Social+Media+Forecast+2014+To+2019+US/fulltext/-/E-RES116082

Möbus, P., & Heffler, M. (2013). Werbeeinnahmen: Printmedien in der Krise. Der Werbemarkt 2012. *Media Perspektiven, o. Jg.*(6), 310–321.

Moore, D. L., Hausknecht, D., & Thamodaran, K. (1986). Time compression, response opportunity, and persuasion. *Journal of Consumer Research, 13,* 85–99.

Muk, A. (2013). What factors influence millennials to like brand pages? *Journal of Marketing Analytics, 1,* 127–137.

Mukherjee, A., Liu, B., & Glance, N. (2012). Spotting fake reviewer groups in consumer reviews. *Proceedings of the 21st international conference on World Wide Web,* 191–200.

Muntinga, D. G., Moorman, M., & Smit, E. G. (2011). Introducing COBRAs: Exploring motivations for brand-related social media use. *International Journal of Advertising, 30,* 13–46.

Nelson-Field, K., Riebe, E., & Sharp, B. (2012). What's not to 'like?' Can a Facebook fan base give a brand the advertising reach it needs? *Journal of Advertising Research, 52,* 262–269.

Nelson-Field, K., Riebe, E., & Sharp, B. (2013). More mutter about clutter: Extending empirical generalizations to Facebook. *Journal of Advertising Research, 53,* 186–191.

Netemeyer, R. G., Bearden, W. O., & Teel, J. E. (1992). Consumer susceptibility to interpersonal influence and attributional sensitivity. *Psychology & Marketing, 9,* 379–394.

Nieva, R. (2014, 9. Januar). Facebook to sunset sponsored stories by April. *c|net.* Online verfügbar unter http://www.cnet.com/news/facebook-to-sunset-sponsored-stories-by-april/

Nobre, H., & Silva, D. (2014). Social network marketing strategy and SME strategy benefits. *Journal of Transnational Management, 19,* 138–151.

O'Reilly, T. (2005). What is Web 2.0? Design Patterns and Business Models for the Next Generation of Software. Online verfügbar unter http://oreilly.com/web2/archive/what-is-web-20.html

Oakes, W. (1972). External validity and the use of real people as subjects. *American Psychologist, 27*, 959–962.

Okazaki, S., & Taylor, C. (2013). Social media and international advertising: Theoretical challenges and future directions. *International Marketing Review, 30*, 56–71.

Okazaki, S., Rubio, N., & Campo, S. (2013). Do online gossipers promote brands? *Cyberpsychology, Behavior, and Social Networking, 16*, 100–107.

Okazaki, S., Rubio, N., & Campo, S. (2014). Gossip in social networking sites. Why people chitchat about ad campaigns. *International Journal of Market Research, 56*, 317–340.

Okdie, B. M., & Guadagno, R. (2008). Social influence and computer mediated communication. In S. Kelsey & K. St. Amant (Hrsg.), *Handbook of research on computer mediated communication* (S. 477–491). Hershey, PA: Information Science Reference.

Olson, M. A., & Kendrick, R. V. (2008). Origins of attitudes. In W. Crano & R. Prislin (Hrsg.), *Attitudes and persuasion* (S. 111–130). New York: Psychology Press.

Organisation for Economic Co-operation and Development (2007). *Participative web and user-created content: Web 2.0, wikis and social networking*. Paris: Organisation for Economic Co-operation and Development.

Oyserman, D. (2004). Self-concept and identity. In M. B. Brewer & M. Hewstone (Hrsg.), *Self and social identity* (S. 5–24). Malden, MA: Blackwell.

Paek, H.-J., Hove, T., & Jeon, H. J. (2013). Social media for message testing: A multilevel approach to linking favorable viewer responses with message, producer, and viewer influence on YouTube. *Health Communication, 28*, 226–236.

Paek, H.-J., Hove, T., Jeong, H. J., & Kim, M. (2011). Peer or expert? The persuasive impact of YouTube public service announcements producers. *International Journal of Advertising, 30*, 161–188.

Park, C. W., & Lessig, P. V. (1977). Students and housewives: Differences in susceptibility to reference group influence. *Journal of Consumer Research, 4*, 102–110.

Park, H., Rodgers, S., & Stemmle, J. (2011). Health organizations' use of Facebook for health advertising and promotion. *Journal of Interactive Advertising, 12*, 62–77.

Parsons, A. (2013). Using social media to reach consumers. A content analysis of official Facebook pages. *Academy of Marketing Studies Journal, 17*, 27–36.

Pashkevich, M., Dorai-Raj, S., Kellar, M., & Zigmond, D. (2013). Empowering online advertisements by empowering viewers with the right to choose. *Journal of Advertising Research, 52*, 451–457.

Paukner, P., & Ratzesberger, P. (2013, 5. August). Gekaufte Freunde. *Süddeutsche.de*. Online verfügbar unter http://www.sueddeutsche.de/digital/klickfarmen-in-bangladesch-gekaufte-freunde-1.1739441

Pehlivan, E., Sarican, F., & Berthon, P. R. (2011). Mining messages: Exploring consumer response to consumer- vs. firm-generated ads. *Journal of Consumer Behaviour, 10*, 313–321.

Peter, C., Rossmann, C., & Keyling, T. (2014). Exemplification 2.0. *Journal of Media Psychology: Theories, Methods, and Applications, 26*, 19–28.

Peterson, R. A. (2001). On the use of college students in social science research: Insights from a second-order meta-analysis. *Journal of Consumer Research, 28*, 450–461.

Petty, R. E., & Briñol, P. (2012). The elaboration likelihood model. In P. A. M. van Lange, A. W. Kruglanski, & E. T. Higgins (Hrsg.), *Handbook of theories of social psychology* (S. 224–245). Los Angeles, CA: SAGE.

Petty, R. E., & Cacioppo, J. T. (1984). Source factors and the elaboration likelihood model of persuasion. In T. C. Kinnear (Hrsg.), *Advances in consumer research volume 11* (S. 668–672). Provo, UT: Association for Consumer Research.

Petty, R. E., & Cacioppo, J. T. (1986). The elaboration likelihood of persuasion. *Advances in Experimental Social Psychology, 19*, 123–205.

Petty, R. E., & Wegener, D. T. (1999). The elaboration likelihood model: Current status and controversies. In S. Chaiken & Y. Trope (Hrsg.), *Dual-process theories in social psychology* (S. 41–72). New York: Guilford Press.

Petty, R. E., Briñol, P., & Priester, J. R. (2009). Mass media attitude change. Implications of the elaboration likelihood model of persuasion. In J. Bryant & M. B. Oliver (Hrsg.), *Media effects. Advances in theory and research* (S. 125–164). New York: Routledge.

Petty, R. E., Cacioppo, J. T., & Schumann, D. (1983). Central and peripheral routes to advertising effectiveness: The moderating role of involvement. *Journal of Consumer Research, 10*, 134–148.

Petty, R. E., Gleicher, F., & Baker, S. (1991). Multiple roles for affect in persuasion. In J. P. Forgas (Hrsg.), *Emotion and social judgments* (S. 181–200). Oxford: Pergamon Press.

Petty, R. E., Harkins, S. G., & Williams, K. D. (1980). The effects of group diffusion of cognitive effort on attitudes: An information processing view. *Journal of Personality and Social Psychology, 38*, 81–92.

Petty, R. E., Schumann, D. W., Richman, S. A., & Strathman, A. J. (1993). Positive mood and persuasion: Different roles for affect under high and low elaboration conditions. *Journal of Personality and Social Psychology, 64*, 5–20.

Pingjun, J. (2013). Determinants of participants' responses to marketing communications on social networking sites. *Journal of the Academy of Business & Economics, 13*, 61–78.

Porter, L., & Golan, G. (2006). From subservient chickens to brawny men: A comparison of viral advertising to television advertising. *Journal of Interactive Advertising, 6*, 30–38.

Postmes, T., Spears, R., Lee, A. T., & Novak, R. J. (2005). Individuality and social influence in groups: Inductive and deductive routes to group identity. *Journal of Personality and Social Psychology, 89*, 747–763.

Postmes, T., Spears, R., Sakhel, K., & de Groot, D. (2001). Social influence in computer-mediated communication: The effects of anonymity on group behavior. *Personality and Social Psychology Bulletin, 27*, 1243–1254.

Preacher, K. J., Rucker, D. D., & Hayes, A. F. (2007). Addressing moderated mediation hypotheses: Theory, methods, and prescriptions. *Multivariate Behavioral Research*, *42*, 185–227.

Prislin, R., & Wood, W. (2005). Social influence in attitudes and attitude change. In D. Albarracin, B. T. Johnson, & M. P. Zanna (Hrsg.), *The handbook of attitudes* (S. 671–706). New York: Psychology Press.

Quick, B. L., Shen, L., & Dillard, J. P. (2013). Reactance theory and persuasion. In J. P. Dillard & L. Shen (Hrsg.), *The SAGE handbook of persuasion. Developments in theory and practice* (S.167–184). Thousand Oaks, CA.: SAGE.

Reinemann, C., & Zerback, T. (2013). Grundlagen politischer Kommunikation. In W. Schweiger & A. Fahr (Hrsg.), *Handbuch Medienwirkungsforschung* (S. 439–462). Wiesbaden: Springer Fachmedien.

Reips, U. D. (2002). Standards for internet-based experimenting. *Experimental Psychology, 49,* 243–256.

Reips, U. D. (2007). The methodology of internet-based experiments. In A. N. Joinson, K. Y. McKenna, T. Postmes, & U. D. Reips (Hrsg.), *The Oxford handbook of internet psychology* (S. 373–390). New York: Oxford University Press.

Reips, U. D., & Stieger, S. (2004). Scientific LogAnalyzer: A web-based tool for analyses of server log files in psychological research. *Behavior Research Methods, Instruments & Computers*, *36*, 304–311.

Ren, Y., Kraut, R., & Kiesler, S. (2007). Applying common identity and bond theory to design of online communities. *Organization Studies*, *28*, 377–408.

Rodgers, S., & Thorson, E. (Hrsg.). (2012). *Advertising theory*. New York: Routledge.

Rossmann, C., & Ziegler, L. (2013). Gesundheitskommunikation: Medienwirkungen im Gesundheitsbereich. In W. Schweiger & A. Fahr (Hrsg.), *Handbuch Medienwirkungsforschung* (S. 385–400). Wiesbaden: Springer Fachmedien.

Rucker, D. D., Petty, R. E., & Priester, J. R. (2007). Understanding advertising effects from a psychological perspective. In G. J. Tellis & T. Ambler (Hrsg.), *The SAGE handbook of advertising* (S. 73–88). Thousand Oaks, CA: SAGE.

Rushe, D. (2014, 23. Juli). Facebook earnings beat expectations as ad revenues soar. *The Guardian*. Online verfügbar unter, http://www.theguardian.com/technology/2014/jul/23/facebook-earnings-beat-expectations-ad-revenues

Rutter, D. R. (1987).*Communicating by telephone*. Oxford: Pergamon Press.

Ruvio, A., Shoham, A., & Brencic (2008). Consumers' need for uniqueness: short-form scale development and cross-cultural validation. *International Marketing Review*, *25,* 33–53.

Sabri, O., & Michel, G. (2014). When do advertising parodies hurt? The power of humor and credibility in viral spoof advertisements. *Journal of Advertising Research*, *54*, 233–247.

Salganik, M. J., Dodds, P. S., & Watts, D. J. (2006). Experimental study of inequality and unpredictability in an artificial cultural market. *Science*, *311*, 854–856.

Sashittal, H. C., Sriramachandramurthy, R., & Hodis, M. (2012). Targeting college students on Facebook? How to stop wasting your money. *Business Horizons*, *55*, 495–507.

Sassenberg, K. (2011). An interactional approach to social influence in computer-mediated communication. In Z. Birchmeier, B. Dietz-Uhler, & G. Stasser (Hrsg.), *Strategic uses of social technology. An interactive perspective of social psychology* (S. 63–83). Cambridge, UK: Cambridge University Press.

Sassenberg, K., & Jonas, K. J. (2007). Attitude change and social influence on the net. In A. N. Joinson, K. Y. McKenna, T. Postmes, & U. D. Reips (Hrsg.), *The Oxford handbook of internet psychology* (S. 273–288). New York: Oxford University Press.

Sassenberg, K., & Scholl, A. (2011). Soziale Bindung von Usern an Web 2.0-Angebote. In G. Walsh, B. Hass, & T. Kilian (Hrsg.), *Web 2.0. Neue Perspektiven für Marketing und Medien* (S. 49–63). Heidelberg: Springer.

Saxena, A., & Khanna, U. (2013). Advertising on social network sites: A structural equation modelling approach. *Vision: The Journal of Business Perspective, 17*, 17–25.

Schemer, C. (2014). Urteilsbildung und Bewertung. In C. Wünsch, H. Schramm, V. Gehrau, & H. Bilandzic (Hrsg.), *Handbuch Medienrezeption* (S. 177–190). Baden-Baden: Nomos.

Schenk, M. (2007). *Medienwirkungsforschung*. Tübingen: J.C.B. Mohr.

Schenk, M., & Scheiko, L. (2011). Meinungsführer als Innovatoren und frühe Übernehmer des Web 2.0. Ergebnisse einer internetrepräsentativen Befragung. *Media Perspektiven, o. Jg.* (9), 423–431.

Scheufele, B., & Engelmann, I. (2009). *Empirische Kommunikationsforschung*. Konstanz: UVK.

Schmitt, M. (2003). Persönlichkeitspsychologische Grundlagen. In R. Mangold, P. Vorderer & G. Bente (Hrsg.), *Lehrbuch der Medienpsychologie* (S. 151–174). Göttingen: Hogrefe.

Scholl, A. (2003). *Die Befragung*. Konstanz: UVK.

Schramm, H., & Knoll, J. (Hrsg.). (2014). *Innovation der Persuasion. Die Qualität der Werbe- und Markenkommunikation in neuen Medienwelten*. Köln: Herbert von Halem Verlag.

Schumann, D. W., Kotowski, M. R., Ahn, H. Y., & Haugtvedt, C. P. (2012). The elaboration likelihood model: A 30-year review. In S. Rodgers & E. Thorson (Hrsg.), *Advertising theory* (S. 51–68). New York: Routledge.

Schumann, J. H., von Wangenheim, F., & Groene, N. (2014). Targeted online advertising: Using reciprocity appeals to increase acceptance among users of free web services. *Journal of Marketing, 78*, 59–75.

Schwarz, N. (2011). Feelings-as-information theory. In P. A. M. van Lange, A. W. Kruglanski, & E. T. Higgins (Hrsg.), *Handbook of theories of social psychology* (S. 289–308). Los Angeles, CA: Sage.

Schwarz, N., & Clore, G. L. (1988). How do I feel about it? The informative function of affective states. In K. Fiedler & J. P. Forgas (Hrsg.), *Affect, cognition, and social behavior* (S. 44–62). Toronto, Canada: Hogrefe & Huber.

Schwarz, N., & Clore, G. L. (2007). Feelings and phenomenal experiences. In A. W. Kruglanski & E. T. Higgins (Hrsg.), *Social psychology. Handbook of basic principles* (S. 385–407). New York: Guilford.

Schweiger, W., & Quiring, O. (2007). User-Generated Content auf massenmedialen Websites – eine Spielart der Interaktivität oder etwas völlig anderes? In M. Friedrichsen,

W. Mühl-Benninghaus & W. Schweiger (Hrsg.), *Neue Technik, neue Medien, neue Gesellschaft* (S. 97–120). München: Reinhard Fischer.

Schweiger, W. (2001). Aufmerksamkeitseffekte der Hypermediengestaltung. Befunde zur Scrollgrenze und anderen Phänomenen. In K. Beck & W. Schweiger (Hrsg.), *Attention please! Online-Kommunikation und Aufmerksamkeit* (S.175–196). München: Reinhard Fischer.

Schweiger, W. (2010). Informationsnutzung online: Informationssuche, Selektion, Rezeption und Usability von Online-Medien. In W. Schweiger & K. Beck (Hrsg.), *Handbuch Online-Kommunikation* (S. 184–210). Wiesbaden: VS Verlag.

Senecal, S., & Nantel, J. (2004). The influence of online product recommendations on consumers' online choices. *Journal of Retailing, 80*, 159–169.

Sengupta, J., Goodstein, R. C., & Bonninger, D. S. (1997). All cues are not created equal: Obtaining attitude persisitence under low-involvement conditions. *Journal of Consumer Research, 23*, 351–361.

Shao, G. (2009). Understanding the appeal of user-generated media: A uses and gratification perspective. *Internet Research, 19*, 7–25.

Shaughnessy, J. J., & Zechmeister, E. B. (1997). *Research methods in psychology.* New York: McGraw-Hill.

Shavitt, S., Lowrey, P., & Haefner, J. (1998). Public attitudes toward advertising: More favorable than you think. *Journal of Advertising Research, 38,* 7–22.

Short, J., Williams, E., & Christie, B. (1976). *The social psychology of telecommunications.* Chichester: John Wiley.

Sicilia, M., Ruiz, S., & Munuera, J. L. (2005). Effects of interactivity in a web site: The moderating effect of need for cognition. *Journal of Advertising, 34,* 31–45.

Siegert, G. (2010). Online-Kommunikation und Werbung. In W. Schweiger & K. Beck (Hrsg.), *Handbuch Online-Kommunikation* (S. 434–460). Wiesbaden: VS Verlag.

Siegert, G., & Brecheis, D. (2010). *Werbung in der Medien- und Informationsgesellschaft: Eine kommunikationswissenschaftliche Einführung.* Wiesbaden: VS Verlag.

Siegert, G., Wirth, W., Matthes, J., Pühringer, K, Rademacher, P., Schemer, C., & von Rimscha, B. (2007). *Die Zukunft der Fernsehwerbung. Produktion, Verbreitung und Rezeption von programmintegrierten Werbeformen in der Schweiz.* Bern: Haupt.

Simola, J., Kuisma, J., Öörni, A, Uusitalo, L., & Hyönä, J. (2011). The impact of salient advertisements on reading and attention on web pages. *Journal of Experimental Psychology: Applied, 17*, 174–190.

Simon, B., & Massau, C. (1991). Soziale Identifikation, Eigengruppen-Favorisierung und Selbst-Stereotypisierung: Der Fall Oskar Lafontaine und die Saarländer. *Zeitschrift für Sozialpsychologie, 22*, 193–207.

Smith, A. N., Fischer, E., & Yongjian, C. (2012). How does brand-related user-generated content differ across YouTube, Facebook, and Twitter? *Journal of Interactive Marketing, 26*, 102–113.

Smith, J. R., & Hogg, M. A. (2008). Social identity and attitudes. In W. D. Crano & R. Prislin (Hrsg.), *Attitudes and attitude change* (S. 337–360). New York: Psychology Press.

socialbakers (2014). *October 2014 social marketing report: Germany regional.* Online verfügbar unter http://www.socialbakers.com/reports/regional/october-2014-social-marketing-report-germany-regional

Sommer, D. (2010). *Nachrichten im Gespräch. Wesen und Wirkung von Anschlusskommunikation über Fernsehnachrichten.* Baden-Baden: Nomos.

SoSci Panel (2014). *SoSci Panel - offenes wissenschaftliches Befragungspanel.* Online verfügbar unter https://www.soscisurvey.de/panel/index.php

Sparkes, M. (2011, 23. August). The ten most popular social networking websites. *The Telegraph.* Online verfügbar unter http://www.telegraph.co.uk/technology/google/8718580/The-ten-most-popular-social-networking-websites.html

Spears, N., & Singh, S. N. (2004). Measuring attitude toward the brand and purchase intentions. *Journal of Current Issues & Research in Advertising, 26,* 53–66.

Spears, R., & Lea, M. (1992). Social influence and the influence of the 'social' in computer-mediated communication. In M. Lea (Hrsg.), *Contexts of computer-mediated communication* (S. 30–65). New York: Harvester Wheatsheaf.

Spears, R., & Lea, M. (1994). Panacea or panopticon? The hidden power in computer-mediated communication. *Communication Research, 21,* 427–459.

Spears, R., Lea, M., & Postmes, T. (2007). Computer-mediated communication and social identity. In A. N. Joinson, K. Y. McKenna, T. Postmes, & U. D. Reips (Hrsg.), *The Oxford handbook of internet psychology* (S. 253–272). New York: Oxford University Press.

Spears, R., Lea, M., Postmes, T., & Wolbert, A. (2011). A SIDE look at computer-mediated interaction. In Z. Birchmeier, B. Dietz-Uhler, & G. Stasser (Hrsg.), *Strategic uses of social technology. An interactive perspective of social psychology* (S. 16–39). Cambridge, UK: Cambridge University Press.

Staats. A. W., & Staats. C. K. (1958). Attitudes established by classical conditioning. *Journal of Abnormal and Social Psychology, 57,* 37–40.

Stambor, Z. (2013, 12. April). Social media ad spending will reach $11 billion by 2017. *Internet Retailer.* Online verfügbar unter http://www.internetretailer.com/2013/04/12/social-media-ad-spending-will-reach-11-billion-2017

Stevens, J. P. (2012). *Applied multivariate statistics for the social sciences.* New York: Routledge.

Steyn, P., Ewing, M. T., van Heerden, G., & Pitt, L. F. (2011). From whence it came: Understanding source effects in consumer-generated advertising. *International Journal of Advertising, 30,* 133–160.

Steyn, P., Wallström, Å., & Pitt, L. (2010). Consumer-generated content and source effects in financial services advertising: An experimental study. *Journal of Financial Services Marketing, 15,* 49–61.

Stieger, S., Burger, C., Bohn, M., & Voracek, M. (2013). Who commits virtual identity suicide? Differences in privacy concerns, internet addiction, and personality between Facebook users and quitters. *Cyberpsychology, Behavior, and Social Networking, 16,* 629–634.

Stiff, J. B., & Mongeau, P. A. (2003). *Persuasive Communication.* New York: Guilford Press.

Stoeckl, R.; Rohrmeier, P., & HESS, T. (2007). Motivations to produce user generated content: Differences between webloggers and videobloggers. *BLED 2007 Proceedings*, 04.-06.06.2007.

Strutton, D., Taylor, D. G., & Thompson, K. (2011). Investigating generational differences in e-WOM behaviours: for advertising purposes, does X = Y? *International Journal of Advertising, 30*, 559–586.

Sundar, S. S., & Nass, C. (2001). Conceptualizing sources in online news. *Journal of Communication, 51*, 52–72.

Sundar, S. S., Xu, Q., & Dou, X. (2012). Role of techonolgy in online persuasion: A MAIN model perspective. In S. Rodgers & E. Thorson (Hrsg.), *Advertising theory* (S. 355–372). New York: Routledge.

Sundar, S. S., Xu, Q., & Oeldorf-Hirsch, A. (2009). Authority vs. peer: How interface cues influence users. *Proceedings of the 27th International Conference Extended Abstracts on Human Factors in Computing Systems*. 4231–4236.

Taddicken, M. (2011). Selbstoffenbarung im Social Web. *Publizistik, 56*, 281–303.

Tajfel, H., & Turner, J. C. (1979). An integrative theory of intergroup conflict. In W. G. Austin & S. Worchel (Hrsg.), *The social psychology of intergroup relations* (S. 33–47). Monterey, CA: Brooks/Cole.

Tan, W. J., Kwek, C. L., & Li, Z. (2013). The antecedents of effectiveness interactive advertising in the social media. *International Business Research, 6*, 88–99.

Tang, T., Fang, E., & Wang, F. (2014). Is neutral really neutral? The effects of neutral user-generated content on product sales. *Journal of Marketing, 78*, 41–58.

Taylor, D. G., Lewin, J. E., & Strutton, D. (2011). Friends, fans, and followers: Do ads work on social networks? How gender and age shape receptivity. *Journal of Advertising Research, 51*, 258–275.

Taylor, S. E., & Crocker, J. (1981). Schematic basis of information processing. In: E. T. Higgins, C. P. Herman, & M. P. Zanna (Hrsg.), *Social cognition: The Ontario symposium* (S. 89–134). Hillsdale: Lawrence Erlbaum.

Tellis, G. J., & Ambler, T. (Hrsg.). (2007). *The SAGE handbook of advertising*. Thousand Oaks, CA: SAGE.

Theobald, T. (2014, 12. August). Konkurrenzkampf mit Facebook. Twitter ändert sein Werbemodell. *Horizont*. Online verfügbar unter http://www.horizont.net/medien/nachrichten/Konkurrenzkampf-mit-Facebook-Twitter-aendert-sein-Werbemodell-121767

Thomas, W. I., & Thomas, D. S. (1928). *The child in America. Behavior problems and programs*. New York: Knopf.

Thompson, D. V., & Malaviya, P. (2013). Consumer-generated ads: Does awareness of advertising co-creation help or hurt persuasion? *Journal of Marketing, 77*, 33–47.

Thorson, E., & Rodgers, S. (2012). What does "theories of advertising" mean? In S. Rodgers & E. Thorson (Hrsg.), *Advertising theory* (S. 3–17). New York: Routledge.

Tian, K. T., & Bearden, W. O., & Hunter, G. L. (2001). Consumers' need for uniqueness: Scale development and validation. *Journal of Consumer Research, 28*, 50–66.

Trepte, S.,- & Wirth, W. (2004). Kommunikationswissenschaftliche Experimentalforschung im Spannungsverhältnis zwischen interner und externer Validität. In W. Wirth, E. Lauf & A. Fahr (Hrsg.), *Forschungslogik und -design in der Kommunika-

tionswissenschaft. Einführung, Problematisierungen und Aspekte der Methodenlogik aus kommunikationswissenschaftlicher Perspektive (S. 60–87). Köln: Herbert von Halem Verlag.

Trepte, S. (2006). Social identity theory. In J. Bryant & P. Vorderer (Hrsg.), *Psychology of entertainment* (S. 255–271). Mahwah, NJ: Lawrence Erlbaum.

Trusov, M., Bodapati, A. V., & Bucklin, R. E. (2010). Determining influential users in internet social networks. *Journal of Marketing Research, 47*, 643–658.

Tullis, T. S. (2005). Web-based presentation of information: The top ten mistakes and why they are mistakes. *Proceedings of the HCI International 2005 Conference*, 22.-27.06.2005.

Turner, J. C, Hogg, M. A., Oakes, P. J., Reicher, S. D., & Wetherell, M. S. (1987). *Rediscovering the social group: A self-categorization theory.* Oxford: Blackwell.

Turner, J. C. (1991). *Social influence.* Milton Keynes: Open University Press.

Turner, J. C., & Reynolds, K. J. (2012). Self-categorization theory. In P. A. M. van Lange, A. W. Kruglanski, & E. T. Higgins (Hrsg.), *Handbook of theories of social psychology* (S. 399–417). Los Angeles, CA: SAGE.

Unger, F., Fuchs, W., & Michel, B. (2013). *Mediaplanung. Methodische Grundlagen und praktische Anwendung.* Berlin; Heidelberg: Springer Gabler.

Urban, D., & Mayerl, J. (2014). *Strukturgleichungsmodellierung: Ein Ratgeber für die Praxis.* Wiesbaden: Springer VS Verlag.

Uzunoğlu, E. (2011). Consumer as advertiser: A conceptual perspective. *Global Media Journal: Turkish Edition, 2*, 138–159.

van Belleghem, S., Eenhuizen, M., & Veris, E. (2011). *Social Media Around the World 2011.* Online verfügbar unter http://de.slideshare.net/stevenvanbelleghem/social-media-around-the-world-2011/download?lead=394fd930572c9b62fb082021af5a6d0922046ec4

van Eimeren, B., & Frees. B. (2014). 79 Prozent der Deutschen online – Zuwachs bei mobiler Internetnutzung und Bewegtbild. Ergebnisse der ARD/ZDF-Onlinestudie 2014. *Media Perspektiven, o. Jg.*(7-8), 378–396.

van Knippenberg, D. (1999). Social identity and persuasion: Reconsidering the role of group membership. In D. Abrams & M. A. Hogg (Hrsg.), *Social identity and social cognition* (S. 315–331). Malden, MA: Blackwell.

van Knippenberg, D., & Wilke, H. (1992). Prototypicality of arguments and conformity to ingroup norms. *European Journal of Social Psychology, 22*, 141–155.

van Knippenberg, D., Lossie, N., & Wilke, H. (1994) . In-group prototypicality and persuasion: Determinants of heuristic and systematic message processing. *British Journal of Social Psychology, 33*, 289–300.

van Noort, G., Antheunis, M. L., & Verlegh, P. W. (2014). Enhancing the effects of social network site marketing campaigns. *International Journal of Advertising, 33*, 235–252.

vanden Bergh, B. G., Lee, M., Quilliam, E. T., & Hove, T. (2011). The multidimsianl nature and brand impact of user-generated ad parodies in social media. *International Journal of Advertising, 30*, 103–131.

Vesper, S. (1998). *Das Internet als Medium. Auftrittsanalysen und neue Nutzungsoptionen.* Bardowick: Wissenschaftler Verlag.

Villiard, H., & Moreno, M. A. (2012). Fitness on Facebook: Advertisements generated in response to profile content. *Cyberpsychology, Behavior, and Social Networking, 15,* 564–568.

Walker Naylor, R., Lamberton, C. P., & West, P. M. (2012). Beyond the "like" button: The impact of mere virtual presence on brand evaluations and purchase intentions in social media settings. *Journal of Marketing, 76,* 105–120.

Wallace, E., Buil, I., Chernatony, L. de, & Hogan, M. (2014). Who "likes" you ... and why? A typology of Facebook fans: From "fan"-atics and self-expressives to utilitarians and authentics. *Journal of Advertising Research, 54,* 92–109.

Walther, J. B. (2009). Theories, boundaries, and all of the above. *Journal of Computer-Mediated Communication, 14,* 748–752.

Walther, J. B., & Jang, J.-W. (2012). Communication Processes in Participatory Websites. *Journal of Computer-Mediated Communication, 18,* 2–15.

Walther, J. B., & Parks, M. (2002). Cues filtered out, cues filtered in: Computer-mediated communication and relationships. In M. L. Knapp & J. A. Daly (Hrsg.), *Handbook of interpersonal communication* (S. 529–563). Thousand Oaks, CA: SAGE.

Walther, J. B., Carr, C. T., Choi, S. S., DeAndrea, D., Kim, J., Tom Tong, S., & van der Heide, B. (2011). Interaction of interpersonal, peer, and media influence sources online. A research agenda for technology convergence. In Z. Papacharissi (Hrsg.), *A networked self. Identity, community and culture on social network sites* (S. 17–38). New York: Routledge.

Walther, J. B., DeAndrea, D., Kim, J., & Anthony, J. C. (2010). The influence of online comments on perceptions of antimarijuana public service announcements on YouTube. *Human Communication Research, 36,* 469–492.

Walther, J. B., Tom Tong, S., DeAndrea, D., Carr, C. T., & van der Heide, B. (2011). A juxtaposition of social inlfluences. Web 2.0 and the interaction of mass, interpersonal, and peer sources online. In Z. Birchmeier, B. Dietz-Uhler, & G. Stasser (Hrsg.), *Strategic uses of social technology. An interactive perspective of social psychology* (S. 172–194). Cambridge, UK: Cambridge University Press.

Wang, J. D., & Day, R. F. (2007). The effects of attention inertia on advertisements on the WWW. *Computers in Human Behavior, 23,* 1390–1407.

Wang, Y., & Rodgers, S. (2011). Electronic word of mouth and consumer generated content. From concept to application. In M. S. Eastin, T. Daugherty, & N. M. Burns (Hrsg.), *Handbook of research on digital media and advertising. User generated content consumption* (S. 212–231). Hershey, PA: Information Science Reference.

Warrington, P., & Shim, S. (2000). An empirical investigation of the relationship between product involvement and brand commitment. *Psychology & Marketing, 17,* 761–782.

Waters, R. D., & Jones, P. M. (2011). Using video to build an organization's identity and brand: A content analysis of nonprofit organizations' YouTube videos. *Journal of Nonprofit & Public Sector Marketing, 23,* 248–268.

Weber, P., & Wirth, W. (2013). Nachrichtenfaktoren und Relevanzattribution. Der Einfluss von Nachrichtenfaktoren auf Relevanzurteile von Rezipienten und die moderierende Rolle von Civic-Pride. *Medien & Kommunikationswissenschaft, 61,* 515–531.

Weber, S. (2003). Einführung: (Basis-) Theorien für die Medienwissenschaft. In S. Weber (Hrsg.), *Theorien der Medien* (S. 11–48). Konstanz: UVK.

Wegener, D. T., & Carlston, D. E. (2005). Cognitive processes in attitude formation and change. In D. Albarracin, B. T. Johnson, & M. P. Zanna (Hrsg.), *The handbook of attitudes* (S. 493–542). New York: Psychology Press.

Weiber, R., & Mühlhaus, D. (2014). *Strukturgleichungsmodellierung. Eine anwendungsorientierte Einführung in die Kausalanalyse mit Hilfe von AMOS, SmartPLS und SPSS.* Wiesbaden: Springer VS Verlag.

West, S. G., Aiken, L. S., & Krull, J, L. (1996). Experimental personality designs: Analyzing categorical by continuous variable interactions. *Journal of Personality, 64,* 1–48.

Wirth, W. (2001). Aufmerksamkeit: Ein Konzept- und Theorieüberblick aus psychologischer Perspektive mit Implikationen für die Kommunikationswissenschaft. In K. Beck & W. Schweiger (Hrsg.), *Attention please! Online-Kommunikation und Aufmerksamkeit* (S.69–89). München: Reinhard Fischer.

Wirth, W., & Kühne, R. (2013). Grundlagen der Persuasionsforschung. In W. Schweiger & A. Fahr (Hrsg.), *Handbuch Medienwirkungsforschung* (S. 313–332). Wiesbaden: Springer Fachmedien.

Wladarsch, J., Neuberger, C., Brockmann, T., & Stieglitz, S. (2014). Der Bundestagswahlkampf 2013 in den Social Media. Themen, Parteien, Spitzenkandidaten und Resonanz auf Twitter, Blogs und meta.tagesschau. *Media Perspektiven, o. Jg.*(9), 456–474.

Woelke, J., & Dürager, A. (2011). Beeinflussbarkeit und Werbewirkung. Erstellung einer deutschsprachigen Version der Skala 'CSII' und Test für die Medien- und Werbepsychologie. *Journal of Business and Media Psychology, 2,* 1–9.

Wood, W. (1999). Motives and modes of processing in group social influence. In S. Chaiken & Y. Trope (Hrsg.), *Dual-process theories in social psychology* (S. 547–570). New York: Guilford Press.

Wood, W. (2000). Attitude change. Persuasion and social influence. *Annual Review of Psychology, 51,* 539–570.

Wottawa, H. (1988). *Psychologische Methodenlehre. Eine orientierende Einführung.* Weinheim; München: Juventa.

Yang, H., & Liu, H. (2014). Prior negative experience of online disclosure, privacy concerns, and regulatory support in Chinese social media. *Chinese Journal of Communication, 7,* 40–59.

Yang, S.-C., Hung, W.-C., Sung, K., & Farn, C.-K. (2006). Investigating initial trust toward e-tailers from the elaboration likelihood model perspective. *Psychology & Marketing, 23,* 429–445.

Yaveroglu, I., & Donthu, N. (2008). Advertising repetition and placement issues in online environments. *Journal of Advertising, 37,* 31–43.

YouTube (2014). *Statistics.* Online verfügbar unter http://www.youtube.com/yt/press/statistics.html

Zaichkowsky, J. L. (1985a). Measuring the involvement construct. *Journal of Consumer Research, 12,* 341–352.

Zaichkowsky, J. L. (1985b). Familiarity, product involvement or expertise? In E. C. Hirshman & M. B. Holbrook (Hrsg.), *Advances in consumer research volume 12* (S. 296–299). Provo, UT: Association for Consumer Research.

Zeng, F., Huang, L., & Dou, W. (2009). Social factors in user perceptions and responses to advertising in online social networking communities. *Journal of Interactive Advertising, 10*, 1–13.

Zhao, Y., Yang, S., Narayan, V., & Zhao, Y. (2013). Modeling consumer learning from online product reviews. *Marketing Science, 32*, 153–169.

Zillmann, D., Perkins, J. W., & Sundar, S. S. (1992). Impression-formation effects of printed news varying in descriptive precision and exemplifications. *Medienpsychologie, 4*, 168–185.

Anhang

Verwendete Skalen

1. Einstellungen und Verhaltensabsichten

Markeneinstellung (Spears & Singh, 2004):
  Wie beurteilen Sie die beworbene Marke eteleon/Dermaris?
  Mit Hilfe der sechs Punkte zwischen den Gegensatzpaaren können Sie Ihr Urteil jeweils abstufen.

nicht ansprechend	O O O O O O	ansprechend
schlecht	O O O O O O	gut
unangenehm	O O O O O O	angenehm
nachteilhaft	O O O O O O	vorteilhaft
unsympathisch	O O O O O O	sympathisch

Kaufabsicht (Spears & Singh, 2004):
  Würden Sie die Sonnencreme der Marke Dermaris kaufen?
  Bitte stufen Sie Ihr Urteil wieder anhand der sechs Punkte ab.

niemals	O O O O O O	auf jeden Fall
beabsichtige definitiv nicht zu kaufen	O O O O O O	beabsichtige definitiv zu kaufen
sehr niedrige Kaufabsicht	O O O O O O	sehr hohe Kaufabsicht
werde definitiv nicht kaufen	O O O O O O	werde definitiv kaufen
kaufe wahrscheinlich nicht	O O O O O O	kaufe wahrscheinlich

Empfehlungsabsicht (Spears & Singh, 2004):
  Würden Sie die Sonnencreme der Marke Dermaris weiterempfehlen?
  Bitte stufen Sie Ihr Urteil wieder anhand der sechs Punkte ab.

niemals	O O O O O O	auf jeden Fall
beabsichtige definitiv nicht zu empfehlen	O O O O O O	beabsichtige definitiv zu empfehlen

sehr niedrige Empfehlungsabsicht	o o o o o o	sehr hohe Empfehlungsabsicht
werde definitiv nicht empfehlen	o o o o o o	werde definitiv empfehlen
empfehle wahrscheinlich nicht	o o o o o o	empfehle wahrscheinlich

2. Rezeptionsprozesse

Relevanz der Werbebotschaft (Laczniak & Muehling, 1993):
Finden Sie die gesehene Werbebotschaft für sich selbst relevant?

Stimme überhaupt nicht zu		*Stimme voll und ganz zu*
Das Produkt könnte wichtig für mich sein.	o o o o o o	
Es könnte sich lohnen, das Produkt im Kopf zu behalten.	o o o o o o	
Das Produkt könnte es wert sein, ihm Aufmerksamkeit zu schenken.	o o o o o o	
Das Produkt könnte interessant für mich sein.	o o o o o o	

Thought Listing (Cacioppo & Petty, 1981):

Nun liegt das Interesse darin, zu erfahren, was Sie von der Anzeige halten, die Sie sich eben angesehen haben. Sie werden sich während des Anschauens einige Gedanken gemacht haben. Listen Sie nun all Ihre Gedanken auf, die Sie zu dem Beitrag hatten. Es gibt hier kein „richtig" oder „falsch" und Sie müssen auch nicht zwingend alle Felder ausfüllen.

Bitte schreiben Sie den ersten Gedanken, den Sie hatten, in die erste Box, den zweiten in die zweite usw. In jeder Box sollte jeweils nur ein Gedanke stehen. Rechtschreibung und Grammatik spielen hierbei keine Rolle.

1. Gedanke
2. Gedanke
3. Gedanke
4. Gedanke
5. Gedanke
6. Gedanke
7. Gedanke
8. Gedanke
9. Gedanke
10. Gedanke

3. Persönlichkeitsmerkmale

Need for Cognition nach Epstein et al. (1996):

Geben Sie bitte für jede der Behauptungen an, inwieweit diese für Sie charakteristisch ist.

Stimme überhaupt nicht zu		*Stimme voll und ganz zu*
Ich mag es nicht, wenn ich angestrengt nachdenken muss.	O O O O O O	
Ich versuche Situationen im Voraus zu erkennen und zu vermeiden, bei denen ich mit großer Wahrscheinlichkeit gründlich über etwas nachdenken muss.	O O O O O O	
Ich würde einer Aufgabe den Vorzug geben, die intellektuell schwierig und wichtig ist, gegenüber einer Aufgabe, die eine gewisse Wichtigkeit hat, aber nicht viel an Nachdenken erfordert.	O O O O O O	

	Stimme überhaupt nicht zu		Stimme voll und ganz zu
Ich bevorzuge komplexe gegenüber einfachen Problemen.		O O O O O O	
Lange und angestrengt nachzudenken bereitet mir wenig Vergnügen.		O O O O O O	

Need for Cogntion nach Bless et al. (1994):
Unten lesen Sie nun eine Reihe von Aussagen. Bitte geben Sie für jede Aussage an, inwiefern diese auf Sie zutrifft.

	Stimme überhaupt nicht zu		Stimme voll und ganz zu
Die Aufgabe, neue Lösungen für Probleme zu finden, macht mir wirklich Spaß.		O O O O O O	
Ich würde lieber eine Aufgabe lösen, die Intelligenz erfordert, schwierig und bedeutend ist, als eine Aufgabe, die zwar irgendwie wichtig, aber nicht viel Nachdenken erfordert.		O O O O O O	
Ich setze mir eher solche Ziele, die nur mit erheblicher geistiger Anstrengung erreicht werden können.		O O O O O O	
Die Vorstellung, mich auf mein Denkvermögen zu verlassen, um es zu etwas zu bringen, spricht mich nicht an.		O O O O O O	

	Stimme überhaupt nicht zu		Stimme voll und ganz zu
Ich finde es besonders befriedigend, eine bedeutende Aufgabe abzuschließen, die viel Denken und geistige Anstrengung erfordert hat.		o o o o o o	
Ich denke lieber über kleine, alltägliche Vorhaben nach, als über langfristige.		o o o o o o	
Ich würde lieber etwas tun, das wenig Denken erfordert, als etwas, das mit Sicherheit meine Denkfähigkeit herausfordert. meine Freunde dazu.		o o o o o o	
Ich finde wenig Befriedigung darin, angestrengt und stundenlang nachzudenken.		o o o o o o	
In erster Linie denke ich, weil ich muss.		o o o o o o	
Ich trage nicht gern die Verantwortung für eine Situation, die sehr viel Denken erfordert.		o o o o o o	
Denken entspricht nicht dem, was ich unter Spaß verstehe.		o o o o o o	
Ich versuche, Situationen vorauszuahnen und zu vermeiden, in denen die Wahrscheinlichkeit groß ist, dass ich intensiv über etwas nachdenken muss.		o o o o o o	

Stimme überhaupt nicht zu		*Stimme voll und ganz zu*
Ich habe es gern, wenn mein Leben voller kniffliger Aufgaben ist, die ich lösen muss.	O O O O O O	
Ich würde komplizierte Probleme einfachen Problemen vorziehen.	O O O O O O	
Es genügt mir, einfach die Antwort zu erkennen, ohne die Gründe für die Antwort eines Problems zu verstehen.	O O O O O O	
Es genügt, dass etwas funktioniert, mir ist es egal, wie oder warum.	O O O O O O	

Beeinflussbarkeit (Woelke & Dürager, 2011).
Wir wollen noch wissen, welche Rolle die Meinungen von Mitmenschen oder Ratschläge von Bekannten für Sie persönlich spielen, wenn Sie vor einer Kaufentscheidung stehen?

Stimme überhaupt nicht zu		*Stimme voll und ganz zu*
... ich kaufe neuartige Produkte erst dann, wenn ich sicher bin, dass meine Freunde sie mögen.	O O O O O O	
... es ist wichtig, dass andere die Produkte und Marken mögen, die ich kaufe.	O O O O O O	

Anhang

Stimme überhaupt nicht zu		Stimme voll und ganz zu
... wenn ich mir Sachen kaufe, greife ich zu Marken, bei denen ich annehme, dass andere sie gut finden/mögen.	o o o o o o	
... ich erreiche ein Dazugehörigkeitsgefühl dadurch, dass ich dieselben Produkte und Marken wie andere kaufe.	o o o o o o	
... wenn ich jemand ähnlich sein möchte, versuche ich oft, dieselben Marken zu kaufen.	o o o o o o	
... oftmals identifiziere ich mich mit anderen Menschen, indem ich dieselben Produkte und Marken kaufe.	o o o o o o	
... wenn ich nur wenige Erfahrungen mit einem Produkt habe, dann befrage ich meine Freunde dazu.	o o o o o o	
... ich hole mir oft Rat bei anderen Leuten, um unter einer Vielzahl von Produkten das beste Angebot auswählen zu können.	o o o o o o	
... ich sammle häufig Informationen bei Freunden oder in der Familie, bevor ich ein Produkt kaufe.	o o o o o o	

4. Treatment- und Manipulationcheck

Treatmentcheck Likeanzahl (Knoll & Töpfer, 2014):
Haben Sie beim Betrachten der Anzeige auf deren Likes bzw. „Gefällt mir"-Angaben geachtet? Falls Sie sich noch (ungefähr) an die genaue Anzahl erinnern können, geben Sie diese bitte hier ein. Falls nicht, lassen Sie dieses Feld einfach leer.

[   ]

Identifikation (Knoll & Schramm, in Druck):
Nun interessiert uns noch Ihre Beziehung zur Universität Würzburg / Jena und zum Studiengang Medienkommunikation / Physik.
Zuerst zur Universität Würzburg / Jena …

	Stimme überhaupt nicht zu		*Stimme voll und ganz zu*
Ich kann mich gut mit der Universität Würzburg / Jena und ihren Studenten identifizieren.		o o o o o o	
Ich fühle mich der Universität Würzburg/Jena stark verbunden.		o o o o o o	
Die Universität Würzburg Jena bedeutet mir etwas.		o o o o o o	
Ich fühle mich der Universität Würzburg/Jena stark zugehörig.		o o o o o o	

Anhang

Nun zum Studiengang Medienkommunikation / Physik...

	Stimme überhaupt nicht zu		*Stimme voll und ganz zu*
Ich kann mich gut mit dem Studiengang Medienkommunikation / Physik und seinen Studenten identifizieren.	O O O O O O		
Ich fühle mich dem Studiengang Medienkommunikation / Physik stark verbunden.	O O O O O O		
Der Studiengang Medienkommunikation / Physik bedeutet mir etwas.	O O O O O O		
Ich fühle mich dem Studiengang Medienkommunikation / Physik stark zugehörig.	O O O O O O		

5. Sonstiges

Produktinvolvement Handyvertrag:
 Sind Sie derzeit auf der Suche nach einem Handyvertrag? Ja / Nein
 Haben Sie aktuell einen Handyvertrag? Ja / Nein

Produktinvolvement Sonnencreme:
 Wenn im Sommer die Sonne scheint, wie häufig verwenden Sie dann Sonnencreme?

nie	*sehr selten*	*manchmal*	*oft*	*sehr oft*	*immer*
O	O	O	O	O	O

Alter:
 Wie alt sind Sie?

Geschlecht:
Welches Geschlecht haben Sie? weiblich / männlich

Bildung:
Was ist Ihr höchster Bildungsabschluss?

Kein Schulabschluss O

Hauptschulabschluss O

Realschulabschluss O

Abitur O

Hochschulabschluss O

Sonstiges

Printed in Germany
by Amazon Distribution
GmbH, Leipzig